mit dem auge des kindes

Kinderzeichnung
und moderne Kunst

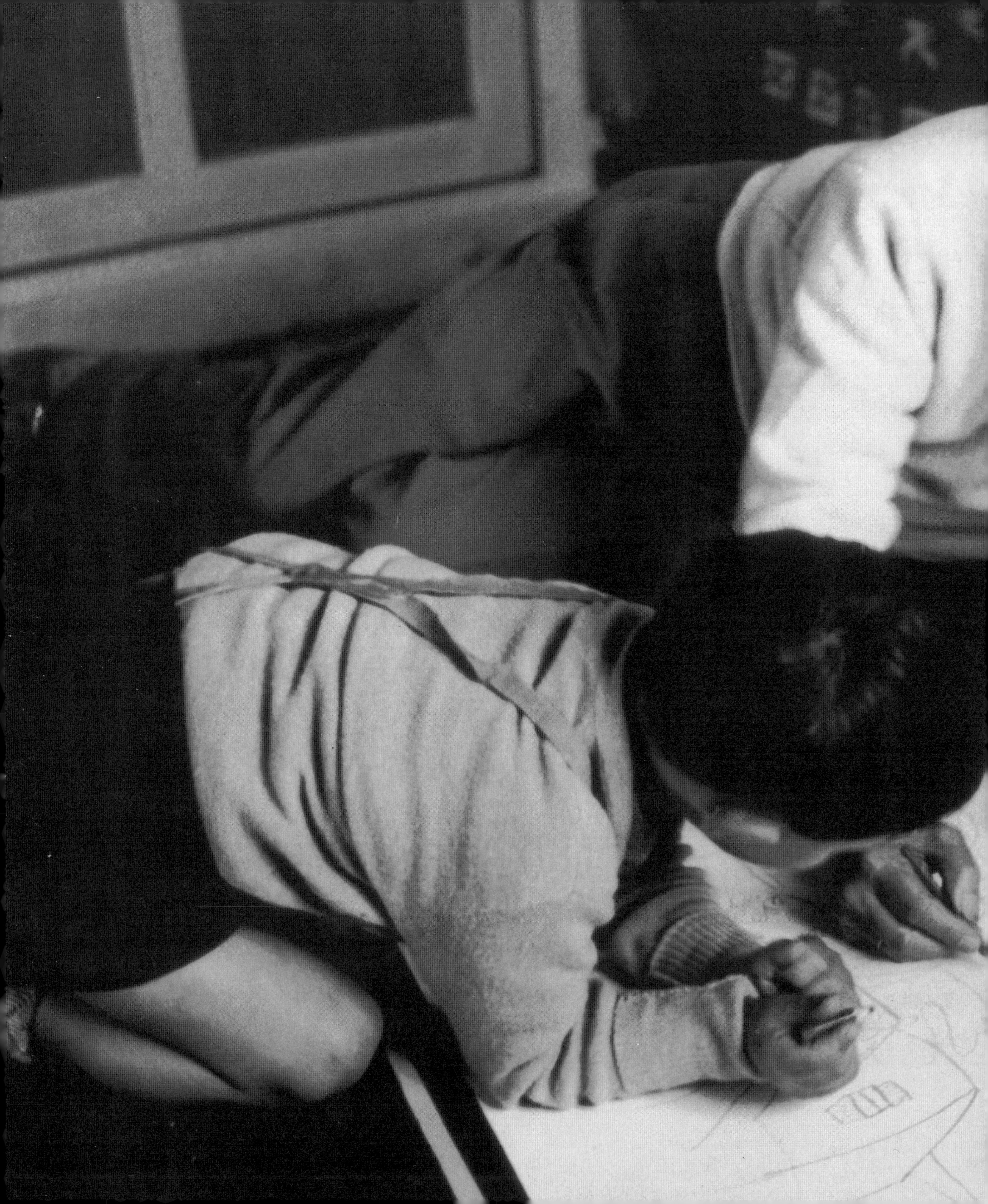

Jonathan Fineberg

mit dem auge des kindes

Kinderzeichnung und moderne Kunst

Herausgegeben von
Helmut Friedel und Josef Helfenstein

Verlag Gerd Hatje

Diese Publikation erscheint anläßlich der Ausstellung
»Mit dem Auge des Kindes – Kinderzeichnung und moderne Kunst«
im Lenbachhaus, Kunstbau, München, vom 31. Mai bis 20. August 1995
und im Kunstmuseum Bern vom 7. September bis 26. November 1995

Konzeption: Jonathan Fineberg in Zusammenarbeit mit Helmut Friedel
und Josef Helfenstein
Redaktion: Barbara Wörwag, Anja Chávez
Übersetzung aus dem Englischen: John Ormrod

Begleitend zu dieser Publikation erscheint der Essay-Band
»Kinderzeichnung und die Kunst des 20. Jahrhunderts«
mit Beiträgen von Troels Andersen, Rudolf Arnheim, Florens Deuchler,
Marcel Franciscono, Christopher Green, E. H. Gombrich/Jill Tilden,
Josef Helfenstein, Werner Hofmann, G. G. Pospelow, Dora Vallier
und Barbara Wörwag

Inhalt

Dank

Für alle kreativen Kinder – das heißt für Kinder überhaupt, da alle Kinder kreativ sind, bis man sie eines anderen belehrt – und insbesondere für Maya, Naomi und Henry, meine eigenen drei ›Kinderkünstler‹

Die Entstehungsgeschichte dieser Ausstellung und des dazugehörigen Katalogs reicht über ein Jahrzehnt zurück. Damals trat das Detroit Institute of Arts an meinen Lehrer und Freund Rudolf Arnheim mit der Bitte heran, eine Ausstellung zu betreuen, die große Werke der modernen Kunst mit Beispielen der Kinderkunst vergleichen sollte. Arnheim, der sich bereits aus Harvard nach Ann Arbor zurückgezogen hatte, verwies das Institute of Arts an mich, doch das Vorhaben verlief bald im Sande. Nachdem ich meine anfängliche Skepsis überwunden hatte, war ich von der Idee allerdings förmlich gefesselt. Aus Arnheims intuitiver Vermutung, daß zwischen der Bildsprache des Kindes und Meisterwerken unseres Jahrhunderts eine enge Verwandtschaft bestehe, folgte eine Spur, die zur aufregendsten kunsthistorischen Entdeckungsreise meiner ganzen Laufbahn werden sollte. Zunächst untersuchte ich die Werke Kandinskys aus der Zeit vor dem Ersten Weltkrieg, die auch das Thema meiner Promotion gewesen waren. Als ich die ersten abstrakten Bilder der Jahre 1909–1914 unter diesem Aspekt betrachtete, erkannte ich eine Reihe von Hinweisen auf den Darstellungsstil von Kindern. So war ich bald fest überzeugt, daß Kandinsky sich mit der Kinderkunst eingehend beschäftigt haben mußte. Eine andere Erklärung gab es nicht: er verstand einfach zuviel davon. Auch in seinen kunsttheoretischen Schriften finden sich entsprechende Anhaltspunkte, aber weder ich noch meine Vorgänger hatten diese wirklich ernstgenommen.

Daß Kandinsky eine größere Sammlung von Kinderzeichnungen besaß, stand für mich außer Zweifel. Falls sie noch erhalten war, so ließ sich unschwer erraten, wo sie zu finden wäre: unter den eingelagerten Archivalien aus dem Murnauer Haus, in dem Kandinsky und Gabriele Münter bis 1914 zusammengelebt hatten. Also bat ich meinen Freund Armin Zweite, den damaligen Vorsitzenden der Gabriele Münter- und Johannes Eichner-Stiftung und früheren Direktor der Städtischen Galerie im Lenbachhaus, in Münters Nachlaß nach einer entsprechenden Sammlung zu suchen. Und tatsächlich – er entdeckte sie sofort. Dieser Fund bildete den Auftakt zu einer gezielten Suche, die während der nächsten zehn Jahre eine Entdeckung nach der anderen mit sich brachte, indem die zahlreichen Sammlungen von Kinderzeichnungen aus dem Besitz moderner Meister allmählich wieder ans Licht kamen.

Zu diesem Thema gibt es so gut wie keine Sekundärliteratur, bis auf ein Kapitel in der Untersuchung »Primitivism in Twentieth-Century Art« von Robert Goldwater, der allerdings festgestellt hatte, Vergleiche auf der Ebene des einzelnen Motivs zwischen den Werken dieser Künstler und spezifischen Exemplaren der Kinderkunst seien »nicht besonders fruchtbar«. Indes, gerade solche Vergleiche erwiesen sich als äußerst ergiebig. Durch die Entdeckung dieses Quellenmaterials gewann ich eine Reihe von völlig neuen Einblicken in die Kreativität einiger der größten Künstler des zwanzigsten Jahrhunderts; dabei begriff ich auch, daß die Motive dieser Künstler für die Beschäftigung mit Kinderkunst ebenso verschieden waren wie die Auswirkungen dieses Interesses auf ihr jeweiliges Œuvre.

Ich hoffe, daß dieses Buch und diese Ausstellung es uns erleichtern werden, endlich etwas anzuerkennen, das selbst die ahnungslosesten Betrachter der modernen Kunst schon immer intuitiv gewußt haben – nämlich, daß es zwischen der modernen Kunst und der Kunst von Kindern einen grundlegenden Zusammenhang gibt. Doch indem ich diese Ansicht bestätige, möchte ich einen solchen Betrachter über das bloße Feststellen von Ähnlichkeiten hinausführen und sein Verständnis für die Beweggründe erweitern, die der Tätigkeit von Künstlern zugrunde liegen. Die Beschäftigung mit der Art und Weise, wie moderne Künstler die Kinderzeichnung betrachten, zwingt uns zu einer neuen Bewertung der Bilder, von denen sie sich inspirieren ließen. Das dürfte auch unser Interesse an der Kreativität unserer eigenen Kinder verstärken und uns zum Nachdenken über die Frage anregen, wie wir persönlich mit ihnen umgehen, wenn sie sich schöpferisch betätigen. Zugleich bin ich überzeugt, daß die hier vorgestellten Entdeckungen selbst den profundesten Kenner dazu verleiten werden, die intellektuelle Tiefe und Komplexität der großen Meisterwerke der Moderne noch mehr als bisher schätzen zu lernen.

Bei der Realisierung dieses Vorhabens wurde ich von vielen Seiten unterstützt. Mein besonderer Dank gilt Rudolf Arnheim, John Carlin, Helmut Friedel, Josef Helfenstein, Hélène Lassalle, Steven Mansbach, John Neff, Theodore Zernich, Jerrold Ziff und Armin Zweite. Sie alle haben stets an das Projekt geglaubt und zu seiner Verwirklichung entscheidend beigetragen. Herzlich danken möchte ich auch Barbara Wörwag, die keine Mühe gescheut hat, um meine oft überzogenen Wünsche zu erfüllen und sicherzustellen, daß alles so wurde, wie ich es mir vorgestellt hatte, sowie dem Verleger Gerd Hatje, der nahezu heldenhafte Anstrengungen unternommen hat, damit der eigentlich unmögliche Zeitplan für die Fertigstellung des Katalogs doch noch eingehalten wurde. Für wertvolle Hinweise und sonstige, stets großzügig gewährte Hilfe bei der Vorbereitung der Ausstellung danke ich ferner folgenden Kolleginnen und Kollegen: Natasha Avtonomova, Elena Basner, Bruno Bischofberger, Anja Chávez, Anne d'Harnoncourt, Samuel Edgerton, Albert Elsen, Stefan Frey, Anne Hanson, Ilse Holzinger, Irving Lavin, Jutta Muthmann, Gil Ravenel, Theodore Reff, Marie-Françoise Robert, Jim Rubin, Richard Shiff, Dimitry Shvidkovsky, Charles Schlichter, Elisabeth Simm, Seymour Slive, Dodge Thompson, Armande de Trentinian und Diane Voss.

Während der langen Vorbereitung wurden meine Forschungen von verschiedenen Abteilungen der University of Illinois unterstützt: vom Research Board sowie von der School of Art and Design, International Program and Studies, dem Center for Advanced Studies und dem College of Fine and Applied Arts. Auch das National Endowment for the Humanities und die American Philosophical Society gewährten Beihilfen, für die ich zu großem Dank verpflichtet bin. Hervorheben möchte ich zudem die Mitarbeit meiner – jetzigen wie ehemaligen – Forschungsassistentinnen an der University of Illinois, in erster Linie Mary Coffey, Lorraine Menar Cox, Jennifer Gunji, Mysoon Rizk und Lisa Wainwright. Den Herren und Damen von der Ricker Library an der University of Illinois gebührt ebenfalls mein Dank.

Wertvolle Hinweise erhielt ich auch von Aljoscha Klee, Dolorès Miró, Juan Miró, Claude Picasso und Paloma Picasso; ihnen möchte ich in diesem Zusammenhang sehr herzlich danken, ebenso den Künstlern – allen voran Pierre Alechinsky, Karel Appel, Donald Baechler, Jasper Johns und Claes Oldenburg –, die mir soviel Großzügigkeit erwiesen. Schließlich gilt mein ganz besonderer Dank meiner Frau Marianne, die immer sofort die Dinge sieht, nach denen ich ewig suchen muß.

Jonathan Fineberg, Urbana, Illinois

Vorwort

Die künstlerische Avantgarde des ersten Jahrzehnts unseres Jahrhunderts war auf der Suche nach neuen Vorbildern. Die akademische Malerei, mit ihren im Literarischen verankerten Themen und dem Rückgriff auf die malerische Tradition an der Vergangenheit orientiert, konnte nicht mehr als Vorbild für junge Künstler gelten. Neben dem fehlenden Glauben an eine nicht mehr aussagekräftige akademische Malerei wirkten auch politische und gesellschaftliche Veränderungen auf die bildenden Künstler und ihre geistige Orientierung ein. Durch die Kolonialisierung und weltweite Handelsbeziehungen kam es zu einer wachsenden Präsenz von Kunstwerken außereuropäischer Kulturen in den Metropolen Europas, wo sie für die Künstler in Paris, insbesondere die *Fauves,* aber auch für die Maler der *Brücke* in Dresden und viele andere einschneidende Begegnungen und Erfahrungen markierten. Während die Bedeutung der sogenannten primitiven Kunst etwa im Werk von Picasso heute zum selbstverständlichen Wissen über moderne Kunst gehört und 1984 durch die großangelegte Ausstellung »Primitivism in 20th Century Art« im Museum of Modern Art im breiten Kontext dargelegt wurde, existiert bis heute keine auch nur annähernd vergleichbare Untersuchung über den Einfluß der Kinderzeichnung auf die moderne Kunst. Auch andere Aspekte einer erweiterten Auseinandersetzung der modernen Künstler mit neuen Inspirationsquellen wurden in Ausstellungen erarbeitet. Dazu gehörten Untersuchungen über die Bedeutung der Trivialkunst (beispielsweise Werbung, Fotografie, Alltagskultur) ebenso wie die Auswirkung der Kunst von Geisteskranken und der Volkskunst auf das Schaffen der Künstler unseres Jahrhunderts. Gerade die Beschäftigung von Gabriele Münter, Wassily Kandinsky, Franz Marc und August Macke mit der Volkskunst Oberbayerns hat in letzter Zeit in den monographischen Ausstellungen einen wichtigen Rang eingenommen. Im Unterschied dazu wurde bisher ein anderer wesentlicher Komplex wenig beachtet, auf den sich die künstlerische Neugierde nicht nur im Umfeld des *Blauen Reiters,* sondern ganz allgemein vieler bedeutender Repräsentanten der Kunst unseres Jahrhunderts richtete, nämlich die Kinderzeichnung als Inspiration für die eigene Arbeit. Mit der Ausstellung »Mit dem Auge des Kindes«, dem vorliegenden Katalog und dem begleitenden Essayband unternehmen wir zum ersten Mal den Versuch einer breit angelegten Gesamtdarstellung dieser Thematik.

Gabriele Münter und Wassily Kandinsky haben eine bedeutende und die unter Künstlern wohl umfangreichste Sammlung von Kinderzeichnungen angelegt, die sie im Freundes- und Bekanntenkreis in Deutschland wie in Rußland sammelten und in ihren Gedanken- und Motivschatz aufnahmen. Kandinsky äußerte sich in seinem Beitrag »Über die Formfrage« im Almanach des *Blauen Reiters* zur Kinderzeichnung folgendermaßen: »Wenn wir aus der selbständigen Wirkung des inneren Klanges die uns hier nötige Folge ziehen, so sehen wir, daß dieser innere Klang an Stärke gewinnt, wenn der ihn unterdrückende äußere praktisch-zweckmäßige Sinn entfernt wird. Hier liegt die eine Erklärung der ausgesprochenen Wirkung einer Kinderzeichnung auf den unparteiischen, untraditionellen Beschauer. Das Praktisch-Zweckmäßige wird erst später durch viele, oft traurige Erfahrungen langsam kennengelernt. So entblößt sich in jeder Kinderzeichnung ohne Ausnahme der innere Klang des Gegenstandes von selbst. Die Erwachsenen, besonders die Lehrer, bemühen sich, dem Kinde das Praktisch-Zweckmäßige aufzudrängen und kritisieren dem Kinde seine Zeichnung gerade von diesem flachen Standpunkte aus: ›dein Mensch kann nicht gehen, weil er nur ein Bein hat‹, ›auf deinem Stuhl kann man nicht sitzen, da er schief ist‹ usw. Das Kind lacht sich selbst aus. Es sollte aber weinen. [...] Der Künstler, der sein ganzes Leben in vielem dem Kinde gleicht, kann oft leichter als ein anderer zu dem inneren Klang der Dinge gelangen. [...] Hier liegt die Wurzel der neuen großen Realistik. Die vollkommen und ausschließlich einfach gegebene äußere Hülse des Dinges ist schon eine Absonderung des Dinges vom Praktisch-Zweckmäßigen und das Herausklingen des Inneren. Henri Rousseau, der als Vater dieser Realistik zu bezeichnen ist, hat mit einer einfachen und überzeugenden Geste den Weg gezeigt.«

Die Sammlung der Kinderzeichnungen von Kandinsky und Münter mit über zweihundert Beispielen gehört zum Bestand der Gabriele Münter- und Johannes Eichner-Stiftung. Gabriele Münter hat sich in ihren Gemälden immer wieder durch Kinderzeichnungen inspirieren lassen, ja sogar in der Art eines Kopisten, sich an den kindlichen Vorlagen orientierend, gearbeitet und gemalt. Diese bis an den Rand der Selbstentäußerung gehenden Versuche zeigen, welch positive Energie die Künstlerin aus der Annäherung an das kindliche Verständnis und Bildempfinden schöpfte. Auch Kandinsky hat eine bestimmte Form der bildlichen Umsetzung von Realität, wie sie Kindern eigen ist, in seinen Werken nachvollzogen. Welche Begeisterung für die Kinderzeichnung in diesem künstlerischen Umfeld bestand, wird in einer Äußerung von Franz Marc in einem Brief an Maria Marc vom 15. Februar 1911 deutlich. Er spricht darin von einer Begegnung mit Alexej von Jawlensky, der Franz Marc gegenüber sein eigenes künstlerisches Unvermögen bekundet und seine Hoffnung auf seinen Sohn Andreas konzentriert. Marc schreibt: »Er klammert sich mit seiner ganzen übervollen Seele an seinen André und erhofft von ihm das Genie, das ihm fehlt. Er zeigte mir am anderen Tage alles, was André bisher gemacht hat, – es grenzt wirklich ans Wunderbare. Unter manchem könnte ruhig ›Matisse‹ stehen, kein Künstler könnte Zweifel hegen. Und dabei verbirgt sich das Unzulängliche seines Alters niemals, aber es gibt seinen Dingen einen Einschlag, der ans Mysteriöse grenzt.« Ähnliches vermerkt auch Elisabeth Macke in ihren Erinnerungen an August Macke über den damals sechsjährigen André Jawlensky.

Nicht nur im engeren Kreis des *Blauen Reiters*, sondern auch bei dem mit Kandinsky seit 1911 befreundeten Paul Klee wird die Auseinandersetzung mit den Kinderzeichnungen, das heißt mit seinem eigenen frühesten Schaffen, zu einer Frage nach dem Ursprung der bildnerischen Idee. Klee befand sich, zunächst als Einzelgänger, später gemeinsam mit den Künstlerinnen und Künstlern der Avantgarde in München, auf der Suche nach den Wurzeln der Kreativität. Die Entdeckung seiner eigenen Kinderzeichnungen wurde dabei zu einem entscheidenden Erlebnis eigener künstlerischer Authentizität und damit zu einem Angelpunkt für sein ganzes späteres Schaffen. Im Januarheft des Jahres 1912 der Zeitschrift *Die Alpen* veröffentlichte Klee eine Besprechung der ersten Ausstellung der Künstlergruppe *Der Blaue Reiter*. Die Rezension enthält eine besonders pointierte Stellungnahme Klees zur Frage der Bedeutung der Kinderzeichnungen für die zeitgenössische Avantgarde: »Es gibt nämlich auch noch Uranfänge von Kunst, wie man sie eher im ethnographischen

Museum findet oder daheim in der Kinderstube (lache nicht, Leser), die Kinder können's auch, und das ist durchaus nicht vernichtend für die jüngsten Bestrebungen, sondern es steckt positive Wahrheit in diesem Umstand. Je hilfloser diese Kinder sind, desto lehrreichere Kunst bieten sie [...]. Parallele Erscheinungen sind die Zeichnungen Geisteskranker, und es ist also auch Verrücktheit kein treffendes Schimpfwort. Alles das ist in Wahrheit viel ernster zu nehmen, als sämtliche Kunstmuseen, wenn es gilt, die heutige Kunst zu reformieren. So weit müssen wir zurück, um nicht einfach zu altertümeln.« In verwandter Weise können hier die Positionen von Picasso und Miró angesehen werden, die – obwohl gerade Picassos Werke der Jugendzeit schon die Merkmale des Frühreifen aufweisen – in der Begegnung mit der kindlichen Betrachtungsweise eine wichtige Basis eigener Kreativität sahen. Diese grundlegende Erfahrung hat sich im Verlauf unseres Jahrhunderts auch für spätere Generationen von Künstlerinnen und Künstlern erhalten, wovon in unserer Ausstellung besonders die Auseinandersetzung von Dubuffet und den Künstlern der *Cobra*-Gruppe mit den Bildern von Kindern beredte Beispiele liefern. In jüngster Vergangenheit sind die Wertschätzung und Auseinandersetzung mit der Kinderzeichnung beinahe zur Selbstverständlichkeit geworden. Die Realität mit dem Auge des Kindes zu erfassen, gilt als gleichberechtigte Strategie neben anderen Methoden, etwa dem frei assoziierenden Arbeiten im Gefolge der Surrealisten, der rationalen Abstraktion oder der intuitiven Expression.

Die Ausstellung »Mit dem Auge des Kindes« wird den Betrachter mit einem der beliebtesten Klischees im Umgang mit moderner Kunst konfrontieren, dem Vorwurf, daß die Zeichnungen kleiner Kinder den Werken avantgardistischer Künstler ebenbürtig seien. Diesen Vorwurf haben viele bedeutende Künstler in der ersten Hälfte dieses Jahrhunderts in sein Gegenteil verkehrt, indem sie ihn zu einer Tugend erhoben und ausdrücklich auf die geistige Verwandtschaft zwischen dem Bildschaffen von Kindern und ihrem Werk hinwiesen. Dennoch wäre es ein grundlegendes Mißverständnis, die Unterschiede und die Spannung zwischen Kinderzeichnungen und den Werken moderner Künstler zu übersehen. Aber die Frische und Lebendigkeit, die Unmittelbarkeit und Radikalität, mit der Kinder die Wirklichkeit auszudrücken verstehen, wurden von den Künstlerinnen und Künstlern der Avantgarde in den Dienst ihrer eigenen Ziele gestellt, und sie haben ihnen geholfen, neu zu sehen.

Wir danken Jonathan Fineberg für seine in langjährigen Studien erarbeitete Konzeption der Ausstellung und die einführenden Essays in die unterschiedlichen Bereiche dieser vielfältigen Thematik. Es hat sich als äußerst schwierig und mühevoll erwiesen, für diese Ausstellung, die entsprechend ihrer Konzeption sehr präzise Werkgruppen erfordert, die adäquaten Belegstücke zu bekommen. Um so mehr danken wir den zahlreichen Leihgebern, die uns bei diesem Projekt mit äußerst wertvollen Werken unterstützen. Wir glauben, mit dieser Ausstellung und den sie begleitenden Publikationen neues Material zu präsentieren, das erlauben wird, die klassische Moderne in anderen Zusammenhängen zu sehen. Wir sind überzeugt, auf diese Weise auch den Leihgebern etwas mit ihren Werken zurückgeben zu können.

Für die Vorbereitung der Ausstellung und die redaktionelle Betreuung des Kataloges danken wir Barbara Wörwag, die sich in unermüdlicher Detailarbeit durch das Manuskript gearbeitet hat. Herzlicher Dank gebührt auch Anja Chávez für die Bearbeitung der Werklisten, John Ormrod für die Übersetzung und Renate Steffen für die perfekte Abwicklung des Leihverkehrs.

Helmut Friedel
Josef Helfenstein

1 »Es war der Briefträger ...«

Zu Beginn des Jahres 1955 erhielt die Redaktion der Zeitschrift *Art News* mehrere Zuschriften von empörten Lesern, die sich über die Abbildung eines Werkes von Hans Hofmann auf dem Umschlag des letzten Heftes beschwerten (Abb. 1.1). Die eigenen Enkelkinder, so die stereotyp wiederholte Klage, malten genausogut wie dieser ›vermeintliche‹ Künstler. In seiner ironischen Replik auf die abgedruckten Briefe gratulierte der Chefredakteur allen diesen »talentierten« Enkelkindern und wünschte ihnen »weiterhin recht viel Erfolg«.[1]

Daß moderne Bilder und Skulpturen wie Werke von Kinderhand aussehen, ist ein uraltes Klischee – so alt wie die Moderne selbst. In der Regel dient dieser Vergleich – zwischen avantgardistischer Kunst und den unbeholfenen bildnerischen Versuchen von Kindern – als Polemik, um radikale Ansätze in der Kunst zu diskreditieren, ja, um ihnen jede Existenzberechtigung abzusprechen. In diesem Sinne wetterte beispielsweise ein deutscher Kritiker 1933 gegen das »irrsinnige, kindische Geschmiere eines Klee«.[2] Mit gleicher Zielrichtung schrieb 1908 ein Pariser Journalist, eine Ausstellung mit »Zeichnungen von Kindern, im Alter zwischen sechs und sechzehn und noch dazu ohne jede Begabung« sei immerhin »besser als die Werke der Fauves«.[3] Bereits im 19. Jahrhundert wurden die kühneren Exponenten der Moderne häufig mit dem Vorwurf der Infantilität konfrontiert: Im Jahre 1874 bemerkte beispielsweise ein französischer Kritiker, Monets *Impression – Sonnenaufgang* sei »mit der kindlichen Hand eines Schuljungen ausgeführt, der Farbe zum allerersten Mal benutzt«.[4]

Dennoch gab es bereits zur Zeit der Romantik, im späten 18. und frühen 19. Jahrhundert, auch Künstler und Kritiker, die den Vergleich zwischen Kinderkunst und moderner Ästhetik keineswegs als abwertend empfanden. Ein Beispiel dafür ist der deutsche Maler Caspar David Friedrich, der das Kind geradezu als Prototyp des Künstlers ansah: »Die Kunst«, so Friedrich 1830, »ist einem Kinde, die Wissenschaft einem Manne zu vergleichen. Die einzig wahre Quelle der Kunst ist unser Herz, die Sprache eines reinen kindlichen Gemütes. Ein Gebilde, so nicht aus diesem Borne entsprungen, kann nur Künstelei sein. Jedes echte Kunstwerk wird in geweihter Stunde empfangen und in glücklicher geboren, oft dem Künstler unbewußt aus innerem Drange des Herzens.«[5]

Nach Friedrichs Verständnis erwächst die Kunst aus einer Offenbarung, und das Kind verkörpert – in dem Maße, wie es sich der kulturellen Konvention noch nicht gebeugt hat – die Möglichkeit eines direkteren Zugangs zur Quelle jener ›inneren Wahrheit‹, um die der Künstler ringen muß. Die Romantiker hielten Kinder nicht nur für ›natürlicher‹ in dem Sinne, daß ihr Verhalten weniger ›zivilisiert‹ sei, sondern man unterstellte ihnen überhaupt eine größere Nähe zum vermeintlich sinnhaften Kern der Natur. In Schillers 1795 veröffentlichter Abhandlung *Über naive und sentimentalische Dichtung* heißt es: »Sie [die Kinder] *sind,* was wir *waren;* sie sind, was wir wieder *werden sollen.* Wir waren Natur wie sie, und unsere Kultur soll uns, auf dem Wege der Vernunft und der Freiheit, zur Natur zurückführen. Sie sind also zu-

1.1 Hans Hofmann
Cover für »Art News«
Nummer 3, Dezember 1954

gleich Darstellung unserer verlorenen Kindheit, die uns ewig das Teuerste bleibt.«[6] Die Vorstellung vom Kinde als dem unwissenden Seher war zwar bereits in der Antike geläufig, doch erst die Romantiker verknüpften die Idee kindlicher Naivität mit dem Konzept des ›Genies‹. So debattierten die romantischen Dichter Wordsworth und Coleridge über die Frage: »In welchem Sinne ist ein Kind [...] ein Philosoph? In welchem Sinne vermag es, in der ›ewigen Tiefe‹ zu *lesen*?«[7] Jean-Jacques Rousseaus *Émile* (1762) befaßt sich mit der Frage, wie solche natürlichen Begabungen am besten zu fördern seien. Von dem Dichter Shelley heißt es wiederum, er habe einmal einen Säugling aus dem Kinderwagen hochgehoben und ihn aufgefordert: »Erzähle mir von der Präexistenz!«[8] Diese Sehnsucht, durch das Kind zur Natur zurückzukehren, bildete sich erst im 18. Jahrhundert heraus und führte in geistiges Neuland. In der Pädagogik löste Rousseau buchstäblich eine Revolution mit seinem Vorschlag aus, die natürlichen Neigungen des Kindes zu unterstützen, statt sie als Beleg für die These der Erbsünde aufzufassen.[9] Für die Unbeholfenheit der künstlerischen Versuche von Kindern zeigte er allerdings wenig Verständnis. Ganz im Gegenteil wollte er seinen Zögling Émile lehren, die Natur so detailgetreu wie möglich nachzuzeichnen, damit er die Dinge ›objektiv‹ sehen lerne.
Rousseau zufolge ist das »Gesicht unter allen Sinnen derjenige [...], von dem man das Urteil des Verstandes am wenigsten trennen kann«; folglich »gehört viel Zeit dazu, um richtig sehen zu lernen.« Erst durch wiederholte praktische Übungen kann

das Kind lernen, Entfernungen zu schätzen sowie die Größe und Gestalt der Dinge richtig wahrzunehmen. Dabei spielt die bildliche Wiedergabe eine zentrale Rolle, denn, so Rousseau: »[...] im Grunde beruht diese Nachbildung schlechterdings nur auf den Gesetzen der Perspektive, und man ist nicht imstande, die Ausdehnung nach dem bloßen äußeren Schein abzuschätzen, wenn man nicht ein gewisses Verständnis von diesen Gesetzen hat. Die Kinder, die von einem starken Nachahmungstrieb beseelt sind, versuchen alles zu zeichnen. Ich wünschte, daß mein Zögling diese Kunst eifrig triebe, nicht gerade um der Kunst selbst willen, sondern um einen sicheren Blick zu erlangen und seine Hand geschmeidig zu machen.«[10]
Dieser Sorge um die Entwicklung einer ›objektiven‹ Sichtweise und um die ›natürlichen‹ Anlagen des Kindes liegt letztlich das Bemühen zugrunde, den mutmaßlichen geheimen Bauplan der Natur zu entziffern, ein Wunsch, der bei den verschiedensten Denkern anzutreffen ist: bei dem eher weltlich denkenden Aufklärer Thomas Jefferson[11] ebenso wie bei dem Theologen William Paley, der den berühmten Vergleich zwischen Gott und einem Uhrmacher anstellte, der jede Einzelheit der Natur zu einem bestimmten Zweck entworfen habe.[12] Infolgedessen verbindet sich gegen Ende des 18. Jahrhunderts die ›objektive‹ Naturbeobachtung mit der Intuition. Gegenüber der klassischen Formtradition gewinnen Individualität und Inspiration einen immer höheren Stellenwert, und es regt sich allenthalben der Widerstand gegen die Vorstellung eines allgemein verbindlichen Schönheitsideals. Auf der Suche nach Vorbildern wandten sich viele romantische Künstler den frühen italienischen und flämischen Meistern des 15. Jahrhunderts zu anstelle der Blüte der Hochrenaissance, die sich eher an klassischen Formvorstellungen orientierte und daher als weniger ›unmittelbar‹ im Ausdruck galt.
Eine vielzitierte Bemerkung bezüglich dieser Haltung stammt von dem romantischen Maler Tommaso Minardi, der 1834 erklärte, Giotto sei ein genauso großer Maler wie Raffael, und der zwei Arten des Ausdrucks in der Malerei beschrieb: »einerseits der materielle Ausdruck der Bilder durch die formale Gestalt des Dargestellten und andererseits der geistige oder moralische Ausdruck, im Hinblick auf die Beziehung, die sie zu den Gefühlen des Menschen herstellen.« Minardi erhebt das Kind zum Vorbild des reinen Ausdrucks des Geistigen und behauptet, ein Kleinkind, das malen könne, würde nur die Formen auswählen, die sich zur Darstellung dieser geistigen Wahrheit eigneten. Ein solches hypothetisches Bild des Kindes hätte

[...] den Charakter der reinen Wahrheit, da das Kind nur aus dieser schöpft [...]. Und was die Komposition betrifft, sie würde natürlich die vollkommenste Einheit aufweisen. Da die Kinderseele im Gefühl [...] vollkommen aufgeht und nur das empfindet, was den Ausdruck unmittelbar betrifft, gäbe es keine nebensächlichen Inhalte, sie blieben ungesehen. So wäre alles Überflüssige und Entbehrliche ausgespart.[13]

Zum Genie, so schreiben Ruskin und Baudelaire, gehören eine besondere Art von Objektivität und ein Intuitionsvermögen, die üblicherweise dem Kind vorbehalten seien. Diesen Gedanken nimmt Adolphe Thiers bereits im Jahre 1822 vorweg, wenn er schreibt, der Mensch sehne sich nach dem Naiven, »aber wir können nicht Kind und Erwachsener zugleich sein«, nur das Genie besitze die Fähigkeit, zu einer dergestalt unverbildeten Wahrnehmung zurückzufinden.[14]
Somit kristallisierte sich im 19. Jahrhundert eine Vorstellung vom ›unschuldigen Auge‹ des Kindes heraus, in der zwei Aspekte miteinander verbunden werden. Das

Kind ist einerseits unschuldig genug, des Kaisers ›neue Kleider‹ zu sehen, und zugleich ist es begabt mit einer besonderen Sehweise, die es ihm erlaubt, in die Geheimnisse des göttlichen Schöpfungsplanes Einsicht zu nehmen. Eine paradigmatische Formulierung dieser Verheißung enthält das 1857 veröffentlichte Gedicht »Correspondances« von Baudelaire, in dem die reale, sichtbare Welt als die materielle Entsprechung einer höheren, verborgenen Wirklichkeit betrachtet wird, die nur der Dichter entziffern könne. »Die Natur«, so Baudelaire, »ist ein Tempel«, in ihr »wandelt der Mensch durch Wälder von Symbolen«.[15] Baudelaire zufolge sind Kinder besonders empfänglich für die »Entsprechungen« der sichtbaren Außenwelt mit dem inneren Kern der Wirklichkeit. Sie haben eine seherische Begabung, ähnlich der des Dichters oder Künstlers; nur fehlen ihnen die notwendigen analytischen Fähigkeiten, um ihre spontanen Einsichten in eine genuin künstlerische Form zu gießen.[16] »Das Kind sieht alles als *Neuheit*«, so der Dichter 1863 in dem Aufsatz »Der Maler des modernen Lebens«; doch im Gegensatz zum »genialen« Erwachsenen, bei dem »die Vernunft einen beträchtlichen Raum [...] behauptet«, sei das Kind nahezu ausschließlich von seinem Gefühlsleben bestimmt. Daraus folgert Baudelaire, das Genie sei »nichts anderes als die *wiedergefundene Kindheit*, die jetzt, wenn sie sich ausdrücken will, mit männlichen Organen und einem analytischen Geist ausgestattet ist«.[17]

Baudelaire bewundert das »hohe Abstraktionsvermögen« und die »lebhafte Einbildungskraft« des Kindes, die im übrigen geeignet seien, »die ohnmächtige Phantasie dieses blasierten Publikums zu beschämen«.[18] Allerdings hat Baudelaires romantisch geprägter Begriff von kindlicher Kreativität wenig mit der Realität der Kinderkunst zu tun. Für ihn verkörpert das Kind eine abstrakte Idee; weder er noch die allermeisten seiner Vorgänger haben sich tatsächlich mit Kinderzeichnungen als solchen näher befaßt. Einer der ersten, der den Anstoß zu einer derartigen Auseinandersetzung gab, war der Schweizer Künstler und Pädagoge Rodolphe Töpffer, indem er diesem Thema zwei Kapitel seiner 1848 erschienenen Abhandlung *Réflexions et menus propos d'un peintre génevois* widmete. Bahnbrechend war diese Untersuchung auch insofern, als Töpffer die Genialität des Ausdrucks in der Kinderkunst würdigte und somit – zumindest implizit – die Bedeutung der künstlerischen Idee gegenüber der technischen Ausführung betonte.

»Der Unterschied zwischen dem kritzelnden Knaben Michelangelo und dem unsterblichen Künstler Michelangelo«, so Töpffer, sei geringer »als der zwischen Michelangelo als Unsterblichem und Michelangelo als Lehrling, als er noch in das Handwerk des Malers eingewiesen wurde.«[19] Nach Ansicht Töpffers hat der reife Genius viel mehr mit der rohen Ausdruckskraft der Kindheit zu tun als mit erlernbaren technischen Fähigkeiten. Meyer Schapiro hat gezeigt, daß auch etablierte Kritiker wie Théophile Gautier sich Töpffers Standpunkt zu eigen machten. So meinte Gautier, die Kinderkunst habe die Fähigkeit, »einen Gedanken mit wenigen entschlossenen Strichen auszudrücken, ohne irgend etwas von seiner Kraft zu opfern«.[20]

Zur Kinderkunst gibt es eine beträchtliche Literatur aus der Sicht der Pädagogik und der Entwicklungspsychologie. Die pädagogische Diskussion läßt sich im 16. Jahrhundert auf Castiglione, im 18. Jahrhundert bis hin zu Rousseau und Pestalozzi zurückverfolgen. Die Thematisierung unter psychologischen Gesichtspunkten setzte in der zweiten Hälfte des 19. Jahrhunderts ein, als Autoren wie Herbert Spencer in seiner Publikation *Education* (1861) die ersten Versuche unternahmen, Kinderzeichnungen wissenschaftlich zu analysieren. Zu den ersten Bemühungen um eine systematische Klassifizierung der Motive der Kinderkunst gehören ferner G. Stanley Halls Schriften *The Content of Children's Minds* (1883) und Corrado Riccis *L'arte dei bambini* (1887). Im folgenden Jahrzehnt stieg die Zahl der Veröffentlichungen zum Thema rasch an, und man ging zunehmend sogar dazu über, Kinderkunst öffentlich auszustellen.[21]

Diese wissenschaftliche Diskussion bezog sich allerdings nur äußerst selten auf den ästhetischen Erfindungsreichtum der Kinderkunst. Dieser Aspekt des Themas wurde eher von Künstlern untersucht, und zwar in ihren Bildern statt in Form von Büchern und Aufsätzen. Lange bevor es Veröffentlichungen zum Thema gab, entdeckten die Künstler die Kinderzeichnung im Zusammenhang mit ihrer Reflexion über die eigene Arbeit. Hinweise auf ein frühes Interesse von Künstlern am Denken und an der Kreativität des Kindes bezeugt etwa Giovanni Francesco Carotos Porträt eines Knaben um 1520 mit einem prototypischen *bonhomme* auf der Staffelei (Abb. 1.2) und die für Kinderzeichnungen charakteristischen ›Kopffüßler‹, die in den Bildern von Hieronymus Bosch gegen Ende des 15. Jahrhunderts auftreten.[22]

Vom 17. Jahrhundert an kommt das Motiv des zeichnenden Kindes häufig vor. Das Spektrum erstreckt sich von Rembrandts *Christus bei der Predigt* (Abb. 1.3), einer 1652 entstandenen Radierung mit dem Bildnis eines kleinen Jungen, der mit dem Finger Linien in den Staub zieht, bis hin zu Courbets *Das Atelier des Malers* von 1855 (Abb. 1.4), in dem der Künstler seinen Freund und Weggenossen Champfleury mit einem Kind zeigt, das am Boden liegt und ein Strichmännchen zeichnet.[23] Im allgemeinen zeugen solche Darstellungen von wenig Interesse für Zeichnungen, die tatsächlich von Kindern angefertigt wurden; eher dienen die stereotypen Formen in Kinderzeichnungen dem Künstler als Symbole der Unschuld, so zum Beispiel bei Rembrandt, oder aber des ›wilden‹ Genies nach dem idealtypischen Muster, das Rousseau in *Émile* bereitstellte. In Thomas Coles Bild *Der Weg des Reiches* (1836, Abb. 1.5) ist der Junge, der das Strichmännchen mit Kreide auf die Steine zeichnet, auch so ein ›ungehobeltes‹ Genie, das im selben Verhältnis zum Künstler steht wie die paradiesische Szenerie zur Lehre des *manifest destiny*, mit der die Vereinigten Staaten ihr politisches Handeln legitimierten. So steht dieses Bild im Schnittpunkt

1.2 Giovanni Francesco Caroto
Knabe mit einer Zeichnung
(Knabe mit Puppe)
1520

1.3 Rembrandt Harmensz. van Rijn
Christus bei der Predigt
(La Petite Tombe)
Um 1652

1.4 Gustave Courbet
Das Atelier des Malers
1855

1.5 Thomas Cole
Der Weg des Reiches
1836

1.6 Pieter Janszoon Saenredam
Inneres der Buurkerk in Utrecht (Detail)
1644

1.7 Sir David Wilkie
Der blinde Geiger
1806

mehrerer Diskurse, die nicht nur von künstlerischer Konvention und genialer Begabung handeln, sondern auch von Geopolitik und nationalem Bewußtsein.
Im 19. Jahrhundert, und sogar früher, haben Künstler hin und wieder tatsächliche Kinderzeichnungen näher untersucht, um sie dann, gleichsam als Graffiti, in ihre eigenen Bilder zu integrieren. Beispiele finden sich in Pieter Saenredams *Inneres der Buurkerk in Utrecht* (Abb. 1.6) aus dem 17. Jahrhundert und Sir David Wilkies Bild *Der blinde Geiger* von 1806 (Abb. 1.7). In Wilkies Werk kommt der Graffito sogar doppelt vor: einmal als krude Darstellung einer Katze, rechts im Bild, die in die Oberfläche des Schranks eingeritzt ist, und zum anderen als Zeichnung auf dem direkt darüberhängenden Blatt. Das Bild verweist auf eine Reihe von romantischen Topoi, so unter anderem auf die von Rousseau geprägte Vorstellung der natürlichen künstlerischen Neigung des Kindes sowie auf die edle Einfalt und Unmittelbarkeit, die etwa der Dichter Wordsworth dem Leser als ›richtige‹ Einstellung empfiehlt, um sich der Natur zu nähern. Letztere Botschaft wird nicht nur durch die Einfachheit der Zeichnung vermittelt, sondern auch durch die Armut des Schusters und seiner Familie, die sich um den Musikanten schart, um dem Klang seiner Geige zu lauschen. Allerdings ist in diesem Fall der Blick auf die tatsächliche Ausführung von Kinderkunst weitaus genauer als bei den üblichen Darstellungen von Strichmännchen.
In Courbets Gemälde *Das Atelier des Malers* (Abb. 1.4) bezieht sich die Darstellung der beiden Kinder (das eine sitzt auf dem Boden und zeichnet, während das andere neben dem Künstler steht und ihm bei der Arbeit zusieht) direkt auf das eigene, kurz zuvor entworfene Programm einer ›realistischen‹ Kunst, die die nackte Wirklichkeit aus einer Perspektive kindlicher Unschuld darzustellen hat und auf jede Interpretation verzichten soll: »Alles, was sich nicht auf der Netzhaut abzeichnet«, so Courbet, »liegt jenseits der Grenzen der Malerei.«[24] Die Vorstellung vom kindlichen Sehen beeinflußte auch die Art und Weise, in der Camille Corot sich dem Gegenstand seiner Bilder näherte. Beim Malen, erklärte Corot, »bitte ich den lieben Gott immer, mir meine Kindheit zurückzugeben: das heißt, mir die Möglichkeit zu gewähren, die Natur nach der vorurteilslosen Art eines Kindes wahrzunehmen und darzustellen.«[25] Während Courbet sich wahrscheinlich genausowenig wie Cole für die tatsächliche Beschaffenheit von Kinderzeichnungen interessierte, besaß Corot vermutlich eine Sammlung von Zeichnungen aus seiner eigenen Kindheit.[26] Diese Sammlung fand einige Beachtung unter den Impressionisten, die dem Gedanken naiver Spontaneität eine besondere Bedeutung beimaßen.
Die Aufwertung der Spontaneität erschütterte die Ehrfurcht vor traditionellen Formvorstellungen und löste somit jenen fundamentalen Wandel aus, der durch die um 1900 erfolgte Hinwendung zum ›Primitiven‹ angezeigt wird. Bis zum Ende des 19. Jahrhunderts fühlten sich die Künstler noch der tradierten Klassifizierung von Malerei und Skulptur als Teilbereiche der *artes liberales*, im Unterschied zum bloßen Handwerk, verpflichtet. Sie bemühten sich dementsprechend, den ›gelehrten‹, durch Vernunft und Moral bestimmten Charakter des eigenen Tuns herauszukehren.[27] Doch die wachsende Bedeutung empirischer Beobachtung und spontaner Entdekkung öffnete schließlich den Weg zu einer direkteren Auseinandersetzung mit der romantischen Vorstellung vom ›unschuldigen Auge‹ und mit allem, was dieser Gedanke an Implikationen in sich birgt.
Um die Jahrhundertwende gestand Monet im Verlaufe eines Gesprächs mit Lilla Cabot Perry, seiner Nachbarin in Giverny, er wünschte, er wäre »als Blinder auf die Welt gekommen und erst später sehend geworden. So hätte er im selben Stil malen können, aber ohne zu wissen, welche Gegenstände es eigentlich waren, die er vor

sich hatte.«[28] Diese Bemerkung zeugt noch von der aufklärerischen Vorstellung, die kindliche Sichtweise sei besonders objektiv, was voraussetzt, daß Wahrnehmung ohne Interpretation möglich sei. Einem Hinweis von Charles Stuckey zufolge hat Monet diese Idee möglicherweise beim englischen Kunstkritiker John Ruskin gelesen, der dem Künstler in seiner theoretischen Schrift *The Elements of Drawing* folgenden Rat erteilt:

Alles, was Sie in Ihrer Umwelt sehen, stellt sich als Kombination von Farben in verschiedenen Schattierungen dar [...] Die technische Fähigkeit zum Malen hängt von etwas ab, das man als die Unschuld des Auges *bezeichnen könnte: das heißt, von der Möglichkeit, diese planen Farbflecke auf eine kindliche Weise wahrzunehmen, ohne Bewußtsein ihrer Bedeutung – so wie ein Blinder, wenn er plötzlich doch sehen könnte.*[29]

Diese »Unschuld des Auges« ist oberflächlich betrachtet nur eine Seite kindlicher Naivität. Ruskin vertrat auch die Ansicht, der Künstler müsse sich bemühen, eine besondere Lebendigkeit und Frische zu bewahren, mit anderen Worten, am »Zustand der Kindheit«[30] festzuhalten. Nicht das Auge selbst, so Ruskin mit besonderem Nachdruck, sondern die »Seele des Auges«[31] sei das eigentliche Sehorgan. Dieser »Zustand der Kindheit«, der an Baudelaires Bemerkungen über das kindliche Sehen und die »Neuheit« erinnert, schlägt sich sowohl in der betont objektivistischen Haltung nieder, die den impressionistischen Bildern Monets der siebziger Jahre des 19. Jahrhunderts zugrunde liegt, als auch in der subjektiven Ausdrucksweise seiner späteren Werke mit den Motiven des Heuhaufens, der Kathedrale von Rouen und der Seerosen. Möglicherweise dachte auch Cézanne an diesen Zustand, als er 1904 im Gespräch mit Émile Bernard bemerkte: »Ich, für mein Teil, möchte ein Kind sein.«[32]
Die akademische Malerei des 19. Jahrhunderts beruht auf einer Auffassung von Kunst als ›Können‹, das als das genaue Gegenteil von kindlichem Gekritzel zu verstehen ist. Doch selbst einige der treuesten Anhänger der traditionellen Malerei wußten oder ahnten, daß künstlerische Größe letztlich eher eine Frage der spirituellen Tiefe als der technischen Geschicklichkeit sei, und zeigten sich empfänglich für jene Qualitäten der Kindlichkeit und Naivität, deren Stellenwert etwa von Ruskin hervorgehoben wurde. Bei Ernest Meissonier, einem der beliebtesten Maler von Militärporträts im Frankreich des 19. Jahrhunderts, scheint genau diese Einsicht einen geradezu schmerzhaften Reflexionsprozeß ausgelöst zu haben. In seinem 1874 entstandenen *Porträt des Sergeanten* (Abb. 1.8, 1.9) gibt sich ein leiser Anflug von Selbstkritik zu erkennen, angedeutet durch die ungelenke Kinderzeichnung rechts im Bild, die den narzißtischen Selbstdarsteller im Vordergrund karikiert und zugleich ein ironisches Licht auf die Arbeit des Künstlers wirft.
Nach Ansicht von Robert L. Herbert handelt es sich bei Ruskins »Zustand der Kindheit« um eine frühe Formulierung dessen, was man im 20. Jahrhundert als ›Primitivismus‹ bezeichnet.[33] Gegen Ende des 19. Jahrhunderts verband sich das Interesse an der kindlichen Unschuld mit einer umfassenden Neugier, die sich auf all das bezog, was die Zivilisation verdrängt hatte und unter der schillernden Oberfläche des Fin de siècle verborgen lag. In der allgegenwärtigen Vorliebe für das ›Primitive‹, die sich unter den Anhängern der künstlerischen Moderne durchsetzte, finden sich Parallelen zur Auseinandersetzung um Darwins Evolutionstheorie und Freuds ›Archäologie des Unbewußten‹. Die früheren Spekulationen – etwa Baude-

1.8 Ernest Meissonier
Das Porträt des Sergeanten
1874

1.9 Detail von Abb. 1.8 (Graffiti)

laires – über die Kindheit vereinten sich mit einer allgemeineren Sehnsucht nach Authentizität. »In den primitiven Künsten«, so Gauguin, »fließen stets die Säfte des Lebens, in den Künsten einer unnatürlichen Zivilisation wohl kaum!«[34] Eine ganz ähnliche Auffassung vertrat der symbolistische Kritiker Albert Aurier: »Wir müssen ins Exil gehen – weit, weit weg – und Zuflucht suchen in den fernen Ländern des Orients, die sich gegen die verderblichen Einflüsse Europas abgeschottet haben.«[35] Dieses immer stärker werdende zivilisationskritische Unbehagen kleidete Friedrich Nietzsche mit großer rhetorischer Brillanz in die Metaphorik der antiken Mythologie ein. In *Die Geburt der Tragödie* schilderte er den fortwährenden Kampf zwischen dem »apollinischen« und dem »dionysischen« Prinzip: zwischen Ordnung, Maß und der Kunst des schönen Scheins einerseits und dem dämonischen Trieb zu Übermaß und Überschwang andererseits, den Nietzsche im Rausch der dionysischen Feste exemplifiziert sah. Als der einzige griechische Gott, der eine ›normale‹ Kindheit hatte, symbolisiere Dionysos das Kontinuum zwischen der zutiefst irrationalen Welt des Kindes und dem Leben des Erwachsenen. Nietzsche hielt den dionysischen Rausch für eine positive, lebensbejahende Kraft und verwarf den rationalistisch gefärbten Naturalismus des »aesthetischen Sokratismus«[36]; er fragte provokant: »Vielleicht giebt es ein Reich der Weisheit, aus dem der Logiker verbannt ist? Vielleicht ist die Kunst sogar ein nothwendiges Correlativum und Supplement der Wissenschaft?«[37] So lieferte die Auseinandersetzung um das ›Primitive‹ ein Gegenmodell zum westlichen Materialismus und ein Mittel, um die hierarchische Erstarrung der europäischen Kultur zu bekämpfen. Unter diesem Vorzeichen wurde die Beschäftigung mit der Kinderkunst zu einer Spielart des Primitivismus. Eine weitere Facette der damals vorherrschenden Diskussion um dieses Thema beschreibt Kirk Varnedoe folgendermaßen: »In der zweiten Hälfte des 19. Jahrhunderts beschäftigte die Idee des Primitiven – im Sinne von Urzustand oder Urform – Biologen, Sozialtheoretiker, Linguisten und Psychologen [...] In Frankreich wie überall untersuchten und verglichen die verschiedenen Wissenschaften das ›Primitive‹ in Prähistorie, Kindheit und Stammesgemeinschaft, um ihre Theorien über die Grenzen und Möglichkeiten des Menschen und seinen Platz in der Naturordnung unter Beweis zu stellen.«[38] Diese Auffassung der Kindheit als ›Vorgeschichte‹ des Erwachsenseins machte das Kind zu einer heimischen Variante des ›edlen Wilden‹. »Um etwas Neues zu erschaffen, muß man zur Quelle, zur Kindheit des Menschengeschlechts zurückkehren.«[39] So lautete eine charakteristische Äußerung Gauguins, der in bezug auf seine eigene Malerei meinte: »Ich bin weit, sehr weit zurückgegangen, über die Pferde des Parthenon hinaus [...], bis zum guten alten Schaukelpferd, dem *dada* meiner Kindheit.«[40]

In den achtziger und neunziger Jahren des vorigen Jahrhunderts stellten mehrere Forscher eine Verbindung her zwischen der Kinderkunst und der Kunst der ›Wilden‹. Der wahrscheinlich erste bedeutende Beitrag zu diesem Aspekt des Themas stammte aus der Feder Alfred Lichtwarks, dem damaligen Direktor der Hamburger Kunsthalle, und erschien 1887 unter dem Titel *Die Kunst in der Schule*. In seiner Publikation *Studies of Childhood* (1896) versuchte James Sully, die künstlerische Entwicklung des Kindes mit der Entwicklung ›primitiver‹ Völker zu vergleichen. Ähnliche Ideen formulierte Carl Götze im Katalog *Das Kind als Künstler*, erschienen anläßlich einer Ausstellung von ›freien‹ Kinderzeichnungen, die er 1898 in der Hamburger Kunsthalle veranstaltete. Durchweg originell war dieser Gedanke freilich nicht. Schon fünfzig Jahre zuvor hatte Töpffer nebenbei bemerkt, man könne die *bonshommes* der Kinder mit den Ahnenstatuen auf den Osterinseln vergleichen.[41] Um die Jahrhundertwende wuchs die Zahl der Ausstellungen und Veröffentlichungen zum Thema Kinderkunst stetig an: 1890 erschien das erste Heft von *Kind und Kunst*, einer illustrierten Zeitschrift mit Beiträgen von Kindern und über sie, die von Alexander Koch, einem Mitbegründer der Darmstädter Künstlerkolonie, herausgegeben wurde. Das vorwiegend anthropologische und psychologische beziehungsweise pädagogische Erkenntnisinteresse, das der bisherigen Auseinandersetzung mit der Kinderkunst zugrunde gelegen hatte, spielte weiterhin eine tragende Rolle. Allmählich wurden jedoch auch andere Motive für diese Beschäftigung sichtbar. 1897 entschloß sich der Wiener Künstler und Pädagoge Franz Cižek, einen »Jugendkunst-Kurs« an der Kunstgewerbeschule einzurichten, der besonders günstige Bedingungen für die spontane kreative Selbstentfaltung der jugendlichen Teilnehmer garantieren sollte.[42] Nur wenige der damals auf diesem Gebiet tätigen Wissenschaftler teilten Cižeks ungewöhnliche Begeisterung für die eigenwillige Ästhetik der Kinderzeichnung, die er nicht als eine niedere Abart der Erwachsenenkunst, sondern als eine bildnerische Form *sui generis* verstand. Doch im Hinblick auf seine unterrichtstechnischen Neuerungen – das freie Zeichnen und die ständige Ermunterung zum Gebrauch der eigenen Phantasie – waren einige Pädagogen ebenfalls der Ansicht, der Kunstunterricht könne einen wichtigen Beitrag dazu leisten, die kreativen Fähigkeiten des Kindes zu wecken. Davon zeugen die Schriften und Aktivitäten von Ebenezer Cooke, Konrad Lange, Georg Hirth und Carl Götze, um nur einige Befürworter jener Ansicht zu nennen.

Im Zuge der wissenschaftlichen Beschäftigung wurden mehrere bedeutende Sammlungen von Kinderkunst veröffentlicht und in Ausstellungen gezeigt. Corrado Ricci besaß eine Sammlung von rund 1450 Kinderzeichnungen, und der Münchener Stadtschulrat Georg Kerschensteiner wertete einen riesigen Bestand von fast einer halben Million solcher Werke für seine 1905 vorgelegte Untersuchung *Die Entwicklung der zeichnerischen Begabung* aus.[43] Der erste Band der *Zeitschrift für angewandte Psychologie*, 1907 in Leipzig erschienen, war ausschließlich der Kinderkunst gewidmet. Erwähnt wurden darin verschiedene Sammlungen und Ausstellungen zum Thema Kinderkunst, so etwa die Sammlungen von Kerschensteiner und dem Historiker Karl Lamprecht. Auch Cižek zeigte die seinige in einer Wanderausstellung. Von der Jahrhundertwende bis zum Beginn des Ersten Weltkriegs fand jedes Jahr mindestens eine bedeutende Ausstellung zur Kinderkunst in den großen Kunstmetropolen statt.

Dabei traten nach der Jahrhundertwende nicht nur Wissenschaftler, sondern auch Künstler immer häufiger als Veranstalter dieser Ausstellungen auf. Zugleich intensivierte sich die Auseinandersetzung mit der Kinderkunst als möglicher Quelle von Anregungen für das eigene Werk. In der Kunst des 20. Jahrhunderts nimmt diese allgegenwärtige Beschäftigung eine Vielzahl von Formen an. Die Expressionisten, Kubisten, Futuristen und die Künstler der russischen Avantgarde interessierten sich alle auf jeweils eigene Weise für die Kinderkunst und zeigten ausgewählte Kinderzeichnungen neben den eigenen Werken in ihren bahnbrechenden programmatischen Ausstellungen. Im ersten Raum der Wiener Kunstschau von 1908 beispielsweise, wo Oskar Kokoschka sein Ausstellungsdebüt hatte, war eine Sammlung von Werken der Eleven Franz Cižeks zu sehen. Zwischen 1912 und 1916 veranstaltete Alfred Stieglitz vier Ausstellungen zur Kinderkunst in seiner New Yorker 291 Gallery. Ein zeitgenössischer Kritiker stellte fest, die Ausstellung von 1912 sei die erste ihrer Art, die es jemals in den USA gegeben habe, und zitierte eine Bemerkung von Stieglitz, die Kunst dieser zwei- bis elfjährigen Kinder enthalte »viel von dem Geist der sogenannten modernen Werke«.[44] 1917 und 1919 zeigte auch Roger Fry eine Ausstellung von Kinderkunst in den Omega Workshops in London. Neben Werken von Max Ernst und anderen Mitgliedern der Gruppe umfaßte die Kölner Dada-Ausstellung von 1919 Bilder von Kindern und psychisch Kranken sowie Beispiele der afrikanischen Kunst.[45]

Einige der größten bildenden Künstler des 20. Jahrhunderts waren darüber hinaus eifrige Sammler von Kinderkunst. Michail Larionow, Gabriele Münter und Wassily Kandinsky, Paul Klee, Pablo Picasso, Joan Miró, Jean Dubuffet und die Mitglieder der Gruppe *Cobra* sind hinsichtlich einer solchen Sammeltätigkeit, die in vielen Fällen direkte Anknüpfungspunkte für die eigene Arbeit ergab, führend gewesen. Diesen Künstlern, deren jeweilige Sammlungen heute noch erhalten sind, gilt unser Hauptaugenmerk in dieser Ausstellung sowie in der hier vorliegenden Publikation. Bereits sehr viel früher haben auch andere Künstler, so etwa Girodet,[46] Kinderzeichnungen gesammelt. Zudem darf man vermuten, daß einige weitere Hauptvertreter der Kunst des 20. Jahrhunderts sich ebenfalls auf diesem Gebiet betätigt haben, obgleich ihre Sammlungen noch nicht dokumentiert sind. Der Stil des späten Chagall etwa enthält deutliche Anklänge an die eigene Kindheit und verweist darauf, daß dieser Künstler von der Naivität und Direktheit der kindlichen Phantasie fasziniert war. Auch die Mitglieder der *Nabis,* die sich unter dem Einfluß Gauguins zusammenschlossen, betrachteten die Rückkehr zur Kindheit als eine mögliche Quelle der von ihnen gesuchten Klarheit und Authentizität. Dieser Vorstellung lag die Theorie Serusiers von der »subjektiven Verzerrung« zugrunde. Überdies schätzten sowohl Bonnard als auch Maurice Denis die Unbeholfenheit von Kinderzeichnungen als wertvolle Hilfe, um eine Befreiung des bildnerischen Ausdrucks zur erzielen. So ergibt sich die Frage, ob sie nicht auch einiges von dem Material gesammelt haben, das zu solchen ästhetischen Reflexionen anregte.[47]

In diesem Zusammenhang ist Henri Matisse besonders interessant, obgleich wir leider viel zu wenig darüber wissen. Vor dem Ersten Weltkrieg soll der Künstler einen

1.11 Henri Matisse
Der junge Matrose, II
Sommer 1906

»Salon des enfants« in Paris mitveranstaltet haben. Und von den Zeichnungen seines damals dreizehnjährigen Sohnes war er so angetan, daß er eine dieser Arbeiten in den Bildhintergrund zweier eigener Werke einbezog, in die Gemälde *Frau auf dem Hocker* (Abb. 1.10) und in *Stilleben mit Zitronen,* beide aus dem Jahr 1914.[48] Mit jeweils lobendem oder tadelndem Akzent kommentierten auch viele zeitgenössische Kritiker die Verwandtschaft der Werke von Matisse mit der Kinderkunst: 1913 schrieb ein New Yorker Kritiker: »Matisse malt wie ein Kind vielleicht gemalt hätte, als die Kunst auf die Welt kam; er sieht nur das Wesentliche in Form und Farbe.«[49] Anfang 1908 hieß es dagegen in einer anonym veröffentlichten Ausstellungsbesprechung: »Der Impressionismus erlebt seine zweite Kindheit [...] Bei M. Matisse sind das Motiv und dessen malerische Behandlung gleichermaßen infantil.«[50] Sechs Jahre später meinte ein weiterer Kritiker, Matisse benutze »die Methode eines Kind-Menschen, der die Natur mit ungeschulten Augen anblickt und das auszudrücken versucht, was sein Instinkt ihm vom Leben berichtet.«[51] Eines der negativsten Urteile findet sich in einer Besprechung der Weihnachtsausstellung 1908 der Galerie Paul Cassirer in Berlin. Nach sorgfältiger Abwägung kam die Leipziger *Kunstchronik* zu dem Schluß, das Werk von Matisse sei insgesamt eine »Gefahr« für junge deutsche Künstler, weil es so »lächerlich und kindisch« sei.[52]

Eine lobende Besprechung veröffentlichte Apollinaire am 7. Juni 1914 in der von der Pariser Galerie Malpel veranstalteten Ausstellung unter dem Titel »Dessins d'enfants«. Viele der gezeigten Werke stammten von Künstlerkindern, so zum Beispiel von der Tochter des Malers Kees van Dongen. Die Besprechung schließt mit einigen Bemerkungen über Matisse und dessen Beziehung zur Kinderkunst: »Ich weiß noch, wie Matisse früher seine Kinderzeichnungen vorzeigte«, so Apollinaire, »einige von ihnen waren wirklich erstaunlich. Matisse fand sie sehr interessant. ›Und dennoch‹, sagte er, ›ich glaube nicht, daß wir zuviel Aufhebens um die Zeichnungen von Kindern machen sollten. Sie wissen ja nicht, was sie tun.‹«[53]

Wenn dies auch durchaus zutreffen mag, so haben diese Vorbehalte Matisse keineswegs daran gehindert, sich von der Kinderkunst anregen zu lassen, als er den Versuch wagte, eine neue, vereinfachte Bildsprache zu entwickeln, um sich von der ›wörtlichen‹ Wiedergabe der gegenständlichen Welt zu befreien.[54] Folgende Bilder spielen dabei eine Schlüsselrolle: die beiden Fassungen von *Der junge Matrose* (Abb. 1.11), *Die Zwiebeln* (Abb. 1.12) aus dem mit Derain in Collioure verbrachten Sommer des Jahres 1906, ferner das 1907 entstandene Porträt von *Marguerite* (Abb. 1.13) und das *Bildnis von Pierre Matisse* von 1909. Rückblickend auf den gemeinsamen Aufenthalt mit Derain in Collioure meinte Matisse in späteren Jahren: »Wir waren damals wie zwei Kinder, die der Natur gegenüberstanden und unsere Gemüter jeweils für sich sprechen ließen.«[55]

Dem Bericht des Sammlers Leo Stein zufolge behauptete Matisse zunächst, die stark abstrahierende Version von *Der junge Matrose* stamme nicht von ihm; statt dessen habe der Briefträger von Collioure das verhältnismäßig kindlich anmutende Bild gemalt. Erst nach einigem Zögern bekannte er sich zur Urheberschaft. Wohl zu Recht hat der Matisse-Forscher Jack Flam in diesem Werk den Niederschlag eines ›primitiven‹ Stils konstatiert, den Matisse sich aneignete, um seinen Hang zur Realistik einzudämmen; bezeichnenderweise ist die Darstellung auch nicht direkt von der Natur, sondern von einem anderen Bild ›abgemalt‹. Dieses Moment des Primitiven erinnert eher an die Unbeholfenheit der Kinderkunst als an die gewollten Schematisierungen und Vereinfachungen der afrikanischen Plastik. Kurzum, das Bild sieht aus wie die Zeichnung eines Altersgenossen der damals zwölfjährigen Tochter

Marguerite. Kinder diesen Alters neigen zwar immer stärker zum Realismus, aber sie benutzen weiterhin einfache flächige Muster und reduzierte Formen.
Die Anekdote Leo Steins zu dem Gemälde *Der junge Matrose II* erscheint im Lichte einer zweiten Geschichte noch bedeutsamer, derzufolge Matisse in jenem Sommer seinem Malerkollegen Jean Puy erzählte, der Briefträger von Collioure habe *Die Zwiebeln* gemalt. Auch in diesem Fall gestand er erst später, daß das Bild doch von ihm selbst sei.[56] Laut Flam empfand der Künstler die radikale Neuartigkeit dieser Werke als regelrecht peinlich. Für Matisse, wie für jeden Künstler der frühen Moderne, war die Vergleichbarkeit mit Kinderkunst auf jeden Fall eine heikle Angelegenheit; möglicherweise wollte er sich nicht mit verfrühten Erklärungsversuchen belasten, während er noch im Begriff war, dieses Terrain überhaupt erst zu erkunden. Kurz darauf entstand das Porträt von *Marguerite* (1907), in dem Matisse ganz bewußt einige stilistische Merkmale der Kinderkunst nachahmte. Sichtbar sind diese Verweise vor allem in der flächigen Wiedergabe der Formen und den für Kinderzeichnungen typischen rosa Flecken auf den Wangen des Mädchens sowie in der ungeschickt wirkenden Plazierung des zudem noch in ungelenken Großbuchstaben geschriebenen Namens am oberen Bildrand.

1.10 Henri Matisse
Frau auf dem Hocker
Um 1914

Einige der Hauptwerke von Matisse aus den darauffolgenden drei Jahren scheinen von einer intensiven Auseinandersetzung mit der Kinderkunst geprägt. Kürzlich erklärte John Elderfield hierzu: »Vor der Erfindung des Fauvismus hatte Matisse sich dem Thema Kindheit ikonographisch genähert. Nun aber schuf er eine neue Art der Malerei, die einem kindlichen Gemüt direkt zu entstammen schien. Der nächste Schritt lag darin, mit Hilfe dieser neuen Bildsprache eine ganze Welt zu entwerfen, eine Welt der ungezähmten Instinkte, eine Welt vor dem Sündenfall, vergleichbar mit der Erfahrung der Kindheit. Diesen Schritt vollzog Matisse in *Die Lebensfreude*.«[57]
Der wiederum nächste Schritt nach der *Lebensfreude* dürfte in den beiden unmittelbar darauf entstandenen Fassungen von *Der junge Matrose* zu finden sein. Einem ähnlichen Ansatz, der aus einer systematischen Auseinandersetzung mit dem bildnerischen Vokabular der Kinderkunst hervorging, folgte Matisse auch in *Luxus I* und *Luxus II* (1907–1908), in denen die kindliche Stilisierung der Formen sogar noch gesteigert wird. Im Sommer 1909 entstand dann das *Bildnis von Pierre Matisse*, das starke stilistische Ähnlichkeiten mit dem Porträt der Tochter Marguerite aufweist. Auch die großformatigen Figurenkompositionen in *Der Tanz* und *Die Musik* verraten Einflüsse aus der Kinderkunst.
So verwundert es vielleicht nicht, daß Matisse – unbeschadet der Komplexität seiner Kunst – den Titel »Mit den Augen eines Kindes das Leben betrachten« für seinen Lebensrückblick wählte. Der Künstler, heißt es dort, müsse »alles so sehen, als würde er es zum allerersten Mal erblicken: er muß das Leben genauso sehen, wie er es als Kind sah, und wenn er diese Fähigkeit verliert, kann er sich nicht mehr originell – das heißt persönlich – ausdrücken.«[58]

1.13 Henri Matisse
Marguerite
1907

1.12 Henri Matisse
Die Zwiebeln
Sommer 1906

1.14 Ernst-Ludwig Kirchner
Kinderzeichnung (Eisenbahnzug)
21. Januar 1884

Als sich Picasso und Matisse 1907 zu einem Bildertausch entschlossen, fiel Picassos Wahl auf das Bildnis von Marguerite. In späteren Jahren begründete er diese Entscheidung dahingehend:

Damals meinte man, ich hätte in böser Absicht ein schlechtes Beispiel von Matisses Kunst ausgesucht. Das stimmt aber nicht. Ich hielt das Bild schon damals für sehr wichtig, und das finde ich auch heute noch. Die Kritiker reden ständig von diesem oder jenem Einfluß auf Matisses Werk. Nun, in diesem Fall wurde er von seinen Kindern beeinflußt, die gerade mit dem Zeichnen angefangen hatten. Ihre naiven Zeichnungen faszinierten ihn und führten zu einer völligen Verwandlung seines Stils. Das weiß niemand, aber es ist einer der Schlüssel zum Verständnis von Matisse.[59]

Ein weiterer Zeitgenosse, André Derain, gab sein Interesse für die Kinderkunst ganz offen zu Protokoll; im August 1902 schrieb er an Maurice Vlaminck: »Ich möchte die Zeichnungen von Kindern studieren. Kein Zweifel: dort liegt die Wahrheit.«[60] Vlaminck selbst stellte einige Jahre später fest: »Das Leben wurzelt in der Kindheit«.[61] Auch die Künstler der Vereinigung *Die Brücke,* die Ernst Ludwig Kirchner und Emil Nolde zu ihren Mitgliedern zählte, waren Zeitgenossen von Matisse. 1928 notiert Kirchner in sein Tagebuch: »Der Künstler ist ja überall das leicht reagierende Kind, das auf jeden neuen Formreiz reagiert und ihn in sich, abseits von logischen oder historischen Tatsachen, umbildet, um seine Träume hineinzugießen.«[62] In einem Brief aus demselben Jahr heißt es ferner, jeder »Denkende« müsse begreifen, »daß die Entwicklung der Formensprache eines Künstlers gewiß mit sehr viel ekstatischer Vision, aber dabei durchaus bewußt geschehen kann, sonst unterschiede sich ja der

1.15 Ernst-Ludwig Kirchner
Eisenbahn
1926–1927

Künstler in nichts von den Zeichnungen eines Kindes.«[63] Im Laufe der zwanziger Jahre schuf Kirchner überdies eine Reihe von Holzschnitten nach Zeichnungen, die er schon um 1884 – mit etwa dreieinhalb Jahren – gemacht hatte (Abb. 1.14, 1.15). Der Kunsthistoriker Will Grohmann, der den Künstler persönlich kannte, bemerkte: »Kirchner weist wiederholt auf den Zusammenhang seiner späteren künstlerischen Entwicklung mit seinen Kinderzeichnungen hin, die er gern mit seinen reifen Arbeiten reproduziert.«[64] Allerdings interessierten sich Kirchner und einige weitere Mitglieder der *Brücke* bereits vor dem Ersten Weltkrieg für das inspirierende Potential der Kinderkunst. Von 1909 an standen ihnen mehrere Kinder als ständige Modelle zur Verfügung: die zwölfjährige Franzi und ihre Schwester Marzella sowie zwei weitere Mädchen namens Nelly und Milly.[65] In einer Aufzeichnung aus dieser Zeit bemerkt Emil Nolde: »Neben aller gewonnenen Sicherheit im Bewußtsein des Könnens, wollte ich so gern, daß mir das Kindliche erhalten bleibe, denn wo im Künstler dies fehlt, gibt es im Werk den schönsten Wohlklang nicht.«[66] Und weiter:

Kinder, einige Jahre nur alt, können schon zeichnen, und einige Jahre später, dann zeichnen sie alles. Eines meiner erstaunlichsten Erlebnisse war, als ich gelegentlich dem Arbeiten zweier Knaben zuschauen durfte. Sie zeichneten und malten unbehindert mit einer mir unbekannten Leichtigkeit ganze Menschengruppen, Raubritterzüge, Schlachten und Jagden, Landschaften, Tiere, ja alles, was zu dieser Stunde ihnen eben einfiel. Kaum war eines der Blätter fertig, bevor das Nächste auch schon halbfertig war, alle in ihrer kindlichen Art, aber mit unglaublichem Geschick und voll sprühendem Leben. Ich ging tagelang nachher in der Wunderwelt dieser ›Knabenkünstler‹, alles zu fassen suchend. Manches bleibt so unverständlich.[67]

Das Interesse an der Kinderkunst, das sich in der Zeit vor dem Ersten Weltkrieg etwa in den Werken eines Picasso, eines Klee oder eines Kandinsky niederschlägt, erweist sich mithin als kennzeichnend für die klassische Moderne. Seltsamerweise stellt der Dadaismus eine große Ausnahme dar. Obwohl diese Kunstrichtung bereits ihren Namen aus der Kindersprache bezog – *dada* ist der französische Kinderausdruck für »Steckenpferd« – und auch sonst eine starke Vorliebe für Kindliches an den Tag legte, ließen sich ihre Exponenten nur äußerst selten von konkreten Beispielen der Kinderkunst inspirieren. Die Kindheit war für die Dada-Künstler in erster Linie ein Symbol der eigenen Auflehnung gegen soziale Normen. In diesem Sinne schreibt beispielsweise Hugo Ball: »Sich überbieten in Einfalt und Kindsköpfigkeit –: das ist noch die beste Gegenwehr.«[68]

Unter den Künstlern des Surrealismus war Miró mit Sicherheit derjenige, der sich am ernsthaftesten für die Kinderkunst interessierte. Die herausragenden Bilder aus der Zeit zwischen den Weltkriegen sind jedoch eher durch formale Strenge und einen Hang zum Monumentalen gekennzeichnet, indes die romantischen Neigungen, die eine Beschäftigung mit der Kunst von Kindern begünstigen, zurücktreten. Allerdings taucht dieses Interesse in einigen überraschenden Zusammenhängen wieder auf; so zum Beispiel in den Skizzen Picassos für *Guernica*, das schrecklichste *und* politischste *und* monumentalste Bild in seinem ganzen Œuvre, und auch im *Pavillon der neuen Zeiten*, den Le Corbusier für die Pariser Weltausstellung von 1937 entwarf (Abb. 1.16). Als Wanddekoration für diesen Bau ließ der Architekt zwei Zeichnungen, die von einem zwölfjährigen Jungen stammten, auf jeweils 50 Quadratmeter vergrößern. Ausgeführt wurde die Arbeit von einem jungen Mann, der als Ateliergehilfe bei Léger arbeitete. Es handelte sich um Asger Jorn, der elf Jahre später die Gruppe *Cobra* mitbegründete.[69]

Nach dem Zweiten Weltkrieg taten sich Jean Dubuffet und die *Cobra*-Künstler als besonders eifrige Sammler von Kinderkunst und Nutznießer der davon ausgehenden Anregungen hervor. Daneben aber befaßte sich nahezu jeder bedeutende Künstler der ersten Nachkriegsgeneration mit der Psychoanalyse und dem Existentialismus, und auch diese Auseinandersetzung führt unmittelbar auf das Thema der Kindheit zurück. Bis zum Ende der fünfziger Jahre waren das Vokabular der Kinderkunst und der psychoanalytischen Selbsterforschung derart verbreitet, daß eine Beschäftigung mit diesem Themenkreis kaum noch auffiel. Das soll jedoch nicht heißen, daß das Thema seinen Reiz verloren hätte. Denn in den letzten dreißig Jahren ist die Vielfalt der Ansätze in der Beschäftigung mit Kinderkunst weiterhin gewachsen, und die Art und Weise, in der Künstler dieses Material verwenden, gibt nach wie vor Aufschluß über Ziel und Sinn ihrer eigenen Arbeit.

Eine der ersten programmatischen Beschwörungen kindlicher Unschuld als Vorbild für den Künstler findet sich in den *Songs of Innocence* (1789) des britischen Dichters und Malers William Blake. Für dessen romantischen Zeitgenossen Wordsworth galt das Kind als der »Vater des Mannes«.[70] Auch Marcel Duchamps Wortspiel *Enfant-phare* (Kind-Leuchtturm) verweist auf die romantische Vorstellung des sehenden, da naiven Kindes. Daß Kindermund Wahrheit kundtut, daß Kinder auf ›unschuldige‹, spontane Weise zu tiefen Einsichten in die Geheimnisse des Lebens gelangen können, sind Gemeinplätze, die jedem geläufig sind. Mit der Kunst von Kindern hat es allerdings eine etwas paradoxe Bewandtnis. Einerseits schätzt man sie ob ihrer expressiven Direktheit und ihrer Fähigkeit, Gefühle auf allgemeinverständliche Weise mitzuteilen, auf Grund von Eigenschaften also, die auch der offiziellen, ›großen‹ Kunst zugeschrieben werden. Andererseits aber lehnt man sie ab. Es

1.16 Le Corbusier
Pavillon der neuen Zeiten (mit der von Asger Jorn übertragenen Kinderzeichnung, siehe S. 194)
1937

existiert kaum ein Aspekt der künstlerischen Moderne, der mehr Anstoß erregt hätte, und zwar bei Verfechtern und Kritikern gleichermaßen, als die Parallele zur Kinderkunst.

Die Kindheit gehört zwar zu den wichtigsten Bereichen gemeinsamer menschlicher Erfahrung, aber im Laufe der Sozialisation zum Erwachsenen wird sie vergessen und unter Konventionen vergraben. Heutzutage gilt allerdings als selbstverständlich, daß das ›Kind in uns‹ – von dem bei den *Cobra*-Künstlern häufig die Rede ist – dennoch das Verhalten des Erwachsenen nachhaltig beeinflußt, auch und gerade dann, wenn dieses geheime Selbst im Unbewußten verborgen liegt und unzugänglich bleibt für etwaige Versuche, es zu ändern oder seine Energien produktiv zu nutzen. Vielleicht ist das der Grund, weshalb das Adjektiv ›kindisch‹ so häufig benutzt wird, wenn es darum geht, etwas abzuweisen oder gar mit einem Tabu zu belegen, und weshalb das Aufscheinen des Kindlichen in der modernen Kunst so verstörend wirkt, weil solche Werke unsere Übereinkunft mit der Wirklichkeit bedrohen. In der kunsthistorischen Forschung ist der Einfluß der Kinderkunst auf die künstlerische Moderne bislang weitgehend unerwähnt geblieben; sogar bei den Künstlern selbst herrscht diesbezüglich große Zurückhaltung. Das eingangs zitierte Klischee – »das kann doch mein Dreijähriger« oder so ähnlich – dient zur Abwehr der Erkenntnis dessen, was die moderne Kunst offenbart: das Triebhafte der eigenen Kindheit und die stummen Schrecken des Unbewußten.

1 Thomas Hess, »Editor's letters«, in: *Art News*, Bd. 53 (10), Februar 1955, S. 6.

2 Robert Scholz, »Kunstgötzen stürzen«, in: *Deutsche Kultur-Wacht*, 1933, H. 10, S. 5; zit. nach Otto Karl Werckmeister, »Klees ›kindliche‹ Kunst«, in: ders., *Versuche über Paul Klee*, Frankfurt am Main 1981, S. 170.

3 Mérodack Josephin Péladan, »Le Salon d'Automne et ses rétrospectives Greco et Monticelli«, in: *La Revue Hebdomadaire*, 17. Oktober 1908; zit. nach *Matisse, A Retrospective*, hrsg. von Jack Flam, New York 1988, S. 73.

4 Zit. nach Pierre Georgel, »L'Enfant au bonhomme«, in: *Malerei und Theorie: Das Courbet-Colloquium 1979*, hrsg. von Klaus Gallwitz und Klaus Herding, Frankfurt am Main 1980, S. 107.

5 Caspar David Friedrich, »Äußerung bei Betrachtung einer Sammlung von Gemälden von größtenteils noch lebenden und unlängst verstorbenen Künstlern« (1830), in: *Caspar David Friedrich in Briefen und Bekenntnissen*, hrsg. von Sigrid Hinz, München 1968, S. 92.

6 Friedrich Schiller, »Über naive und sentimentalische Dichtung«, in: *Schillers Werke*, Bd. 1, Berlin/Weimar 1967, S. 249.

7 Samuel Taylor Coleridge, *Biographia Literaria*, Bd. 2, hrsg. von James Engell und W. J. Bate, Collected Works, Bd. 7.2, London u. a. 1983, S. 138.

8 Es gibt verschiedene Versionen dieser Anekdote, aber die Geschichte gilt trotzdem als verbürgt. Siehe Thomas Jefferson Hogg, *The Life of Percy Bysshe Shelley*, Bd. 1, London 1858, S. 239–241.

9 Interessant ist allerdings die Konterkarierung dieser Position ein Jahrhundert später durch den französischen Kriminologen Lombroso, der Kriminelle mit Tieren, Wilden und Menschen ›niederer Rasse‹ verglich. Um diese Kette zu vervollständigen, so der Wissenschaftshistoriker Stephen Jay Gould, »brauchte Lombroso nur noch das Kind zum latenten Verbrecher zu stempeln – denn das Kind ist ein vorgeschichtlicher Erwachsener, ein lebender Primitiver. Lombroso schreckte vor diesem notwendigen Schluß nicht zurück und brandmarkte das traditionelle Unschuldslamm [...] als verbrecherisch.« Siehe Cesare Lombroso, *L'homme criminel*, Paris 1887, sowie Stephen Jay Gould, *Der falsch vermessene Mensch*, aus dem Englischen von Günter Seib, Basel/Boston/Stuttgart 1983, S. 134.

10 Jean-Jacques Rousseau, *Emile oder Ueber die Erziehung*, aus dem Französischen von H. Denhardt, Bd. 1, Leipzig 1910, S. 241 f.

11 Siehe zum Beispiel den Brief vom 21. April 1803 an Dr. Benjamin Rush, in dem Jefferson seine Absicht bekundet, »die Frage unbeachtet zu lassen, ob Christus, wie manche seiner Jünger behaupten, zur Gottheit gehört oder unmittelbar in Verbindung mit dieser steht«; zit. nach *Thomas Jefferson: Writings*, hrsg. von Merrill Thomas, New York 1984, S. 1125.

12 William Paley, *Natural Theology; or Evidences of the Existence and Attributes of the Deity* (1802), hrsg. von Frederick Ferre, Indianapolis 1964, S. 49–59.

13 Tommaso Minardi, »On the Essential Quality of Italian Painting from Its Renaissance to the Period of Its Perfection«, in: *Nineteenth-Century Theories of Art*, hrsg. von Joshua C. Taylor, Berkeley/Los Angeles/London 1987, S. 178 f.

14 Adolphe Thiers, »On Naiveté in the Arts«, in: Taylor (Anm. 13), S. 171.

15 Charles Baudelaire, »Entsprechungen«, in: *Die Blumen des Bösen*, Frankfurt am Main/Hamburg 1962, S. 18 f.

16 Ders., »Salon de 1846«, in: *Œuvres Complètes*, Bruges 1961, S. 914.

17 Ders., »Der Maler des modernen Lebens«, in: *Sämtliche Werke/Briefe*, Bd. 5, hrsg. von Friedhelm Kemp und Claude Pichois in Zusammenarbeit mit Wolfgang Drost, München 1989, S. 200 f. Ähnliche Formulierungen dieser Idee tauchen auch in späteren Jahren wiederholt auf, so zum Beispiel in Alfred Stieglitz' Kommentar zur Ausstellung von Kinderkunst, die er 1912 veranstaltete: »Die großen Genies«, so Stieglitz im Gespräch mit der Presse, »sind diejenigen, die ihr jugendliches Wesen bewahrt, aber ihren Horizont erweitert und mehr Erfahrungen gesammelt haben.« Siehe Anonym, »Some Remarkable Work by Very Young Artists«, in: *The Evening Sun* (New York), 27. April 1912; Nachdruck in: Dorothy Norman, *Alfred Stieglitz, An American Seer*, New York 1960, S. 116. Der gleiche Grundgedanke findet sich auch in einer Bemerkung des New Yorker Galeristen Julien Levy über Max Ernst, dieser habe es verstanden, »die Sichtweise des Kindes mit der Perfektion des Erwachsenen zu verbinden.« Julien Levy, »Max Ernst«, in: Max Ernst, *Beyond Painting and Other Writings by the Artist and His Friends*, New York 1948, S. 190.

18 Charles Baudelaire, »Die Moral des Spielzeugs«, in: *Sämtliche Werke/Briefe*, Bd. 2 (Anm. 17), München/Wien 1983, S. 198.

19 Rodolphe Töpffer, *Réflexions et menus propos d'un peintre génevois*, Genf 1848, S. 254 f.; zit. nach Meyer Schapiro, »Courbet and Popular Imagery«, in: ders., *Modern Art*, New York 1978, S. 61.

20 Théophile Gautier, »Du beau dans l'art«, in: *L'art moderne*, Paris 1856, S. 131 f.; zit. nach Schapiro, »Courbet« (Anm. 19), S. 63.

21 Eine ausführlich kommentierte Chronologie der Literatur zum Thema Kinderkunst sowie ein Verzeichnis der Ausstellungen zum Thema befinden sich in meinem demnächst erscheinenden Katalog zur Ausstellung »When We Were Young: The Art of the Child«, die sich mit der Geschichte und Eigenart der Kinderkunst befaßt und 1997 im Krannert Art Museum der University of Illinois eröffnet werden soll.

22 Die Forschungsliteratur zu Hieronymus Bosch bietet kaum Aufschlüsse über die möglichen Quellen dieser Motive, obwohl ähnlich ›surreale‹ Figuren, die häufig menschliche Züge mit tierischen verbinden, nicht nur bei Bosch und dessen Nachfolgern, sondern auch in mittelalterlichen Handschriften zu finden sind. Auch hier mag es Verbindungen zur Phantasie- und Traumwelt der Kindheit geben.

23 Siehe hierzu: Werner Hofmann, »Die Kunst des Verlernens« (im Begleitband zu diesem Katalog), sowie Pierre Georgel, »L'Enfant au bonhomme« (Anm. 4), S. 105–115.

24 Gustave Courbet, zit. in: Jules Castagnary, *Salons* (1857–1870), Bd. 1, Paris 1892, S. 146–148; zit. nach Charles F. Stuckey, »Monet's art and the act of vision«, in: *Aspects of Monet: a symposium on the artist's life and times*, hrsg. von John Rewald und Frances Weitzenhoffer, New York 1984, S. 112.

25 Camille Corot, *Corot raconté par lui-même et par ses amis*, Bd. 1, Vésenaz/Genf 1946, S. 96; zit. nach Stuckey, »Monet's art« (Anm. 24), S. 110.

26 Diesen Hinweis verdanke ich Dr. Richard Brettell, der mir von der Sammlung berichtete.

27 Für seine Hilfe bei der Formulierung dieser Überlegungen möchte ich meinem Kollegen Jerrold Ziff herzlich danken.

28 Lilla Cabot Perry, »Reminiscences of Claude Monet from 1889 to 1909«, in: *The American Magazine of Art*, Bd. 18(3), 1927, S. 120; zit. nach Stuckey, »Monet's art« (Anm. 24), S. 108.

29 John Ruskin, *The Elements of Drawing* (1857), in: *The Works of John Ruskin*, hrsg. von E. T. Cook und Alexander Wedderburn, Bd. 15, London 1903–1912, S. 27; zit. nach Stuckey, »Monet's art« (Anm. 24), S. 108.

30 Ders., *The Seven Lamps of Architecture* (1849), in: *Works* (Anm. 29), Bd. 8, S. 194.

31 Ders., *The Eagle's Nest* (1872), in: *Works* (Anm. 29), Bd. 22, S. 194; zit. nach *The Art Criticism of John Ruskin*, hrsg. von Robert L. Herbert, New York 1964, S. viii-ix.

32 Gesprächsnotiz Cézanne-Bernard, Erstveröffentlichung in: *Mercure de France*, Juni 1921; Nachdruck in: *Souvenirs sur Paul Cézanne*, Paris o. J., S. 104 f.; zit. nach Stuckey, »Monet's art« (Anm. 24), S. 108.

33 Robert L. Herbert, »Introduction«, in: ders., *Art Criticism* (Anm. 31), S. xii.

34 Paul Gauguin, *Noa Noa*, New York 1957, S. 47.

35 Zit. nach Patricia Mathews, *Aurier's Symbolist Art Criticism and Theory*, Ann Arbor 1986, S. 49.

36 Friedrich Nietzsche, »Die Geburt der Tragödie«, in: *Sämtliche Werke: Kritische Studienausgabe in 15 Bänden*, hrsg. von Giorgio Colli und Mazzino Montinari, Bd. 1, München/Berlin/New York 1980, S. 85.

37 Ibid., S. 96. Vgl. die späteren Anmerkungen Theodor W. Adornos zum »Verfall der Emotionen« und der »Objektivierung der Welt«, die eher zu intellektueller »Kurzatmigkeit« führe als zur qualitativen Verbesserung des Denkens. Denn, so Adorno: »Phantasie, heute dem Ressort des Unbewußten zugeteilt und in der Erkenntnis als kindisch urteilsloses Rudiment verfemt, stiftet allein jene Beziehung zwischen Objekten, in der unabdingbar alles Urteil entspringt; wird sie ausgetrieben, so wird zugleich das Urteil, der eigentliche Erkenntnisakt, exorziert.« Theodor W. Adorno, *Minima Moralia: Reflexionen aus dem beschädigten Leben*, Frankfurt am Main 1975, S. 158 f.

38 Kirk Varnedoe, »Paul Gauguin«, in: *Primitivismus in der Kunst des 20. Jahrhunderts*, hrsg. von William S. Rubin, München 1984, S. 189.

39 Paul Gauguin, *L'Echo*, 15. August 1895; zit. nach *Oviri, écrits d'un sauvage*, hrsg. von Daniel Guérin, Paris 1974, S. 111.

40 Paul Gauguin, *Intimate Journals*, aus dem Französischen von Van Wyck Brooks, mit einem Vorwort von Emil Gauguin, New York 1936, S. 41. Siehe auch Vincent van Goghs Brief an den Bruder Theo, in dem er von dem Wunsch Gauguins und Bernards berichtet »zu malen wie die Kinder«, in: *The Complete Letters of Vincent van Gogh*, Bd. 3, Greenwich, Connecticut 1958, Brief Nr. 527, S. 20. Dr. Marc Gerstein vom Toledo Museum of Art hat mich außerdem auf die Möglichkeit aufmerksam gemacht, daß Gauguin sich bei der Darstellung der Gänse im Hintergrund der *Bretonischen Frauen* (1886) von den Bildern des Kinderbuchillustrators Caldecott anregen ließ. Über diesbezügliche Bemerkungen Gauguins berichtet A. S. Hartrick, in: ders., *A Painter's Pilgrimage Through Fifty Years*, Cambridge 1939, S. 33. In der Regel scheint die Kinderkunst jedoch keine sehr große Rolle in Gauguins Malerei gespielt zu haben.

41 Zur »Rekapitulationstheorie« – der Vorstellung, daß die intellektuelle Entwicklung des Kindes die Evolution der Menschheit insgesamt wiederholt – siehe die konzise historische Darstellung von George Boas, in: ders., *The Cult of Childhood*, Studies of the Warburg Institute, Bd. 29, London 1966, S. 60–67.

42 Franz Cižek, zit. in: Wilhelm Viola, *Child Art*, Peoria 1944, S. 34.

43 Georg Kerschensteiner, *Die Entwicklung der zeichnerischen Begabung*, München 1905.

44 Anonym, »Some Remarkable Work« (Anm. 17), S. 116.

45 Siehe John MacGregor, *The Discovery of the Art of the Insane*, Princeton 1989, S. 279.

46 Siehe die Hinweise in Pierre Georgel, »L'Enfant au bonhomme« (Anm. 4), S. 109. Im Louvre befindet sich zudem die Zeichnung einer Giraffe, die Girodet selbst als Kind anfertigte; offensichtlich fand er das Werk interessant genug, um es für die Nachwelt aufzuheben.

47 Siehe Sasha M. Newman, »Nudes and Landscapes«, in: Colta Ives, Helen Giambruni und Sasha M. Newman, *Pierre Bonnard: The Graphic Art*, New York 1989, S. 153. Vgl. Maurice Denis, »Aristide

Maillol«, in: *Théories, 1890–1910, du symbolisme et de Gauguin vers un nouvel ordre classique*, 4. Aufl., Paris 1920, S. 242; zit. nach Helen Giambruni, »Domestic Scenes«, in: Ives, Giambruni und Newman, op. cit., S. 60.

48 Siehe Alfred H. Barr, jr., *Matisse, His Art and His Public*, New York 1951, S. 42, 184. Vgl. John Elderfield, *Matisse in the Collection of the Museum of Modern Art*, New York 1978, S. 92–94, sowie Anm. 202f.

49 Siehe den Bericht von Clara T. MacChesney, »A Talk with Matisse, Leader of Post-Impressionism«, in: *The New York Times Magazine*, 9. März 1913; zit. nach *Matisse, A Retrospective*, hrsg. von Jack Flam (Anm. 3), S. 132.

50 Anonym, »The Last Phase of Impressionism«, in: *The Burlington Magazine*, Bd. 12, Februar 1908, S. 272; zit. nach Barr, *Matisse and His Public* (Anm. 48), S. 110.

51 Charles Caffin, *How to Study the Modern Painters*, New York 1914, S. 210f.

52 M. O., »Matisse-Ausstellung«, in: *Kunstchronik*, Bd. 20, 1909, S. 238f.; zit. nach Barr, *Matisse and His Public* (Anm. 48), S. 108f.

53 Guillaume Apollinaire, *Chroniques d'Art (1902–18)*, hrsg. von L.-C. Breunig, Paris 1960, S. 393f.

54 Siehe Jack Flam, *Matisse: The Man and His Art, 1869–1918*, Ithaca/London 1986, S. 174.

55 Gaston Diehl, *Henri Matisse*, Paris 1954, S. 32; zit. nach John Elderfield, *Henri Matisse: A Retrospective*, New York 1992, S. 52.

56 Flam, *Matisse: The Man and His Art* (Anm. 54), S. 190.

57 Elderfield, *Henri Matisse: A Retrospective* (Anm. 55), S. 52.

58 Henri Matisse, »Looking at Life with the Eyes of a Child«, in: *Art News and Review*, London, 6. Februar 1954; Nachdruck in: *Matisse on Art*, hrsg. von Jack Flam, London 1973, S. 148f.

59 Pablo Picasso, in: Dore Ashton (Hrsg.), *Picasso on Art*, New York 1972, S. 164.

60 André Derain, *Lettres à Vlaminck*, Paris 1955, S. 63.

61 Maurice de Vlaminck, *Gefährliche Wende: Aufzeichnungen eines Malers* (1929), aus dem Französischen von Jürgen Eggebrecht, Stuttgart 1959, S. 21.

62 Ernst Ludwig Kirchner, Tagebucheintrag 1928, in: *E. L. Kirchners Davoser Tagebuch: Eine Darstellung des Malers und eine Sammlung seiner Schriften*, hrsg. von Lothar Grisebach, Köln 1968, S. 178.

63 Ders., Brief vom 9. Juni 1928, in: *Maler des Expressionismus im Briefwechsel mit Eberhard Grisebach*, hrsg. von Lothar Grisebach, Hamburg 1962, S. 231.

64 Will Grohmann, *E. L. Kirchner*, Stuttgart 1958, S. 31f.

65 Siehe Karlheinz Gabler, *E. L. Kirchner – Dokumente*, Aschaffenburg 1980, S. 68.

66 Emil Nolde, *Jahre der Kämpfe*, Berlin 1934, S. 180.

67 Ibid., S. 218.

68 Hugo Ball, »Aufzeichnung vom 5. August 1916«, in: *Die Flucht aus der Zeit* (1927), hrsg. von Bernhard Echte, Zürich 1992, S. 108.

69 Siehe Jean-Clarence Lambert, *COBRA*, New York 1984, S. 30, sowie Guy Atkins, *Jorn in Scandinavia, 1930–1953*, London 1968, S. 94.

70 Siehe William Wordsworth, »The Rainbow«, in: *William Wordsworth*, hrsg. von Stephen Gill, New York/London 1984, S. 246.

2 Rußlands Kindheit – Die Kunst von Michail Larionow

Die Ausstellung »Der Eselsschwanz«, die 1912 in Moskau stattfand, war eine der vielen Manifestationen jener überaus lebendigen Avantgardebewegung, die am Vorabend des Ersten Weltkriegs das russische Pendant zur *Brücke*-Vereinigung in Berlin, zum Münchener Kreis um den *Blauen Reiter* und zu den italienischen Futuristen in Mailand bildete. Die Bedeutung dieser Gruppen wurde allenfalls von der breitgefächerten Avantgardeszene in Paris übertroffen. Michail Larionow, einer der Hauptinitiatoren der Ausstellungsvereinigung *Eselsschwanz*, entnahm die Anregung für die Namensgebung aus einem Zeitungsbericht über einen aufsehenerregenden Vorfall im Jahre 1910, als drei Bilder eines gewissen Joachim-Raphael Boronali im »Salon des Artistes Indépendants« in Paris ausgestellt wurden.[1] In Wirklichkeit war der vermeintliche Künstler ein Esel: eine Gruppe französischer Kunststudenten hatte einen Pinsel am Schwanz des Tieres befestigt und die auf diese Weise entstandenen ›Meisterwerke‹ beim Salon eingereicht.

Diese dadaistische Aktion, die sich gegen den etablierten Kunstbetrieb und somit auch gegen die Stellung von Paris als Kunstmetropole richtete, stieß bei Larionow auf große Zustimmung. Darin lag allerdings ein gewisser Widerspruch. Einerseits war Larionow besonders bestrebt, die Bedeutung und die Unabhängigkeit seines Moskauer Kreises im Gegensatz zur französischen Moderne hervorzuheben, andererseits aber stammte die Symbolik für seinen eigenen Angriff auf den herrschenden Geschmack ebenfalls aus Frankreich. Bezeichnend ist dieses Dilemma nicht nur für Larionow, sondern für die gesamte Situation der russischen Avantgarde zwischen 1905 und 1914. »Wir streben nach Osten, und unser Augenmerk gilt der nationalen Kunst. Wir protestieren gegen die sklavische Nachahmung des Westens«, so lautet zum Beispiel eine programmatische Erklärung Larionows aus dem Frühjahr 1913.[2] Die Vehemenz dieser Formulierung verrät eine große Angst angesichts der weiterhin wirksamen Einflüsse aus Frankreich und anderen westeuropäischen Ländern.

Seit dem Ende des 17. Jahrhunderts, als Peter der Große die Mitglieder des Adels erstmals dazu zwang, ihre Bärte abzurasieren und ihre Kaftane gegen westliche Kleidung einzutauschen, hatte der Gegensatz zwischen der einheimischen, ›slawischen‹ Kultur und dem Einfluß des Westens eine beherrschende Rolle im Leben russischer Intellektueller gespielt. Als Peter der Große überdies noch Französisch zur offiziellen Sprache des Hofes in St. Petersburg machte, blieb das Russische über ein Jahrhundert lang nahezu vollständig aus dem kulturellen Diskurs verbannt. Für Larionow war die Hinwendung zu eher heimatlichen Vorbildern, zur Volkskunst, zur Schildermalerei und auch zur Kunst von Kindern, ein Mittel, um die Einzigartigkeit des Beitrags russischer Künstler zur internationalen Avantgarde zu unterstreichen.

Der russische Kunsthistoriker Jewgeni Kowtun wies kürzlich darauf hin, daß russische Künstler »es gar nicht nötig hatten, nach Tahiti zu fahren. Für sie, anders als für Gauguin, genügte eine Reise in die Provinz – nach Wolodskaja oder Tulskaja –, um einer tief verwurzelten, geradezu archaischen Tradition der Volkskunst zu begegnen.«[3] Folglich besaß der russische Primitivismus eine stark nationale Färbung, obwohl auch er sich von der Sichtweise der westeuropäischen Avantgarde beeinflussen ließ und jenes Interesse an der Exotik ferner Länder teilte, das westliche Künstler – von Picasso bis hin zu den deutschen Expressionisten – in die Völkerkundesammlungen der Museen von Paris, Dresden, München und Berlin führte.

Neben Larionow waren Natalia Gontscharowa, Kasimir Malewitsch (Abb. 2.1) und David Burljuk die führenden Exponenten der als Neoprimitivismus bekanntgewordenen Kunstrichtung, die zwischen 1909 und 1912 aufblühte und mit den beiden Ausstellungen »Der Eselsschwanz« und »Die Zielscheibe« (1912 beziehungsweise 1913) ihren Höhepunkt erreichte.[4] Im Neoprimitivismus haben mehrere nachfolgende Entwicklungen ihre gemeinsame Wurzel: vor allem der russische Kubo-Futurismus, der unmittelbar vor dem Ersten Weltkrieg als Synthese des italienischen Futurismus und des französischen Kubismus entstand, sowie die zwischen 1912 und 1915 in Rußland einsetzende Hinwendung zur Abstraktion, wie sie sich in der Malerei Kandinskys, dem von Larionow und Gontscharowa ins Leben gerufenen Rayonismus, dem von Malewitsch begründeten Suprematismus und den konstruktivistischen Reliefs Tatlins ausprägte.

2.1 Kasimir Malewitsch
Badender
1911

Den Kern des Neoprimitivismus bildete einerseits der inbrünstige Glaube an die einzigartige geistige Tiefe der ›russischen Seele‹ und andererseits der glühende Wunsch, an vorderster Front bei der neu entstehenden Weltkultur mitzuwirken. Bis in die zwanziger Jahre hinein blieb ein Großteil der innovativen Kunstströmungen Rußlands von diesen beiden Gedanken durchdrungen. Den Bedürfnissen der russischen Avantgarde kam der Neoprimitivismus in besonderer Weise entgegen, da er nicht nur eine Verbindung zum russischen ›Volksgeist‹ herstellte, sondern auch eine Möglichkeit der Kommunikation auf einfachster Ebene versprach, bei der die Grenzen spezifischer Kulturen keine Rolle mehr spielten.

In Arbeiten wie der 1914 entstandenen Lithographie *Mystische Schrecken des Krieges: Die Engel und die Flugzeuge* von Gontscharowa (Abb. 2.2) findet sich diese Dualität beispielhaft verkörpert. Hier dient das Motiv des Engels als Chiffre für das alte, atavistische Rußland, dessen vermeintliche Geistigkeit von der künstlerischen Avantgarde als Zeichen der eigenen Besonderheit und Überlegenheit gegenüber dem Westen empfunden wurde. Beim Flugzeug wiederum handelt es sich um die neueste und aufregendste Errungenschaft der westlichen Technologie. Von dieser Innovation waren die russischen Futuristen besonders begeistert: Sie benutzten das Flugzeug als Symbol ihres eigenen Zukunftsstrebens und maßen ihm eine mitunter geradezu mystische Bedeutung bei; manche von ihnen wurden sogar Piloten. In Natalia Gontscharowas Bild behalten allerdings die Engel die Vorherrschaft. Sie behandeln die Maschinen wie Spielzeuge – eine klare Anspielung auf das Selbstverständnis der russischen Neoprimitivisten und ihr imaginiertes Verhältnis zur westlichen Kultur.

In seiner 1913 erschienenen Programmschrift mit dem Titel *Neoprimitivismus,* die sich an die Position von Larionow und Gontscharowa anlehnt, erklärt der Maler und Theoretiker Alexandr Schewtschenko kategorisch:

Die Kunst hat sich immer wieder bewegt, von uns fort, vom Osten, vom Kaukasus, nach Byzanz und von dort aus nach Italien; und nun – mit ein paar technischen Verfeinerungen in der Öl- und Staffeleimalerei – kehrt sie zu uns zurück. [...] Es hat keinen Sinn mehr, die Produkte des Westens zu benutzen, da sie ohnehin aus dem Osten stammen.

2.2 Natalia Gontscharowa
Mystische Schrecken des Krieges:
Die Engel und die Flugzeuge
1914

Schewtschenko hielt die westliche Kunst für kraftlos und epigonal, im Unterschied zum russischen Neoprimitivismus, den er als »durch und durch originär« bezeichnete. Die eigene »nationale Kunst«, heißt es ferner in seinem Manifest, »spielt eine herausragende Rolle, und die Kinderkunst ebenso – als Quelle eines einzigartigen, echten, stets aus der Tiefe schöpfenden Primitivismus: einer Kunst, in der unsere asiatische Herkunft ganz offenkundig wird.«[5]

Schewtschenko und die anderen Mitglieder des Kreises um den *Eselsschwanz* stellten die Kinderkunst in eine Reihe mit alten skythischen Schnitzereien, den mannigfachen Formen der Volkskunst, insbesondere der Ikonen- und Schildermalerei, der bäuerlichen Keramik, der volkstümlichen Textilienkunst und den von anonymen Künstlern geschaffenen Bilderbögen, die als *lubki* bezeichnet werden. Alle diese traditionellen Kunstformen galten als Ausdruck der authentischen ›Kindheit‹ Rußlands und somit auch als Wurzel der eigenen, gegenwärtigen Kultur. Larionow zeigte ein besonders starkes Interesse für die Kinderkunst; der Kunsthistorikerin Camilla Gray zufolge beeinflußte die »Nachahmung der Kunst der Kinder«[6] in seinen Bildern nicht nur die Malerei, sondern auch die Dichtung des Futurismus. Verständnishalber sei an dieser Stelle darauf hingewiesen, daß der Begriff des Futurismus im russischen Kontext ein viel breiteres Spektrum an Erscheinungen umfaßt als in Italien: fast die gesamte russische Avantgarde des ersten Jahrzehnts verstand sich als ›futuristisch‹.

Daß die kindliche Kreativität eine starke Faszination auf die Dichter des Futurismus ausübte, ist vielfach bezeugt. In seiner futuristischen Anthologie *Weltrückwärts*[7] und in mehreren weiteren Werken benutzte Alexei Krutschonych Buchstaben aus einem Stempelkasten für Kinder; zudem ist der Text absichtlich mit Druck- und Orthographiefehlern gespickt, die die optische Wirkung einer unbeholfenen Kinderschrift simulieren. Auch sein Libretto für die bahnbrechende futuristische Oper *Sieg über die Sonne* (1913) mit dem dort vorgestellten Paradigma des »neuen Kraftmenschen« zeichnet sich durch ostentativ kindliche Einfachheit aus. Krutschonych veröffentlichte 1914 ferner einen Sammelband mit dem Titel *Tatsächliche Geschichten und Zeichnungen von Kindern*[8] sowie die Erzählung *Die Ferkel*[9], die er zusammen mit einem elfjährigen Mädchen geschrieben hatte.
Auch andere futuristische Dichter bewunderten die Freiheit des Ausdrucks in der Kinderkunst. Wassili Kamenski sammelte Kinderzeichnungen, und manche seiner poetischen Erfindungen spielen direkt auf den kindlichen Schreibstil an.[10] Die Geschichten und Buchillustrationen von Jelena Guro verweisen ebenfalls auf die Syntax von Kindern; eine ihrer Erzählungen, mit dem Titel *Kindheit*, ist sogar unmittelbar aus der Perspektive eines Kindes geschrieben.[11] Für den Umschlag ihres posthum veröffentlichten Gedichtbandes *Himmlische Kamelfohlen* (1914) wählte ihr Mann Michail Matjuschin eine Zeichnung, die von ihrer siebenjährigen Nichte stammte.[12] Der Dichter Welimir Chlebnikow benutzte Versatzstücke kindlichen Vokabulars in seiner Lyrik[13] und bestand darauf, zwei Gedichte eines dreizehnjährigen Mädchens in die futuristische Anthologie *Die Reuse der Richter II* aufzunehmen.[14] Roman Jakobson, der berühmte Sprachwissenschaftler und Weggenosse der Futuristen, hat in diesem Zusammenhang darauf hingewiesen, daß die Erfindung des *zaum*, der transrationalen Sprache, die für die futuristische Dichtung eine konstitutive Rolle spielte, zum Teil von der Kindersprache abgeleitet wurde: »Wir wußten von den Kindermärchen, die Wörter ohne Sinn enthalten, wir wußten einiges über Zaubersprüche und Glossolalie. Und das war sehr wichtig. Das erste Mal, als ich mit Chlebnikow sprach, brachte ich ihm eine Sammlung von Kinderreimen und Zaubersprüchen mit, die vollkommen *zaum* waren: transrational, ohne jeglichen Wortsinn.«[15]
In einem 1913 veröffentlichten theoretischen Traktat mit dem Titel »Die neuen Wege des Wortes« bemühte sich Krutschonych, die futuristische Vorstellung des Transrationalen zu erklären und zu begründen. »Vor uns [den Futuristen] gab es keine Sprachkunst«, heißt es dort; denn: »Alle Bestrebungen waren darauf gerichtet, den ursprünglichen Sinn für die eigene Muttersprache zu unterdrücken.«[16] Krutschonych zufolge geht dies damit einher, daß man das Wort den Gesetzen von Sinn und Logik unterworfen hat; demgemäß ruft er die Dichter des Futurismus auf, die Sprache von der Vernunft zu befreien und das Wort als direkten Weg zur Erkenntnis zu begreifen. »Wir müssen zu ganz neuen Schreibweisen finden«, so Krutschonychs Botschaft an seine Künstlerfreunde, »und je mehr wir den Satzbau durcheinanderbringen, desto besser.« Mit solchen Plädoyers für die Aufhebung jeglicher sprachlichen Ordnung versuchten die Futuristen, starre Bedeutungsgefüge aufzubrechen, wodurch wiederum eine neue, unvoreingenommene Sicht auf die alltägliche Wirklichkeit ermöglicht werden sollte. Einen ähnlich vorurteilslosen Blick meinten sie, in der Kunst von Kindern zu entdecken; diese schien gerade jene Art von Frische und Unverbrauchtheit zu verkörpern, nach der die Avantgarde strebte. Darin liegt das wesentliche Motiv für das Interesse, das Larionow und seine futuristischen Mitstreiter der Kinderkunst entgegenbrachten.

Schon die russischen Symbolisten hatten das Kind als Vorbild für jenen unmittelbaren, wahrhaftigen Ausdruck des inneren Ichs betrachtet, nach dem sie suchten. »Kinderspiel ist immer Kunst. Alles, was Kinder erfinden, ist Kunst«,[17] so lautet eine charakteristische Äußerung des Künstlers und Kritikers Alexander Benois, einem der Mitbegründer der Vereinigung *Mir iskusstwa* (Welt der Kunst), die den wichtigsten institutionellen Stützpunkt des Symbolismus bildete.[18] Benois interessierte sich mehr für den kreativen Akt als für das Ergebnis; im Rückblick bezeichnete er die Spiele seiner eigenen Kindheit als den wohl wichtigsten Ausgangspunkt seiner Arbeit als Künstler. Lew Baxt, eine weitere Schlüsselfigur dieser Gruppe, fragte sich einmal: »Warum finden wir Kinderzeichnungen so anziehend? Was ist es, was uns entzückt und sogar bewegt?« Seine Antwort lautete: »Offenheit/Ehrlichkeit, Bewegung und klare, saubere Farben.«[19] Lobende Worte fand Baxt auch für die ursprüngliche Fähigkeit von Kindern, sich beim Zeichnen auf das Wesentliche zu konzentrieren, statt sich um nebensächliche Detailfragen zu kümmern; dies, so Baxt, sei das Ergebnis einer unbewußten intellektuellen Entscheidung, die als solche zu würdigen sei.

Weitere Anzeichen einer frühen Auseinandersetzung russischer Künstler mit der Kunst von Kindern finden sich sogar bei den Vorläufern der Gruppe *Mir iskusstwa*, den Mitgliedern der Künstlerkolonien Talaschkino und Abramzewo, die in den achtziger Jahren des 19. Jahrhunderts entstanden.[20] Doch die Maler und Dichter des Futurismus waren mit Sicherheit die ersten Künstler, die Kinderzeichnungen sammelten und sie neben eigenen Werken ausstellten und veröffentlichten. In ihrer Ausstellung vom Jahre 1911 zeigte die Moskauer Ausstellungsvereinigung des »Salons«, die Larionow zu ihren Mitgliedern zählte, eine große Sammlung von

2.3 Michail Larionow
Zigeunerin (Zigeunerin in Tiraspol)
1909

Kinderzeichnungen, die zwei ganze Räume füllte.[21] Für die Ausstellung »Die Zielscheibe« im März 1913 stellten Larionow und Gontscharowa eine Auswahl an Kinderzeichnungen zusammen, die aus den Sammlungen von Schewtschenko und I. D. Winogradow stammten.[22] Auch Pawel Filonow, ein führendes Mitglied der Petersburger Vereinigung *Union der Jugend,* beschäftigte sich aktiv mit der Kunst von Kindern.[23]

Der Künstler und Kritiker Wladimir Markow, der sowohl der *Union der Jugend* als auch dem *Eselsschwanz* nahestand, kennzeichnete das Kinderspiel 1912 als Rückkehr zu einem Urzustand der Freiheit und Wildheit, in dem das bloße Nützlichkeitsdenken keinen Platz mehr fände und alle Verbote und Hemmungen fortfielen. Für Markow ist diese Art des Spiels, die aus dem Instinkt herrührt und sich durch eine besondere Lebendigkeit auszeichnet, der wahre Ausdruck des inneren Selbst.[24] Von dieser Prämisse gingen auch die sinnwidrigen öffentlichen Aktionen der Futuristen aus, die Vernunft und Logik mit Spott übergossen: man denke zum Beispiel an die Auftritte von Larionow und David Burljuk, die ihre Gesichter bemalten und einen Holzlöffel ins Knopfloch steckten, oder an die betont unsinnigen Titel – »Eine Wolke in Hosen«, »Sieg über die Sonne« und ähnliches – der Gedichte und Theaterstücke von Majakowski und Krutschonych. Auch die Ausstellung »Der Eselsschwanz« brachte nicht nur Rebellion gegen den Akademismus in St. Petersburg zum Ausdruck, der im Westen vorgeformt war, sondern spielte auch auf die absurden spielerischen Kunstaktionen an, die denjenigen glichen, in denen sich die russischen Futuristen engagierten, um das transrationale Selbst zu enthüllen.

Seinen wohl bedeutendsten Niederschlag findet das Streben russischer Maler nach kindlicher Unmittelbarkeit in den stilistisch ausgereiften neoprimitiven Bildern Larionows, so vor allem in *Soldat zu Pferd* (1911), *Venus* (1912) und den beiden Serien zum Thema der *Jahreszeiten* (1912). Die von Larionow im Jahre 1909 vollzogene Hinwendung zum Neoprimitivismus wurde insbesondere durch den französischen Postimpressionismus und den Fauvismus beeinflußt; letzterem war der Künstler bereits 1906 begegnet, als er den »Herbstsalon« in Paris besuchte.[25] In Gemälden wie *Zigeunerin* (Abb. 2.3)[26] und *Frau auf der Straße,* das wahrscheinlich Anfang 1909 entstand, sind Anleihen bei Gauguin und Cézanne überaus deutlich. *Das blaue Schwein* (Abb. 2.4) aus demselben Jahr, doch möglicherweise ein paar Monate später entstanden, zeigt ein höheres Maß an stilistischer Selbständigkeit und Sicherheit; Anklänge an den Zeichenstil sowie die brillanten Farben der Fauves lassen sich allerdings auch hier ganz klar erkennen.

Manche Züge des Bildes *Das blaue Schwein* – so vor allem die schematische Zeichnung des Schweins und der Figur im Vordergrund, die Flächigkeit der Formen und die extreme Einfachheit der Farbgebung – verweisen überdies auf einen möglichen Einfluß der Kinderkunst, der schließlich in dem Gemälde *Offiziersfriseur* (Abb. 2.5) offen zum Vorschein kommt. Vieles an diesem Bild, das Ende 1909 oder zu Beginn des folgenden Jahres entstand, scheint mit den Kinderzeichnungen zusammenzuhängen, die Larionow zu diesem Zeitpunkt eifrig sammelte.[27]

Anregungen dieser Art lassen sich beispielsweise in der absichtlich ungelenken Wiedergabe von anatomischen Einzelheiten feststellen, ebenso wie in der Einebnung räumlicher Unterschiede und der Verzerrung der Perspektive, den Ungereimtheiten der Größenverhältnisse, so etwa bei der Darstellung der überdimensionalen Schere, und der Begrenzung der Farben auf einige wenige leuchtende Töne.

Über die Beziehung zur Kinderzeichnung hinaus lassen sich Zusammenhänge zwischen Larionows neoprimitivistischen Bildern und einer Reihe weiterer Kunst-

2.4 Michail Larionow
Das blaue Schwein
1909

2.5 Michail Larionow
Offiziersfriseur
1909–1910

formen aufzeigen, so vor allem zur volkstümlichen Schildermalerei, der naiven Malerei und der Kunst des *lubok*. Daß Larionow diese verschiedenen Genres schätzte, steht außer Zweifel, zumal er stets darauf bestand, Beispiele von ihnen in die Ausstellungen aufzunehmen, die er veranstaltete. Er glaubte, in ihnen eine spirituelle Verwandtschaft mit seinem eigenen Werk zu entdecken. Daß er sie jedoch alle als gleichwertige Quellen der Anregung für seine Arbeit betrachtete, ist eher unwahrscheinlich.

Die meisten Künstler des russischen Neoprimitivismus hegten eine Vorliebe für eine bestimmte Spielart des Primitiven. Zum Beispiel war Michail Le-Dantju der wohl wichtigste Bewunderer der naiven Malerei des Volkskünstlers Niko Pirosmanaschwili, den man als einen russischen Douanier Rousseau bezeichnet hat.[28] Ein Brief des Dichters Ilja Sdanewitsch an Le-Dantju macht deutlich, daß dieser und Sdanewitsch die Sammlung von Arbeiten Pirosmanaschwilis für die »Zielscheibe«-Ausstellung des Jahres 1913 zur Verfügung stellten.[29] Die von allen Exponenten des Primitivismus geschätzten Reklameschilder werden zwar in Larionows Bildern zitiert, aber ihr Einfluß auf seinen Stil hielt sich – anders etwa als bei Alexandr Schewtschenko – in engen Grenzen.[30] Im Werk von Kasimir Malewitsch[31] und Natalia Gontscharowa spielten sowohl die Schildermalerei als auch die Kunst des *lubok* eine herausragende Rolle. Bei Gontscharowa setzte die Beschäftigung mit dem *lubok,* die sich unter anderem in ihren *Mystischen Kriegsbildern* bemerkbar macht, besonders früh ein und hielt viel länger an als bei den anderen bedeutenden Künstlern dieser Epoche. Unterdessen legte Gontscharowa mit Larionow zusammen eine Sammlung von Kinderzeichnungen an; auf ihre eigene Arbeit hatten diese Aktivitäten jedoch kaum Auswirkungen.

In der neoprimitiven Kunst Larionows gibt es vor allem zwei wichtige Orientierungspunkte: zum einen die Kinderkunst und zum anderen die Malerei von Henri Matisse. Larionows *Herrenfriseur* von 1907 ist eindeutig fauvistisch; der Stil des Bildes *Offiziersfriseur* ist dagegen genauso eindeutig der Kinderzeichnung verpflichtet, die er wahrscheinlich um diese Zeit entdeckte. Die kindliche Offenheit, die gegen Ende des Jahres 1909 etwa in *Offiziersfriseur* zutage tritt, unterscheidet sich von der Naivität, die die *lubki* und Reklameschilder kennzeichnet. Beim *lubok* etwa ist die Darstellung bestimmter anatomischer Einzelheiten – Mund, Auge, Hand – an starre Konventionen gebunden, die nichts mit der Individualität und Expressivität der Kinderkunst gemein haben. Genau diese letzteren Eigenschaften findet man aber in dem Bild *Offiziersfriseur.* Es zeichnet sich durch eine Liebe zum Detail und eine Unmittelbarkeit des Ausdrucks aus, die bei den *lubki* und den Reklameschildern, ja bei der Volkskunst überhaupt, kaum anzutreffen sind.

Von 1909 bis 1910 entstand eine Reihe von Militärdarstellungen, die zum Teil auf Larionows eigenen Erfahrungen als Reserveoffizier beruhten. Gerade diese Werke zitierte sein Freund David Burljuk 1912 als Beispiel für die Parallele zwischen der ›freien‹ Kinderzeichnung und der Kunst der Avantgarde.[32] Das vielleicht gelungenste Bild aus dieser Serie, *Soldat zu Pferd* von 1910/11 (Abb. 2.6), zeigt auffallende Ähnlichkeiten – bei der Zeichnung der Konturen, der Flächigkeit der Formen und der schematischen Darstellung des Hintergrunds – mit einigen der Kinderzeichnungen, die sich zu diesem Zeitpunkt in Larionows Besitz befanden, so zum Beispiel mit der Zeichnung eines angeketteten Hundes.[33] Daß Figur und Pferd nur im Profil gezeigt werden, ist typisch für die Kinderzeichnung; das gleiche gilt für die eckige Form der Pferdeschnauze und die beiden linken Beine, die ein seltsam künstliches Aussehen haben, als wären sie an den Körper des Tieres nur angeklebt.

2.6 Michail Larionow
Soldat zu Pferd
Um 1911

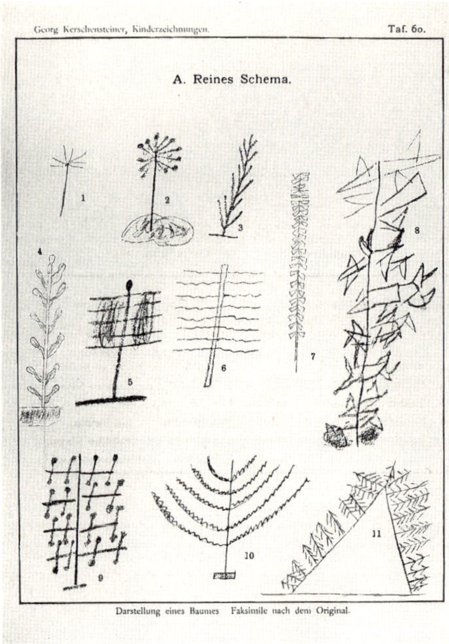

2.8 Georg Kerschensteiner
Abb. 60 aus: »Die Entwicklung der zeichnerischen Begabung« München 1905

Eine weitere Parallele zur Kinderkunst besteht darin, daß Larionow sein Bild beschriftet und ihm somit einen ›Namen‹ gegeben hat: die ungelenke Aufschrift »8 eck«, die man am Himmel sieht, ist eine Abkürzung von »8. Reiterstaffel« (Russisch: eskadron).
In *Soldat zu Pferd* und vor allem in Larionows Bildern aus dem Zeitraum 1911–1912 macht sich allerdings auch der Einfluß von Henri Matisse in einem kaum zu unterschätzenden Maße geltend. Im Oktober 1911 reiste Matisse nach Moskau, um die Hängung seiner großen Meisterwerke *Die Musik* und *Der Tanz II* in der Sammlung von Sergei Schtschukin zu beaufsichtigen, die bereits eine Reihe seiner früheren Bilder beherbergte. Dabei kam es zu einem Treffen mit Larionow, der die persönliche Begegnung mit Matisse, noch mehr jedoch den Eindruck seiner beiden eigenen neuen Bilder so überwältigend fand, daß er sich zusammen mit Gontscharowa sogleich berufen fühlte, eine förmliche Kampagne gegen Matisse und dessen Einfluß zu lancieren. Kurz nach der Ausstellung der Gruppe *Karo-Bube* im Jahr 1911, deren Teilnehmer sich vorwiegend an Matisse, Picasso und den italienischen Futuristen orientierten, inszenierten Larionow und Gontscharowa einen lautstarken Bruch mit dieser Vereinigung, die sie bis dahin unterstützt hatten, und riefen die Ausstellung »Der Eselsschwanz« ins Leben, von der Ausländer grundsätzlich ausgeschlossen waren. Auch russischen Künstlern, die im Ausland lebten – mit Ausnahme von Chagall –, war die Teilnahme untersagt.[34]
Noch 1911 meinte allerdings ein russischer Kritiker spöttisch, auch Larionow sei »ein Matisse«.[35] Die Gründe dafür liegen auf der Hand. Selbst in *Venus* von 1912 (Abb. 2.7) erinnert die extrem flächige, wie mit der Schere ausgeschnitten wirkende Darstellung des Körpers an die Figuren in Matisses Bild *Der Tanz II*; Anklänge an *Die Musik* finden sich in der Kappe aus schwarzem Haar, die sich eng an den Schädel schmiegt, und der Zeichnung des Gesichts sowie in der Art, wie die Figur über dem weißen Laken zu schweben scheint, statt darauf zu liegen. Zudem verweist die geradezu irritierende farbliche Nähe der Figur zum goldenen Hintergrund auf die mit ähnlichen Mitteln erzeugte Komplementarität von Figur und Grund, die sowohl *Der Tanz II* als auch *Die Musik* kennzeichnet.
Anders als diese Meisterwerke von Matisse verkörpert Larionows *Venus* jedoch eine kindliche, ja infantile Erotik, die Unschuld mit unverhüllter Sexualität verbindet. Auch dieses Bild wird beschriftet, mit dem Namen »Venus« oben links neben der rudimentären Zeichnung eines Baums, ein Motiv, das an eine der Kinderzeichnungen in Kerschensteiners Abhandlung von 1905 erinnert (Abb. 2.8). Auch die überdimensionalen Zahlen des Datums am unteren Bildrand und die Unterschrift des Künstlers, der nur seinen Vornamen »Mikhail« benutzt, scheinen eine Rückkehr zu kindlichen Ausdrucksformen anzuzeigen. Doch der betont niedliche kleine Putto, dessen Gestalt wie eine Kinderpuppe anmutet, führt diese *Venus* wie einen erotischen Leckerbissen vor, an dem sich der Betrachter ergötzen soll. Das Bild steht offensichtlich in der Tradition von Manets *Olympia*, schon damals ein herausragendes Meisterwerk der Moderne. Manche Kommentatoren haben die Vermutung geäußert, es handle sich bei der Aktfigur um eine Prostituierte,[36] doch ihre Zöpfe und ihr jugendlicher Körper vermitteln den Eindruck von aufreizender Naivität. Larionow malt sie mit spürbarer Sympathie; es fehlt der kalte, starre Blick der *Olympia*. Die Erotik, die hier gezeigt wird, ist etwas Selbstverständliches, eine unbefangene, kindliche Sinnlichkeit, jenseits der moralischen Normen der Erwachsenenwelt. In diesem Sinne richtet das Bild einen verstörenden Appell an die Instinkte; es fordert den Betrachter heraus, der Wirklichkeit mit anderen, kindlichen Augen zu begegnen.

2.7 Michail Larionow
Venus
1912

Larionows Darstellung der *Venus* entwickelt sich gleichsam nach dem Muster einer umgekehrten Ontogenese, von einem kunstvollen Naturalismus, der freilich durch kubistische Einflüsse etwas vereinfacht wird, zum Neoprimitivismus. Im Gegensatz hierzu weist die 1912 entstandene Serie *Die Jahreszeiten* (Abb. 2.9–2.12) einen einheitlichen Stil auf, der diese Bilder zu einer Art Kompositum macht, einer kollektiven Formulierung des Neoprimitivismus, von dem sich Larionow jedoch zugleich verabschiedet. Nach einem aus der russischen Volkskunst bekannten Muster sind die Bilder dieser Serie in vier rechteckige Bereiche eingeteilt, die keinen räumlichen Bezug zueinander verraten und deren relative Größe eher durch Willkür bestimmt ist. In einem der unteren Quadrate befindet sich stets ein kleines Gedicht, das nach süßlicher Kinderart die Jahreszeiten besingt:

Der Frühling ist hell
Der Frühling ist wunderbar
mit Hellen Farben
und Weißen Wolken
Der Sommer ist glühend heiß
mit Sturmwolken mit
verbrannter Erde mit
einem blauen Himmel mit reifem Weizen
Der Herbst ist glücklich glänzt wie Gold
mit reifen Trauben
mit beschwipstem Wein
Der Winter ist kalt verschneit windig
in Schneestürme verhüllt
und mit Ketten aus Eis

Auch diese Gedichte enthalten zahlreiche absichtliche Schreib- und Interpunktionsfehler, und die Schrift ist ähnlich holprig und wirr – Larionow benutzte eine willkürliche Kombination aus Druckbuchstaben und normaler Schreibschrift – wie in Alexei Krutschonychs Beitrag zur Anthologie *Weltrückwärts*, die im selben Jahr erschien und einige neoprimitivistische Illustrationen von Larionow enthielt.[37] Der kleine weiße Vogel, der bei *Venus* mit einem Brief im Schnabel ins Bild fliegt, findet sich in drei der Jahreszeitendarstellungen wieder; in *Herbst* (Abb. 2.10) trägt er zum Beispiel Zweige mit Früchten und pickt von einem Obstbaum. Der gleiche Vogel erscheint auch in zahlreichen weiteren Bildern Larionows aus dieser Zeit. Viele der Motive in den Jahreszeitenbildern – Schmetterlinge, Raupen, Hunde, Menschen, Putti – sind ohne Beachtung der ›richtigen‹ Größenverhältnisse gemalt.
Einen besonders direkten und unmißverständlichen Hinweis auf die Kinderkunst erkennt man bei der Darstellung der Häuser und des Hundes im unteren linken Quadrat von *Winter* (Abb. 2.12).
Die Kinderzeichnung ist jedoch bei weitem nicht die einzige Quelle der Inspiration für Larionows Neoprimitivismus: Auch in den Bildern der *lubok*-Künstler fehlt gelegentlich ein Buchstabe, oder ein Wort wird phonetisch geschrieben, statt nach den Regeln der Orthographie; dasselbe gilt für die »Zaunmalerei« – so Larionows Bezeichnung für Graffiti. Das Fehlen von Interpunktionszeichen läßt sich möglicherweise auf das Vorbild der mittelalterlichen Psalter zurückführen, die Larionow zweifellos kannte. Letztlich aber nahm das Interesse am Kindlichen einen wichtigeren Platz im Denken Larionows und der futuristischen Dichter sowie in ihren Aktivitäten ein. Dabei ging es ihnen nicht nur darum, die formalen Möglichkeiten zu nutzen, die

2.9

2.10

2.11

2.12

2.9 Michail Larionow, Frühling, 1912

2.10 Michail Larionow, Herbst, 1912

2.11 Michail Larionow, Schöner Herbst, 1912

2.12 Michail Larionow, Winter, 1912

2.14 Diagramm, das die Umwandlung des Initials von Larionows Familiennamen, des kyrillischen L, in einen schematischen Kopf zeigt

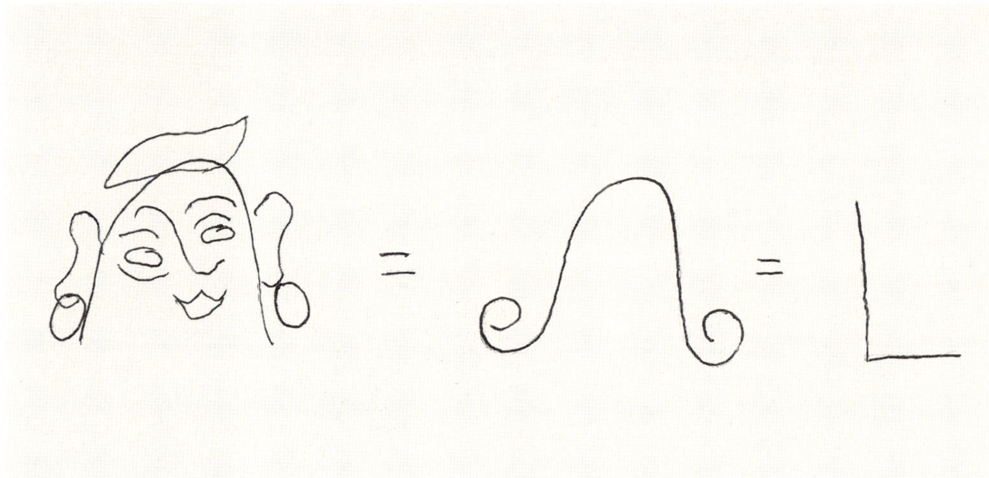

die Kinderkunst bereitstellte, sondern das Kindliche auch als ein Mittel der ästhetischen und geistigen Subversion zu benutzen. So traten Larionow und Burljuk zum Beispiel mit bemalten Gesichtszügen in der Öffentlichkeit auf und veranstalteten kabarettistische Aktionen, die von Kinderspielen angeregt waren. Larionow illustrierte ferner mehrere futuristische Bücher in einem primitivistischen Stil, der eindeutig kindliche Züge trug. Besonders hervorzuheben sind seine Lithographien für das 1913 veröffentlichte Buch *Pomada* (Lippenstift), in dem Krutschonychs erstes *zaum*-Gedicht erschien. Der primitive Kopf auf dem Umschlag von *Pomada* (Abb. 2.13) taucht auch an anderer Stelle mehrmals auf, so etwa in *Schöner Herbst* (Abb. 2.11) und *Frühling*, beide aus dem Jahre 1912. Diese beiden Bilder gehören offensichtlich zu einer zweiten Serie von Jahreszeitendarstellungen, in denen der Kopf eine beherrschende Position einnimmt. Möglicherweise basiert dieses Motiv, das zu einer Art Signatur wurde, auf dem kyrillischen L (Abb. 2.14), dem Anfangsbuchstaben von Larionows Nachname, den der Künstler als bildliches Gegenstück etwa zu den Wortspielen Krutschonychs zu einer schematischen Darstellung eines Kopfes umformte.

Neben solchen neoprimitivistischen Zeichnungen enthielt *Pomada* auch eine Reihe von Abbildungen in dem neu entwickelten abstrakten Stil, den Larionow als Rayonismus bezeichnete. Daraus läßt sich schließen, daß er diese beiden Stile nicht als inkompatibel betrachtete, sondern gewissermaßen als gleichzeitig mögliche künstlerische Konzepte. Gemäß diesem Prinzip zeigte er seine rayonistischen Bilder neben seinen großen neoprimitivistischen Gemälden sowie einer Auswahl an handbemalten Schildern und Kinderzeichnungen in der Ausstellung »Zielscheibe« vom März 1913.[38] Doch als er sich im selben Jahr dem Rayonismus verstärkt zuwandte, stellte er seine innovativen Bemühungen auf dem Gebiet des Neoprimitivismus ein. Allerdings finden sich noch in seinen späteren Bildern neoprimitivistische Motive, die er wie persönliche Ikonen benutzte. Überdies beinhaltet die Konzeption des Rayonismus, der sich in erster Linie am Thema des Lichts und dessen spezifischer Dynamik orientiert, eine zumindest entfernte Reminiszenz an die slawophile Färbung des Neoprimitivismus, das bedeutet, Larionow war sich der metaphorischen Möglichkeiten bewußt, die aus der Tatsache folgen, daß die Sonne im Osten aufgeht.[39]

Larionow verließ Rußland im Jahre 1915 und erreichte in seinen späteren Arbeiten nie wieder das Niveau seiner Bilder der Jahre vor dem Ersten Weltkrieg. Nach der

2.13 Michail Larionow
Cover für das futuristische Buch »Pomada« (Lippenstift) von Krutschonych
1913

Revolution von 1917 war das unverbesserliche Rebellentum der Futuristen nicht mehr erwünscht, daher traten sie bald in den Hintergrund. Zu den wenigen Ausnahmen gehörten Tatlin und Malewitsch, die sich mit dem Konstruktivismus verbanden und das kommunistische Regime akzeptierten. Indessen verschwand der Neoprimitivismus nicht ganz; bis zum Niedergang des Konstruktivismus am Ende der zwanziger Jahre lebten neoprimitivistische Ideen im Verein mit symbolistischen und spiritualistischen Strömungen fort. Dabei blieb auch ein Interesse an der Kinderkunst erhalten. So erklärte beispielsweise Wsewolod Meyerhold, der große russische Theaterregisseur der zwanziger Jahre, die Kunst von Kindern sei wichtig, weil sie den Gegenstand in einem Maßstab wiedergäbe, der seiner Bedeutung für das dargestellte Ereignis genau entspräche. Darin meinte Meyerhold, ein brauchbares Vorbild für eine marxistische Theaterpraxis zu entdecken. Daß er das kindliche Gespür für das Bedeutende und Richtige solcherart hervorhebt, verweist allerdings auch auf gewisse Nachwirkungen des Primitivismus.[40]

Einer Bemerkung des Künstlers Naum Gabo zufolge wurden nach 1918 »die Maschinen zu Musen«.[41] Doch der alte Gegensatz von Slawophilie und Verwestlichung lebte weiter; nach diesem Grundmuster entstand der Konflikt zwischen Stadt und Land, Proletariat und Bauernschaft, der die zwanziger Jahre prägte. Auch die neue sowjetische Kunsttheorie knüpfte an eine jahrhundertealte Tradition an. Die Devise »Die Kunst dem Volke!« beruhte auf einer Auffassung von Kunst als einem Hort der Sinnstiftung und einem Instrument der Veredelung des Lebens, die bereits mit der russischen Ikonenmalerei begonnen hatte. Selbst die Techniken der öffentlichen Kulturvermittlung, die die Werte der neuen Gesellschaft dem ›Volke‹ nahebringen sollten, basierten auf Anregungen, die den beliebten Wanderzirkussen des 19. Jahrhunderts entstammten.[42]

In den ästhetischen Debatten der zwanziger Jahre vertraten einige Theoretiker den Standpunkt, die Kunst der Zukunft könne sich nur durch den Rückgriff auf den Primitivismus begründen; insbesondere müsse sie bestrebt sein, zu jener authentischen, kindlichen Wurzel zurückzufinden, von der etwa bei Schewtschenko die Rede ist.[43] Zum einen bot die Kinderkunst den Vorteil, daß sie Rußland auf eine nichtwestliche Weise repräsentierte, und zum anderen erschien sie geradezu vorbildlich für eine Kunst der Zukunft, als wahrhaft proletarische und nichtbürgerliche Kunst. Nach der Revolution gab es entsprechende Bemühungen von Kritikern und Kunsthistorikern, die Kinderkunst zu einem legitimen Gegenstand wissenschaftlicher Betrachtung aufzuwerten. 1922–1923 entwarf Filonow beispielsweise einen Plan zur Reform der Akademie der Künste, der die Gründung einer Sektion für die Kunst von Kindern vorsah. Mitte der zwanziger Jahre beherbergte die Staatliche Akademie für Kunstwissenschaften sogar ein sogenanntes »Kabinett für Primitive Kunst und Kindliche Kreativität«. Im Rahmen dieser Institution publizierte der Kunstwissenschaftler Alexei Bakuschinski einige bedeutende Forschungsergebnisse.[44]

Bakuschinski legte unter anderem dar, daß die erste Phase in der künstlerischen Entwicklung des Kindes durch motorische und taktile Impulse bestimmt sei. Demnach interessiere sich das Kind in erster Linie für Bewegungsvorgänge, für fortlaufende Prozesse im Gegensatz zu fertigen Ergebnissen. Möglicherweise besteht eine Verbindung – jedenfalls ist man versucht, eine solche Beziehung herzustellen – zwischen diesen Gedanken und dem kurz nach der Revolution auflebenden Interesse an der kinetischen Kunst, exemplifiziert durch Tatlins *Denkmal der III. Internationale* mit seinen vier beweglichen Rundkammern oder auch durch die dynamischen Lichtkonstruktionen von Naum Gabo.

Das Hauptziel von Bakuschinskis wissenschaftlichen Bemühungen bestand darin, die entwicklungsgeschichtliche Vergangenheit wiedererstehen zu lassen, um die Zukunft zu begründen. In Welimir Chlebnikows 1914 veröffentlichtem Dramolett *Weltrückwärts* – mit der Anthologie, die er 1912 mit Krutschonych herausgab, hat dieses Werk nur den Titel gemein – steht der Held nach seiner eigenen Beerdigung wieder auf und lebt sein Leben mit seiner Frau zusammen ein zweites Mal, doch rückwärts. Am Ende des Spiels liegen er und seine Frau im Kinderwagen, umgeben von bunten Luftballons.[45] Unter ähnlichem Blickwinkel zelebriert die neoprimitivistische Malerei von Michail Larionow die Wiederentdeckung der eigenen Kindheit. Er teilte mit Bakuschinski, dem Theoretiker der zwanziger Jahre, mit den futuristischen Dichtern von 1912–1914 und sogar mit den russischen Symbolisten die Überzeugung, die Kunst müsse vor allem bestrebt sein, die »Harmonie und Reinheit der kindlichen Seele«[46] wiederzugewinnen. Wie jede Form der Avantgardekunst wurde die Malerei Larionows – ähnlich wie die Dichtung Chlebnikows und Krutschonychs – zum Spiegel einer ganzen Kultur, die ihr eigenes Aussehen prüfte. In der Zeit zwischen der Jahrhundertwende und den zwanziger Jahren begegnete der Blick in diesen Spiegel häufig dem Bild eines Kindes.

1 Société des Artistes Indépendants, *Catalogue de la 26me Exposition,* Paris 1910, S. 50. In den meisten Darstellungen der Begebenheit ist nur von einem Werk die Rede, dessen Titel als *Et le soleil s'endormit sur l'Adriatique* angegeben wird; manchmal wird das Jahr 1905 statt 1910 genannt. Im Katalog der Frühjahrsausstellung 1910 sind drei Werke von »Boronali« aufgeführt: »*Et le soleil s'endormit*« (Nr. 604), *Sur l'Adriatique* (Nr. 605) und *Marine* (Nr. 606). Die Adresse des Künstlers wird mit »53, rue des Martyrs« angegeben. Als Geburtsort ist Genua genannt – auf Französisch heißt Genua bezeichnenderweise *Gênes,* und *gêne* bedeutet »Peinlichkeit« oder »Ärgernis«.

2 Michail Larionow, »Einleitung«, in: *Katalog Wystawki Kartin Gruppy Khudozhnikow Mischen* (Ausstellungskatalog der Gruppe Zielscheibe), Moskau 1913, S. 6. Für ihre Hilfe bei der Übersetzung dieses und zahlreicher weiterer Texte aus dem Russischen möchte ich Roann Barris danken.

3 Jewgeni Kowtun, »Mikhail Larionow i Zhivopisnaia Vyveska« (Michail Larionow und die Schildermalerei), in: Jochen Poetter und Eugenija A. Petrowa, *Avangard i ego russkie istochniki* (Die Avantgarde und ihre russischen Quellen), St. Petersburg 1993, S. 39.

4 In der Forschung wird der Anfang des Primitivismus bei Larionow zumeist bei den 1907 entstandenen Bildern aus der Provinz gesucht, in denen Figuren und Motive häufig wiederholt werden. Darstellungen ›primitiver‹ Gegenstände finden sich aber auch in einigen weiteren Bildern aus diesem Zeitraum, die im übrigen allerdings nur geringfügige Anzeichen einer Hinwendung zur primitivistischen Ästhetik aufweisen. Dimitri Sarabjanow (*Russkaja zhivopis – kontsa 1900-kh do nachala 1910-kh godow* [Russische Malerei – vom Ende des Jahres 1900 bis Anfang 1910], Moskau 1971) stellt eine plausible Verbindung her zwischen den Experimenten mit multiplen Ansichten und der traditionellen Kunst des *lubok.* Daß die allerersten Hinweise auf den Primitivismus bereits 1907 bei Larionow zu finden sind, ist sicherlich richtig; mir scheint aber, daß ein voll entfalteter primitivistischer Stil erst in Werken wie *Das blaue Schwein* (Mitte/Ende 1909) sichtbar wird.

5 Alexandr Schewtschenko, *Neoprimitivismus: Seine Theorie, seine Möglichkeiten, seine Leistungen,* Moskau 1913; zit. nach John E. Bowlt, *Russian Art of the Avant-Garde. Theory and Criticism* 1902–1934, New York 1976, S. 49. Ferner weist Bowlt (S. 41) darauf hin, daß Schewtschenko sogar eine Abbildung einer Kinderzeichnung in seine Schrift über den Kubismus (*Prinzip des Kubismus und anderer Richtungen in der Malerei aller Zeiten und Völker*) aufnahm, die ebenfalls 1913 in Moskau erschien.

6 Camilla Gray, *Die russische Avantgarde der modernen Kunst: 1863–1922,* Köln 1963, S. 88.

7 Alexei Krutschonych/Welimir Chlebnikow, *Mirskonsa* (Weltrückwärts), Moskau 1912.

8 Alexei Krutschonych, *Sobstvennye Razskazy I Risunki Detei* (Tatsächliche Geschichten und Zeichnungen von Kindern), St. Petersburg 1914. Der Band enthielt Gedichte und Geschichten von Kindern zwischen sieben und elf Jahren. Eine weitere, leicht überarbeitete Ausgabe erschien 1923 in Moskau.

9 Ders., *Porosiata* (Die Ferkel), St. Petersburg 1914. Siehe John E. Bowlt, »Esoteric Culture and Russian Society«, in: *The Spiritual in Art: Abstract Painting 1890–1985,* hrsg. von Maurice Tuchman, Ausst.-Kat. Los Angeles County Museum of Art, New York 1986, S. 178.

10 Dazu: Wladimir Markow, *Russian Futurism: A History,* Berkeley/Los Angeles 1968, S. 36, 170f., 328f. Siehe auch Wassili Kamenski, *Dewuschki bosikom* (Barfüßige Mädchen), Tiflis 1916.

11 Siehe Kjeld Bjornager Jensen, *Russian Futurism. Urbanism and Elena Guro,* Kopenhagen 1977, S. 34–39.

12 Jelena Guro, *Nebesnyje werbljuschata* (Himmlische Kamelfohlen), St. Petersburg 1914; siehe Bowlt, »Esoteric Culture« (Anm. 9), S. 178.

13 Siehe Markow, *Russian Futurism* (Anm. 10), S. 36.

14 Welimir Chlebnikow, *Sadok sudei II* (Die Reuse der Richter II), St. Petersburg 1913. Der erste Band dieser zweiteiligen Anthologie erschien bereits 1910. Siehe Bowlt, »Esoteric Culture« (Anm. 9), S. 178.

15 Roman Jakobson, »Art and Poetry: The Cubo-Futurists«, Auszug aus einem Interview, in: *The Avant-Garde in Russia, 1910–1930: New Perspectives,* hrsg. von Stephanie Barron und Maurice Tuchman, Ausst.-Kat. Los Angeles County Museum of Art, Cambridge, Mass., 1980, S. 18. Vgl. Christina Lodder, *Russian Constructivism,* New Haven/London 1983, S. 269, Anm. 31.

16 Alexei Krutschonych, »Nowye puti slowa« (Die neuen Wege des Wortes), in: *Troje* (Trio), September 1913; Zitat und weitere Angaben in: Markov, *Russian Futurism* (Anm. 10), S. 126–128.

17 Alexander Benois, »Wystawka Iskusstwo w schizne rebenka«, in: *Rech,* 26. November 1908, S. 3; zit. nach Janet Kennedy, *The »Mir iskusstva« Group and Russian Art,* New York 1977, S. 275.

18 In der Forschungsdiskussion zur russischen Kunst wird die Gruppe *Mir iskusstwa* im allgemeinen als ›Jugendstil‹-Vereinigung gekennzeichnet; der Begriff des Symbolismus bleibt der Gruppe *Golubaja rosa* (Blaue Rose) vorbehalten, die sich von *Mir iskusstwa* abspaltete. Ich benutze diesen Begriff mit Bedacht in ähnlicher Weise wie jene Kunsthistoriker, die ihn auf ein breites Spektrum von Erscheinungen in der Kunst Westeuropas ausgedehnt haben, das durch die Betonung von Spiritualität und Subjektivität definiert wird und sich vom Jugendstil bis hin zu den Nabis und der postimpressionistischen Malerei von Monet und Gauguin erstreckt. In diesem Sinne läßt sich *Mir iskusstwa,* eine organisierte Gruppe mit einem festen Mitgliederstamm, durchaus als Mittelpunkt des russischen ›Symbolismus‹ bezeichnen.

19 Lew Baxt, »Puti klassitsizma w iskusstwe« (Wege der Klassik in der Kunst), in: *Apollon,* H. 2, November 1909, S. 63–78; zit. nach *Slavistic Printings and Reprintings,* Den Haag/Paris 1971, S. 54.

20 Siehe Bowlt, *Russian Art* (Anm. 5), S. xxxxvii.

21 Siehe hierzu: Anthony Parton, *Mikhail Larionov and the Russian Avant-Garde,* Princeton 1993, S. 94.

22 Ibid.

23 Siehe Nicoletta Misler, »Pavel Filonov, Painter of Metamorphosis«, in: *Pavel Filonov: A Hero and His Fate,* hrsg. von Nicolette Misler und John E. Bowlt, Austin, Texas, 1983, S. 25–52. Vgl. Jeremy Howard, *The Union of Youth: An artists' society of the Russian avant-garde,* Manchester/New York 1992, S. 66.

24 Wladimir Markow, »Die Prinzipien der neuen Kunst« (1912), in: John E. Bowlt, *Russian Art* (Anm. 5), S. 30f. Die öffentlichen Aktionen der Futuristen werden in gewisser Weise durch den großen russischen Postimpressionisten Michail Wrubel (1856–1910) vorweggenommen; zeitgenössischen Berichten zufolge pflegte dieser mit einer buntbemalten Nase in Kiew spazierenzugehen. Siehe Nikolai Prakhow, *Stranitsji proschlogo* (Blätter aus der Vergangenheit), Kiew 1958, S. 116.

25 Manche russischen Kritiker sehen eine Verbindung zwischen Larionows impressionistischem Frühwerk und der einheimischen Tradition der lyrischen Malerei. Diesen Aspekt erörtert zum Beispiel N. Punin in einem 1928 veröffentlichten Aufsatz, der von Dimitri Sarabjanow zitiert wird, in: ders., *Russkaia zhivopis* (Anm. 4), S. 99–116. Sarabjanow weist darauf hin, daß diese Interpretation eine direktere Beziehung zwischen Larionows impressionistischer Frühphase und seinem Primitivismus nahelegt.

26 Für dieses Bild gibt Anthony Parton das Datum 1909 an; siehe Anthony Parton, *Mikhail Larionov* (Anm. 21), S. 23. Waldemar George hingegen verzeichnet es unter dem Titel *Zigeunerin in Tiraspol* und datiert es auf 1903; siehe Waldemar George, *Larionow,* Luzern/Frankfurt am Main 1966, S. 31. Die Datierungen bei George beruhen zumeist auf Gesprächen mit dem Künstler, der häufig falsche Angaben machte und das Entstehungsjahr zu früh ansetzte. Inzwischen hat Parton einige der bedeutenderen Werke neu datiert; allerdings erscheint mir seine Datierung von *Offiziersfriseur* auf 1910–1912 (S. 81, 90) fragwürdig, da der Stil eher auf Ende 1909 oder Anfang 1910 hinweist. Meines Erachtens ist das Bild nach *Zigeunerin,* aber vor *Soldat zu Pferd* entstanden: dort wirkt der Umgang mit dem kindlichen Vokabular geübter und sicherer. Waldemar George (S. 63) datiert *Offiziersfriseur* auf 1907; zudem ist das Bild vom Künstler signiert und mit dieser Jahreszahl versehen. Doch die Annahme ist wohl berechtigt, daß die Unterschrift und das vermeintliche Datum erst lange nach der Entstehung hinzugefügt wurden; wahrscheinlich hat Larionow mit Absicht eine frühere Jahreszahl genannt. Nach der Dokumentation von François Daulte u. a. ist das Bild erstmals 1909 erwähnt; in diesem Jahr wurde es in der Moskauer Ausstellung »Das goldene Vlies« gezeigt; siehe *Larionov Goncharova Rétrospective,* hrsg. von François Daulte u. a., Ausst.-Kat. Musée d'Ixelles, Brüssel 1976, Kat.-Nr. 34. Diese erste Erwähnung bestätigt meine auf genaue stilistische Vergleiche gestützte Vermutung, daß es sich um ein Werk aus der zweiten Hälfte des Jahres 1909 oder dem Frühjahr 1910 handelt. Partons Datierung der *Venus*-Bilder und der Jahreszeitenserie auf 1912 leuchtet mir ein, desgleichen die Angaben von Powelichina und Kowtun; siehe Alla Powelichina und Jewgeni Kowtun, *Russian Painted Shop Signs and Avant-Garde Artists,* Leningrad 1991, S. 88ff.

27 Bis 1915 hatte Larionow eine beträchtliche Sammlung von Kinderzeichnungen aufgebaut, und er sammelte zeitlebens weiter. Die Überreste dieser Sammlungen sind in der Staatlichen Tretjakow-Galerie in Moskau eingelagert, unter Umständen, die eine Benutzung zu Forschungs- oder Ausstellungszwecken leider aussschließen. Die hier erwähnten Zeichnungen schenkte Larionow einem Freund, als er 1915 Rußland verließ; so wissen wir mit Sicherheit, daß sie vor diesem Datum in Larionows Besitz gelangten.

28 Siehe zum Beispiel Powelichina und Kowtun, *Russian Painted Shop Signs* (Anm. 26), S. 76f.

29 Ilja Sdanewitsch, Brief an Michail Le-Dantju, Januar 1913, Handschriftenabteilung des Staatlichen Russischen Museums, St. Petersburg; englische Übersetzung in: Powelichina und Kowtun, *Russian Painted Shop Signs* (Anm. 26), S. 185.

30 Siehe Powelichina und Kowtun, ibid., S. 110.

31 Ibid., S. 134f.

32 David Burljuk, »Kubizm«, in: *Poschtschotschina obschtschestwennomu wkussu* (Eine Ohrfeige dem öffentlichen Geschmack), Moskau, Dezember 1912; Nachdruck in: Bowlt, *Russian Art* (Anm. 5), S. 77.

33 Anthony Parton vergleicht *Soldat zu Pferd* mit einem *lubok* aus dem 18. Jahrhundert, in dem ein bewaffneter Reiter zu sehen ist. Die thematische Ähnlichkeit ist zwar deutlich erkennbar, aber der stilistische Vergleich zeigt erhebliche Unterschiede auf, die nicht außer acht gelassen werden dürfen. Siehe Parton, *Mikhail Larionov* (Anm. 21), S. 83.

34 »Der Eselsschwanz« wurde am 11. März 1912 in Moskau eröffnet. Die Ausstellung umfaßte rund 300 Arbeiten, einschließlich 58 Werken von Larionow selbst, und wurde von fast 10000 Besuchern gesehen. Siehe Parton, *Mikhail Larionov* (Anm. 21), S. 42.

35 »M. F. Larionov«, in: *Protiv techeniya,* H. 48, 17. Dezember 1911, S. 3; zit. nach Parton, *Mikhail Larionov* (Anm. 21), S. 38.

36 Parton vermutet, daß sämtliche *Venus*-Bilder von 1911–1912 sich auf Prostituierte beziehen. Er scheint die offene Darstellung der Sexualität in diesen Werken sogar als anstößig zu empfinden; dem läßt sich entgegenhalten, daß gerade dieses Element der rohen, vitalen Sinnlichkeit einen integralen Bestandteil von Larionows Neoprimitivismus bildet. Siehe Parton, *Mikhail Larionov* (Anm. 21), S. 50–52.

37 Die Anthologie enthält auch einige Illustrationen von Gontscharowa, die in einem für ihre Verhältnisse ungewöhnlich kindlichen Stil gehalten sind.

38 Die Kinderzeichnungen stammten hauptsächlich aus den Sammlungen von Winogradow und Schewtschenko. Siehe Valentine Marcadé, *Le Renouveau de l'art pictural russe 1863–1914*, Lausanne 1971, S. 329–331.

39 Hierzu: Margarita Tupitsyn, »Collaborating on the Paradigm of the Future«, in: *Art Journal*, Bd. 52, H. 4 (Winter 1993), S. 23.

40 Siehe Wsewolod Meyerhold, *Meyerhold on Theatre*, New York 1969, S. 320f.

41 Naum Gabo, *Of Divers Arts*, Princeton University Press, 1962, S. 156; zit. nach S. Frederick Starr, »Foreword«, in: *Russian Avant-Garde: 1908–1922*, Ausst.-Kat. Leonard Hutton Galleries, New York 1971, S. 7.

42 Eine ausführliche Diskussion dieser Zusammenhänge befindet sich in: Roann Barris, *Chaos By Design: The Constructivist Stage and Its Reception*, Phil. Diss. University of Illinois, Urbana-Champaign 1994.

43 Siehe A. Grech, »K Wprosu o vneprofessional 'nom iskusstwe« (Vortrag vor der Staatlichen Akademie für Kunstwissenschaften, um 1930), Zentrales Staatsarchiv für Literatur und Kunst Moskau, Fonds 941, Inventarliste 1, Titel 173. Diesen Hinweis verdanke ich Roann Barris.

44 Siehe *Revoliutsija, iskusstwa, deti* (Revolution, Kunst, Kinder), hrsg. von N. Staroseltseva, Moskau 1966/67, Bd. 2, S. 40f.

45 Welimir Chlebnikow, »Mirskonsa« (Weltrückwärts), in: ders., *Riav Perchatki 1908–1914*, St. Petersburg 1914. Das Stück ist nur fünf Seiten lang; die Publikation enthält außerdem einige weitere kurze Schriften Chlebnikows aus der Zeit zwischen 1908 und 1914, zusammen mit Abbildungen von David Burljuk and Kasimir Malewitsch. Diese Vorstellung einer Rückkehr zur Kindheit findet sich auch bei Krutschonych, der auf Gedanken des Kritikers Nikolai Kulbin zurückgreift, beispielsweise auf einen 1908 erschienenen Essay, in dem Kulbin sich mit der Kinderkunst auf der Grundlage der sogenannten Rekapitulationstheorie auseinandersetzte. Siehe Susan P. Compton, *The World Backwards: Russian Futurist Books 1912–16*, London 1978, S. 95, sowie Nikolai Kulbin, »Swobodnoe iskusstwo kak osnowa zhini« (Die Freie Kunst als Grundlage des Lebens) in: *Studija impressionistow*, St. Petersburg 1910.

46 N. Minsky, »Filosofskie razgowory«, in: *Mir isskustwa*, 1901, H. 6, S. 1–16; zit. nach John E. Bowlt, »Realism to Surrealism«, in: *Russian Art 1875–1975: A Collection of Essays*, New York 1976, S. 156.

3 Auf der Suche nach dem Universellen: Wassily Kandinsky und Gabriele Münter

»Das Praktisch-Zweckmäßige ist dem Kind fremd, da es jedes Ding mit ungewohnten Augen anschaut und noch die ungetrübte Fähigkeit besitzt, das Ding als solches aufzunehmen. [...] So entblößt sich in jeder Kinderzeichnung ohne Ausnahme der innere Klang des Gegenstandes von selbst.«[1] Diese Sätze Wassily Kandinskys entstammen seinem 1912 erschienenen Aufsatz »Über die Formfrage«, in dem er die Kritik Schopenhauers an Kants Unterscheidung zwischen der ›Erscheinung‹ und dem ›Ding an sich‹ aufgreift. Nach Schopenhauer liefert das Selbstbewußtsein den Nachweis für ein lückenloses Kontinuum zwischen der sichtbaren Außenwelt und dem Ding an sich, da das Subjekt imstande ist, seine reale Existenz in der Welt zu erkennen und zugleich das eigene innere Wesen zu erahnen.
In dieser Diskussion bei Schopenhauer entdeckt Kandinsky nun eine Parallele zum Umgang des Betrachters mit universellen, ›geistigen‹ Themen in der Malerei. Kindliche Anschauungsweisen, die sich sowohl in der Komposition von Kindern als auch in den von ihnen bevorzugten Motiven niederschlagen, erklärt er zum Prototyp einer Wahrnehmungsform, die die Wirklichkeit der gegenständlichen Welt durchdringt und ihren tieferen Sinn offenlegt. Kandinskys Rede von der »inneren Notwendigkeit« und dem »inneren Klang« basiert auf Schopenhauers Begriff des »Willens«,[2] und die Darstellung der erkennbaren Gegenstände in seinen abstrakten Bildern bezieht sich auf den Mal- und Zeichenstil von Kindern, der es ermögliche, den »inneren Klang« der Dinge wahrzunehmen. In diesem Sinne erklärt Kandinsky:

Die Erwachsenen, besonders die Lehrer, bemühen sich, dem Kinde das Praktisch-Zweckmäßige aufzudrängen, und kritisieren [...] seine Zeichnung gerade von diesem flachen Standpunkte aus: »dein Mensch kann nicht gehen, weil er nur ein Bein hat«, »auf deinem Stuhl kann man nicht sitzen, da er schief ist« usw. Das Kind lacht sich selbst aus. Es sollte aber weinen. Nun hat das begabte Kind außer der Fähigkeit, das Äußere zu streichen, noch die Macht, das gebliebene Innere in eine Form zu kleiden, in welcher dieses gebliebene Innere am stärksten zum Vorschein kommt und also wirkt (wie man auch zu sagen pflegt »spricht«!). [...] Der Künstler, der sein ganzes Leben in vielem dem Kinde gleicht, kann oft leichter als ein anderer zu dem inneren Klang der Dinge gelangen.[3]

Kandinskys kunsttheoretische Schriften bezeugen, daß er die Kinderkunst als fruchtbare Quelle stilistischer Anregungen für seine eigenen Bemühungen ansah, die ›diesseitige‹, technisch aufwendige Gegenständlichkeit in der Malerei zu überwinden und eine universellere Bildsprache zu entdecken. Für sein persönliches Repertoire an Themen, die den Rahmen des zu seiner Zeit vorherrschenden Materialismus sprengten, galt es, eine passende Form zu finden, die über die bestehenden bildnerischen Konventionen hinausging und das innere, ›geistige‹ Bewußtsein des Betrachters direkt berührte.

3.1 Kinderzeichnung (Paulot Seddeler)
1910–1912
KIZ 89

3.2 Kinderzeichnung (Kätchen Busse)
KIZ 27 (Vs)

3.3 Kinderzeichnung (Joseph Wechsler)
KIZ 114 (Vs)

3.4 Kinderzeichnung (anonym)
KIZ 79

3.5 Kinderzeichnung (Robert Böhm)
KIZ 118

3.6 Kinderzeichnung (Lilja Kenda, kyrillische Schreibweise)
KIZ 226 (Rs)

3.7 Kinderzeichnung (anonym)
KIZ 175

In einem Aufsatz, der ebenfalls in dem von Kandinsky und Franz Marc herausgegebenen Almanach *Der Blaue Reiter* erschien, skizzierte August Macke eine ähnliche Position: »Unfaßbare Ideen äußern sich in faßbaren Formen. [...] Schaffen von Formen heißt: leben. Sind nicht Kinder Schaffende, die direkt aus dem Geheimnis ihrer Empfindung schöpfen, mehr als der Nachahmer griechischer Form? [...] Der Mensch äußert sein Leben in Formen. Jede Kunstform ist Äußerung seines inneren Lebens.«[4]

Kandinsky und Gabriele Münter – das engere Verhältnis der beiden Künstler dauerte von 1903 bis 1916, als Kandinsky nach Rußland zurückkehren mußte – besaßen eine gemeinsame Sammlung von Kinderzeichnungen (Abb. 3.1–3.7),[5] die um 1908 angelegt wurde und im Laufe der nächsten Jahre auf ungefähr 250 Blätter anwuchs. Es besteht eine Reihe von deutlichen Beziehungen zwischen dieser Sammlung und den Bildern Kandinskys und Münters aus der Zeit vor dem Ersten Weltkrieg. Auch andere Mitglieder des Kreises um den *Blauen Reiter*, so etwa Paul Klee, Alexej von Jawlensky und Lyonel Feininger, interessierten sich für die Zeichnungen; darüber hinaus pflegte Kandinsky den Kontakt zu Larionow und anderen eifrigen Sammlern von Kinderkunst unter den russischen Avantgardisten,[6] und als er in den zwanziger Jahren am Bauhaus arbeitete, begann er wieder Kinderzeichnungen zu sammeln, diesmal in Zusammenarbeit mit seinem engen Freund und Kollegen Paul Klee. In den Gruppenausstellungen, an denen Kandinsky sich vor 1914 beteiligte, wurden Kinderzeichnungen ebenfalls öfter gezeigt; in einigen Fällen ist bekannt, daß er selbst darauf bestand, diese Blätter in die Ausstellung aufzunehmen.[7]

3.8 Kinderzeichnung (Lilja Kenda, kyrillische Schreibweise)
KIZ 92

Interessanterweise handelt es sich bei den Kinderzeichnungen, die Kandinsky für den Almanach auswählte, um Werke eines dreizehnjährigen Mädchens namens Lydia Wieber,[8] die stilistisch eher erwachsen anmuten[9] und sich insofern von den meisten Blättern in der mit Münter betriebenen Sammlung stark unterscheiden. Möglicherweise entschloß sich Kandinsky zur Vorsicht, um das Publikum mit diesem Thema nicht allzusehr zu provozieren, zumal viele der schärfsten Polemiken gegen den Expressionismus der Vorkriegszeit in dem Vorwurf gipfelten, die Vertreter dieser neuen Kunstrichtung seien wohl entweder geisteskrank oder technisch so unbedarft wie Kleinkinder. Er selbst bevorzugte die weitaus naiveren Arbeiten von jüngeren Kindern als Inspirationsquelle.[10] Dies geht nicht zuletzt daraus hervor, daß er sich anscheinend nicht einmal die Mühe machte, die Zeichnungen von Lydia Wieber nach der Veröffentlichung im Almanach aufzuheben: Sie sind weder in der Sammlung Münters noch in Kandinskys Pariser Nachlaß vorhanden.
Von Kinderzeichnungen machte Kandinsky intensiven Gebrauch; sie dienten als Quelle der Anregung für seine ›abstrakten‹ Formen, die er zwischen 1908 und 1914 schuf. Im Verlauf der Vorarbeiten wandelte er die ursprünglichen Zeichnungen allerdings erheblich ab und gab ihnen eine noch kindlichere Erscheinung: *Der Elefant* (1908) ist zum Beispiel bedeutend ›primitiver‹ als die Kinderzeichnung desselben Motivs, die sich in seiner und Münters Sammlung befand (Abb. 3.8, 3.9).
Auch die in der Sammlung vorhandenen Kinderzeichnungen von Dampflokomotiven (Abb. 3.10, 3.11) sind detaillierter und präziser als die Bilder von Kandinsky, die dieses Motiv aufgreifen (Abb. 3.12, 3.13). Dem Künstler ging es anscheinend in erster Linie darum, die allgemeinen Merkmale zu erkunden und nutzbar zu machen, die das spezifisch Kindliche an diesen Darstellungen ausmachten. Er suchte nach einem Punkt des Ursprungs in der Entwicklung der Bildsprache beziehungsweise nach den Prinzipien einer gemeinsamen Form der Darstellung, die jeder Kultur und jedem Einfluß der individuellen Persönlichkeit vorausgehen. Davon versprach er sich einen Weg, eine universelle Sprache der Kunst zu entdecken.[11]
Ein weiteres Stück in der Sammlung ist eine Zeichnung aus einem Schulheft, die von Münters Nichte Annemarie, genannt »Mückchen«, stammt (Abb. 3.14) und Ähnlichkeiten mit der Darstellung der Troika in Kandinskys *Schwarzer Fleck* (Abb. 3.15) von 1912 aufweist. Daß es sich bei dieser Zeichnung – sie trägt die Unterschrift »Mein Leiterwagen, meine Fahne, und ich« – um eine direkte Vorlage für das Bild handelt, ist keineswegs sicher, aber sie ist dennoch exemplarisch für eine Reihe von Darstellungen aus Kinderhand, die die Behandlung dieses Motivs bei Kandinsky maßgeblich beeinflußten (Abb. 3.16, 3.17).[12] Im Zuge seiner eigenen allgemeinen Suche nach einer eher intuitiv wirkenden, universell verstehbaren Bildsprache steigert Kandinsky auch hier die Kindlichkeit der Darstellungsweise ins Extreme.
Dies gilt ebenfalls für einige der anderen Bildideen in *Schwarzer Fleck,* wenngleich die Sammlung von Kinderzeichnungen nicht bei jedem Motiv konkrete Aufschlüsse über eventuelle Vorlagen und Anregungen bietet. In der oberen Bildmitte befindet sich ein Boot, als einfacher Halbkreis gezeichnet, mit langen schwarzen Rudern und zwei Insassen in den Farben Rosa beziehungsweise Weiß, Gelb und Blau. Diese in einem überaus kindlichen Stil gehaltene Darstellung bezieht sich wahrscheinlich auf die biblische Geschichte der Sintflut, die Kandinsky bekanntlich als Metapher benutzte, um seine Vision einer geistigen Wiedergeburt der Gesellschaft zu artikulieren. Links, direkt neben dem Boot, fällt der Blick auf ein offenes Gefährt: Die Pferde und das Geschirr sind durch drei gerade schwarze Striche und eine bogenförmige Linie lediglich angedeutet. Das in der Entwurfszeichnung (Abb. 3.17) etwas leichter

3.9 Wassily Kandinsky
Der Elefant
1908

3.12 Wassily Kandinsky
Landschaft bei Murnau mit Lokomotive
1909

3.10 Kinderzeichnung (Ella Reiß)
KIZ 138 (Vs)

3.13 Wassily Kandinsky
Murnau mit Lokomotive
1911

3.11 Kinderzeichnung (Joseph Wechsler)
KIZ 154 (Rs)

3.15

3.17

3.14

3.16

3.14 Kinderzeichnung (Annemarie Münter)
Nach dem 27. August 1913
KIZ 168

3.15 Wassily Kandinsky
Schwarzer Fleck I
1912

3.16 Wassily Kandinsky
Bild mit Troika
1911

3.17 Wassily Kandinsky
Entwurf zu »Schwarzer Fleck«
1912

3.19 Wassily Kandinsky
Skizze für Komposition II
1910

3.20 Kinderzeichnung (Maschura)
KIZ 171 (Vs)

3.21 Kinderzeichnung (Sohn von Albert Bloch)
10. November 1913
KIZ 49 (Vs)

erkennbare Motiv der Troika verweist auf Kandinskys Sehnsucht nach seiner russischen Heimat sowie auf jene Vorstellung des Künstlers als Lenker und Anführer des Ansturms in die Zukunft, die er in seinem Essay *Über das Geistige in der Kunst* beschwört. Der Künstler, so Kandinsky, »sieht und zeigt. Dieser höheren Gabe, die ihm oft ein schweres Kreuz ist, möchte er sich manchmal entledigen. Er kann es aber nicht. Unter Spott und Haß zieht er die sich sträubende, in Steinen steckende schwere Karre der Menschheit mit sich immer vor- und aufwärts.«[13]

Unten links in *Schwarzer Fleck* läßt sich ein Berg erkennen, ein einfaches, vorwiegend gelb-grünes Dreieck, auf dem eine mittelalterliche Stadt mit hohen Burgmauern und Zwiebeltürmen steht, die an den Kreml erinnert. Bis in die zwanziger Jahre hinein taucht dieses Motiv, das bei Kandinsky als Zeichen für das himmlische Jerusalem dient, immer wieder in seinen Bildern auf. Hinter der Stadt erhebt sich ein größerer, blauer Berg, dem sich linker Hand eine weitere bekannte Chiffre aus Kandinskys Repertoire zugesellt: das Motiv des Drachens, das in seinen zahlreichen Darstellungen des hl. Georg zu sehen ist. Der Bildtitel bezieht sich allerdings in erster Linie auf einen rein formalen Aspekt: den großen schwarzen Fleck etwas rechts von der Mitte, dem genausoviel Gewicht beigemessen wird wie den gegenständlichen Bezügen. Im übrigen zeigt der Fleck eine deutlich sichtbare morphologische Affinität zur Kinderzeichnung des buntscheckigen Pferdes (Abb. 3.14).

Darstellungen von Kindern entnahm Kandinsky zudem einige die Details charakterisierenden Erfindungen. Bei *Pferde* (1909, Abb. 3.18) und *Skizze für Komposition II* (1910, Abb. 3.19) ist das angehobene Vorderbein des weißen Pferdes in der Mitte kreisförmig gebogen, als wäre es aus Gummi; in dieser Hinsicht ähnelt es einigen der Pferdedarstellungen in den Kinderzeichnungen aus der Sammlung Kandinskys und Münters (Abb. 3.20, 3.21). Auf bestimmte Stücke in der Sammlung verweisen ebenfalls manche Einzelheiten in *Impression VI (Sonntag)* von 1911 (Abb. 3.22):

3.18 Wassily Kandinsky
Pferde
1909

3.26

3.27

3.25

3.24 Kinderzeichnung (Annemarie Münter)
1. Mai 1911
KIZ 21 (Vs)

3.25 Kinderzeichnung (Lilja Kenda Dekabr)
Dezember 1910
KIZ 15

3.26 Kinderzeichnung (Annemarie Münter)
August 1910
KIZ 86 (Rs)

3.27 Kinderzeichnung (Annemarie Münter)
11. Dezember 1910
KIZ 42 (Vs)

3.24

3.23 Kinderzeichnung (anonym)
KIZ 33

3.29 Kinderzeichnung (anonym)
KIZ 107 (Vs)

so vor allem die Segmentierung der Körper, die rudimentäre Wiedergabe der Augen und der Umriß des steifen Hutes bei der männlichen Figur rechts (Abb. 3.23–3.25). Auch die ubiquitären, steifgliedrigen beziehungsweise kreuzförmigen Figuren in Kandinskys Bildern aus dieser Epoche, so etwa in *Skizze für Komposition II*, scheinen durch Vorbilder aus der Sammlung angeregt zu sein (Abb. 3.26, 3.27).
Eine noch bedeutendere Rolle als in der Darstellung von Einzelheiten spielen die Kinderzeichnungen allerdings bei den Raumvorstellungen, die Kandinskys Bildern zugrunde liegen. In *Improvisation 30 (Kanonen)* von 1913 (Abb. 3.30) verwendet er nicht nur das stilistische Vokabular der Kinderzeichnungen beim Entwurf der Motive – so insbesondere bei den Häusern und den beiden Kanonen rechts sowie der Gruppe von schmalen, wie mit der Schere ausgeschnitten wirkenden Figuren unten links (Abb. 3.28, 3.29) –, sondern er folgt dem kindlichen Vorbild auch insofern, als er die einzelnen Motive voneinander isoliert und den fließenden Übergang zwischen Vorder- und Hintergrund aufhebt. Darüber hinaus erinnern die amorphen Farbwolken an den Umgang mit Farbe in einer der Kinderzeichnungen aus der Sammlung (Abb. 3.29); das auf die Seite gekippte Haus in der Zeichnung verkörpert wiederum ein ähnliches Konzept der freien Raumorientierung wie das Ruderboot rechts in *Kleine Freuden* von 1913 (vergleiche hierzu Abb. 3.31, 3.32).
Diese Raumvorstellungen bezeugen einen noch tiefergreifenden und wichtigeren Einfluß der Kinderkunst auf Kandinskys Malerei in der Zeit vor dem Ersten Weltkrieg. In allen vier genannten Bildern – *Pferde*, *Impression VI (Sonntag)*, *Improvisation 30 (Kanonen)* und *Kleine Freuden*, die zu seinen Hauptwerken aus dieser Zeit zählen – setzt der Künstler räumliche und proportionale Verzerrungen ein, um die Figuren kompositorisch zu isolieren. Dabei läßt er sich von Kinderzeichnungen inspirieren, so beispielsweise durch die beiden Zeichnungen von Elisabeth Busse (Abb. 3.33, 3.34): Im Vordergrund ist die nachgezeichnete Form einer Hand beziehungsweise das Bild eines Vogels zu sehen; im Hintergrund steht ein viel kleineres Haus, das jeden räumlichen Bezug zum Vordergrund verneint. In *Impression VI (Sonntag)* scheinen die beiden Figuren in einem undefinierten Raum zu schweben. Sie sind in einem anderen Maßstab als die übrigen Motive der Komposition dargestellt, wobei die abrupten

3.28 Kinderzeichnung (Annemarie Münter)
28. August 1913
KIZ 113 (Vs)

3.22 Wassily Kandinsky
Impression VI (Sonntag)
1911

3.30 Wassily Kandinsky
Improvisation 30 (Kanonen)
1913

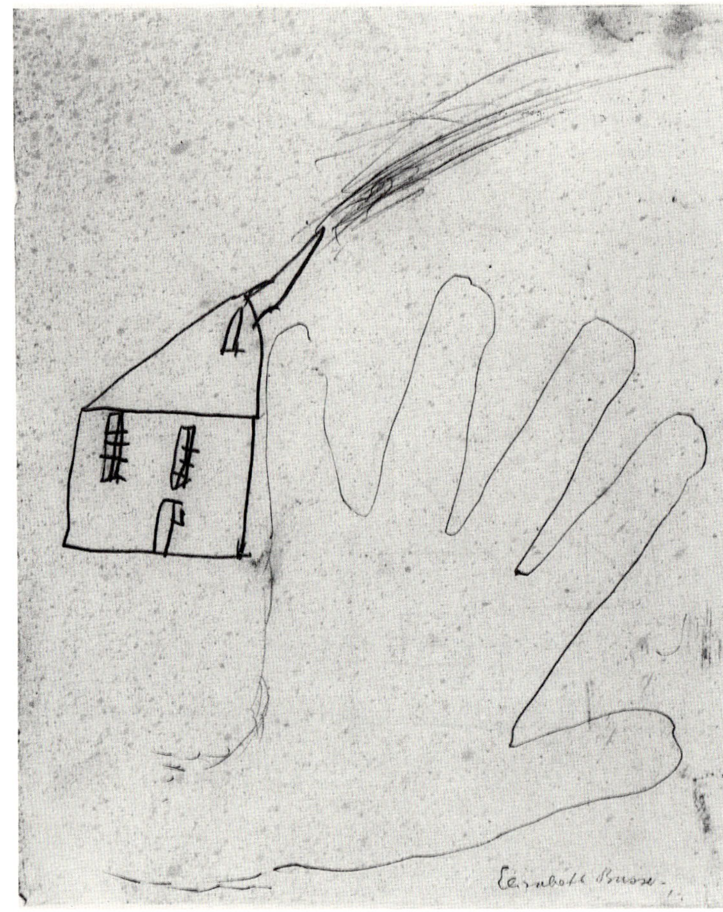

3.33 Kinderzeichnung (Elisabeth Busse)
August 1913
KIZ 24

3.34 Kinderzeichnung (Elisabeth Busse)
Um 1912/13
KIZ 7 (Vs)

Verschiebungen der Perspektive einen allgemeinen Eindruck von Beziehungslosigkeit erzeugen – jedes Element existiert in seiner eigenen Welt für sich. Durch diese radikalen Sprünge in der Handhabung der Proportion sowie durch die Auflösung aller rational nachvollziehbaren Raumübergänge entwickelt Kandinsky eine bestimmte Technik, die narrative Kohärenz aufzubrechen. Daraus ergibt sich die Möglichkeit, abstrakte Bilder zu malen und dabei gleichzeitig das reiche Assoziationsfeld der erkennbaren Motive zu nutzen.
Seit 1957, als der Kunsthistoriker Lorenz Eitner zum erstenmal auf die beiden kleinen, in bayerischer Tracht gekleideten Figuren auf der Brücke in *Improvisation Klamm* (1914) aufmerksam machte,[14] ist in der Forschung immer deutlicher geworden, daß Kandinskys vermeintlich abstrakte Bilder eine Fülle von erkennbaren – wenn auch in vielen Fällen nur schwer deutbaren – gegenständlichen Hinweisen enthalten. So hat man unter anderem zahlreiche Anspielungen auf die biblische Vision der Apokalypse und auf den Sieg des hl. Georg über den Drachen entdeckt. Allerdings ist noch niemandem der Nachweis einer systematisch aufgebauten Ikonographie in Kandinskys Werk gelungen. Denn: das radikal Neue an den Bildern der Zeit zwischen etwa 1909 und dem Beginn der zwanziger Jahre liegt gerade darin, daß die gegenständlichen Bezüge – selbst dort, wo die Darstellung einen bestimmten subjektiven Sinn nahelegt – sich *nicht* zu einem narrativen oder sonstigen allgemeinen Zusammenhang fügen, ja nicht einmal eine identifizierbare Assoziationskette ergeben, die eine Ikonographie im herkömmlichen Sinne erlauben würde.

3.31 Wassily Kandinsky
Improvisation 21 a (Studie zu »Kleine Freuden«)
1911

3.32 Wassily Kandinsky
Mit Sonne
1911

3.35 Kinderzeichnung (Friedel)
KIZ 167

3.36 Kinderzeichnung (Thomas Hermann)
KIZ 116 (Vs)

So entdeckte Kandinsky die Möglichkeit, Gegenstände auf die gleiche Weise wie eine Farbe, einen Klang oder eine Gebärde zu benutzen, um die assoziative Tiefe seiner Bilder zu steigern. Zwar erklärte er, ihn interessiere in diesem Zusammenhang lediglich der Aspekt der Komposition: »Hier will ich aber nur eine augenblicklich uns wichtige Seite der guten Kinderzeichnung betonen: die kompositionelle.«[15] Doch hat diese Konzeption auch viele andere Quellen, darunter die symbolistische Praxis des *dépaysement*, der Entwurzelung, bei der der Dichter ein bestimmtes Wort auswählt und so lange wiederholt, bis es sich von seinem denotativen Kontext löst und seinen tieferliegenden expressiven Sinn offenbart. Hierzu schreibt Kandinsky in *Über das Geistige in der Kunst:*

> *Geschickte Anwendung (nach dichterischem Gefühl) eines Wortes, eine innerlich nötige Wiederholung desselben zweimal, dreimal, mehrere Male nacheinander, kann nicht nur zum Wachsen des inneren Klanges führen, sondern noch andere nicht geahnte geistige Eigenschaften des Wortes zutage bringen. Schließlich bei öfterer Wiederholung des Wortes* [beliebtes Spiel der Jugend, welches später vergessen wird] *verliert es den äußeren Sinn der Benennung. Ebenso wird sogar der abstrakt gewordene Sinn des bezeichneten Gegenstandes vergessen und nur der reine Klang des Wortes entblößt. Diesen ›reinen‹ Klang hören wir vielleicht unbewußt auch im Zusammenklange mit dem realen oder später abstrakt gewordenen Gegenstande. Im letzten Falle aber tritt dieser reine Klang in den Vordergrund und übt einen direkten Druck auf die Seele aus.*[16]

Möglicherweise dachte Kandinsky an die Reflexionen Stéphane Mallarmés zur Poesie: »Was nutzt es aber, durch das Spiel der Worte das Wunder der Verwandlung einer Naturtatsache in ihr bebendes Beinaheverschwinden zu vollziehen, wenn nicht aus ihr die reine Vorstellung, ungetrübt durch eine unmittelbare oder konkrete Anspielung, hervorgeht.«[17] Kandinskys radikale Entscheidung, Gegenstände auf diese Weise zu benutzen – die zentrale Voraussetzung seiner Auffassung von abstrakter Malerei –, basiert auf dem Begriff der Synästhesie, der Vermischung verschiedener Erkenntnisformen, sowie auf dem Glauben, jeder Gegenstand sei ein Wesen, das seinen eigenen »inneren Klang« habe. In der Kandinskyschen Version geht diese letztere Idee auf Formulierungen von Henri Rovel in *Les Tendances Nouvelles* zurück, die in *Über das Geistige in der Kunst* zustimmend zitiert werden.[18] Das 1913 entstandene Gemälde *Kleine Freuden* (vergleiche Abb. 3.31, 3.32) zeigt auf der linken Seite vier galoppierende Reiter – einer von ihnen trägt eine Waage – und in der Mitte eine Bergkuppe mit einer Ansammlung buntfarbiger Türme, die anscheinend von einer kosmischen Katastrophe erschüttert werden. Entsprechende Hinweise bieten die riesige schwarze Rauchfahne, der blutrote Mond und die am oberen Bildrand sichtbare Heilige Stadt. Alle diese Motive finden sich in der biblischen Geschichte der Offenbarung des Johannes auf der Insel Patmos: die apokalyptischen Reiter, die nach dem Öffnen des ersten der sieben Siegel erscheinen, der »Rauch des Brunnens [...], die heilige Stadt, das neue Jerusalem«, das aus dem Himmel herabfährt, und die schrecklichen Zerstörungen, als die Schalen des göttlichen Zorns ausgegossen werden: »[...] und es wurden Stimmen und Donner und Blitze; und ward ein großes Erdbeben [...] und die Städte der Heiden fielen.«[19] Am rechten Rand ist auch hier ein kleines Boot mit drei schwarzen Rudern zu sehen; in der Mitte der unteren Bildhälfte befindet sich überdies eine Form, die einem Wal ähnelt. Möglicherweise handelt es sich um eine Anspielung auf die Geschichte von

3.37 Kinderzeichnung (Wanitschku)
KIZ 34 (Vs)

Jonas und dem Wal oder aber um einen Hinweis auf die Sintflut. Der Ikonographie mangelt es zwar an logischer Konsistenz, aber alle diese Motive evozieren eindeutig die eschatologische Vision einer geistigen Erneuerung.

Wieder einmal lassen sich Beziehungen feststellen zwischen dem bildlichen Vokabular, das zur Behandlung dieser Themen benutzt wird, und den Kinderzeichnungen in der Sammlung von Kandinsky und Münter. Insbesondere die Form des Berges mit den Türmen und dem doppelten Umriß scheint direkt einer Skizze entnommen zu sein, die von Münters Nichte Friedel (Elfriede Schroeter) angefertigt wurde (Abb. 3.35). Die Technik der räumlichen Schichtung, bei der die normale Fluchtpunktperspektive aufgehoben wird, erinnert an die Zeichnung eines Jungen namens Thomas Hermann (Abb 3.36). Ein Aquarell, das von einem russischen Kind stammt (Abb. 3.37), zeigt Ähnlichkeiten mit Kandinskys Praxis der Auflösung des Motivs in ein komplexes, undurchsichtiges Gewebe von Formen und Farben, die in einem jeweils verschiedenen Verhältnis zur Schwerkraft stehen.

Die Sammlung enthält auch zahlreiche bunte Kinderzeichnungen von Häusern (Abb. 3.39–3.41, 3.43), die hier und dort in Kandinskys Bildern anklingen, so etwa in *Murnau – Landschaft mit Regenbogen* von 1909 (Abb. 3.38). In diesem Fall aber liegt ein noch stärkerer Bezug zur Kunst von Gabriele Münter vor, der in den beiden 1911 entstandenen Gemälden *Der Blaue Giebel* und *Dorfstraße im Winter* (Abb. 3.44,

3.39

3.40

3.41

3.43

3.38 Wassily Kandinsky
Murnau – Landschaft mit Regenbogen
1909

3.39 Kinderzeichnung (Kätchen Busse)
KIZ 70 (Vs)

3.40 Kinderzeichnung (Annemarie Münter)
29. August 1913
KIZ 26 (Vs)

3.41 Kinderzeichnung (Anna Böhm)
KIZ 125 (Vs)

3.43 Kinderzeichnung (Otto Paskegg)
KIZ 192 (Vs)

3.45 Gabriele Münter
Dorfstraße im Winter
1911

3.45) deutlich zutage tritt. Einen besonders auffälligen Beleg für die Ernsthaftigkeit von Münters Auseinandersetzung mit diesem Material bietet die Ölstudie *Haus* von 1914 (Abb. 3.46), eine beinahe exakte Kopie der Kreide- und Bleistiftzeichnung eines gewissen Rudi Schindler (Abb. 3.49). Auf dem 1913 entstandenen *Im Zimmer* (Abb. 3.52) sind zwei Gemälde zu sehen, die von Münters elfjähriger Nichte Friedel selbst gemalt wurden. Sie stehen angelehnt in ihrem Zimmer neben dem sitzenden blondhaarigen Mädchen, das in ein Buch vertieft ist (Abb. 3.53, 3.54). Diese Kinderbilder sind heute noch in der Sammlung erhalten.

Ähnlich wie Kandinsky fand Münter in den Kinderzeichnungen einen vereinfachten, naiven Ausdruck, der ihre eigene Arbeit unmittelbar beeinflußte; allerdings näherte sie sich der Kinderkunst auf eine eher intuitive, weniger metaphysische Art und Weise. Das Jawlensky-Porträt von 1909 mit dem Titel *Zuhören (Bildnis Jawlensky)*, Abb. 3.57, ist wohl von der Stilisierung der Gesichtszüge, den starken Farben und dunklen Umrissen angeregt, die sie in den Malereien von Kindern vorfand (Abb. 3.55, 3.56), während ihre Landschaften von der ›kindlichen‹ Verflachung der Perspektive Gebrauch machen. Auch andere Mitglieder des Kreises um den *Blauen Reiter* kannten wohl die Sammlung von Kandinsky und Münter; zudem haben einige von ihnen selbst Kinderkunst gesammelt. Den Einfluß der kindlichen Bildsprache auf das Werk Lyonel Feiningers verraten zum Beispiel die Zeichnung der Häuser und die Raumdarstellung sowie die kleine Figur am linken Rand des Aquarells *Stadt mit Sonne* von 1921 (Abb 3.58).

Wenige Mitglieder des *Blauen Reiters* hatten selbst Kinder. Eine Ausnahme bildet allerdings Jawlensky, dessen Sohn Andreas sich häufig in der Gesellschaft von Künstlern aufhielt und überdies auch selbst über eine erstaunliche Begabung verfügte. Manche seiner frühen Bilder – so etwa seine *Lokomotive* (Abb. 3.62), entstanden um 1909, als er erst sieben Jahre alt war – sind in der Ausführung so

Seite 90 →

3.44 Gabriele Münter
Der blaue Giebel
1911

3.46 Gabriele Münter
Haus
23. März 1914

3.47 Gabriele Münter
Ohne Titel
23. März 1914

3.48 Gabriele Münter
Ohne Titel
1914

3.49 Kinderzeichnung (Rudi Schindler)
KIZ 121

3.50 Kinderzeichnung (Martin Mosner)
KIZ 117

3.51 Kinderzeichnung (Robert)
KIZ 144

3.52

3.53

3.54

3.52 Gabriele Münter
Im Zimmer (Frau im weißen Kleid)
1913

3.53 Kinderzeichnung (Friedel)
KIZ 185 (Vs)

3.54 Kinderzeichnung (Friedel)
KIZ 180 (Vs)

3.55 Kinderzeichnung (Friedel)
KIZ 181 (Vs)

3.56 Kinderzeichnung (Friedel)
Oktober 1913
KIZ 186 (Vs)

3.57 Gabriele Münter
Zuhören (Bildnis Jawlensky)
1909

3.57

3.55

3.56

3.58 Lyonel Feininger
Stadt mit Sonne
1921

3.59 Lyonel Feininger
Liebespaar
1916

3.60 Lyonel Feininger
Lokomotive mit großem Rad
1915

3.62 Andreas Jawlensky
Lokomotive
Um 1909

3.64 Alexej Jawlensky
Murnauer Landschaft
1909

3.66 Lyonel Feininger
Häuser und Figuren
Ohne Datierung

3.65 Lyonel Feininger
Die Mole von Swinemünde
1921

geschickt, daß man sie gelegentlich für Arbeiten seines Vaters gehalten hat (Abb. 3.64). Man darf annehmen, daß nicht nur der Vater, sondern auch einige der Malerkollegen auf diese Werke aufmerksam wurden.

Zusammenfassend ist festzuhalten, daß Kandinsky und die anderen Künstler, mit denen er zur Zeit des *Blauen Reiters* eng verbunden war, den Reichtum an Phantasie und die Authentizität des Ausdrucks sehr schätzten, die sie in der Kinderkunst vorfanden. In diesem Sinne heißt es bei Kandinsky, Kinder seien »die größten Phantasten aller Zeiten«, wenn sie »in ihren Spielen [...] einen Stock für ein Pferd ansehen oder aus bekannten Papierkrähen ganze Regimenter Kavallerie [sic!] in ihrer Phantasie machen, wobei ein Kniff in der Krähe plötzlich aus einem Kavalleristen ein Roß bildet«.[20] Doch für ihn lag die wirklich bedeutende Dimension dieser Kunst zweifellos darin, daß sie den Zugang zu einem tieferen, ›geistigen‹ Sinn der Dinge öffnete, der die Geschicke der Menschheit insgesamt in eine neue Bahn lenken sollte. Diesen Aspekt betonte Kandinsky noch 25 Jahre später, als er im Rückblick auf den *Blauen Reiter* die einseitige Bevorzugung formalästhetischer Gesichtspunkte kritisierte und erklärte, »die verderbliche Gewohnheit, unter den verschiedenen äußerlichen Formen nicht die innere organische Wurzel der Kunst im allgemeinen zu sehen«, könne »zum totalen Verlust der Wechselbeziehung zwischen der Kunst und dem Leben der menschlichen Gesellschaft führen«.[21]

1 Wassily Kandinsky, »Über die Formfrage«, in: Wassily Kandinsky und Franz Marc (Hrsg.), *Der Blaue Reiter*, Dokumentarische Neuausgabe von Klaus Lankheit, 9. Aufl., München/Zürich 1994, S. 168.
2 Siehe Arthur Schopenhauer, *Die Welt als Wille und Vorstellung*, 2 Bde., hrsg. von Angelika Hübscher, Zürich 1977.
3 Kandinsky, »Über die Formfrage« (Anm. 1), S. 168–171.
4 August Macke, »Masken«, in: Kandinsky und Marc (Hrsg.), siehe Anm. 1, S. 54–56.

5 Reinhold Heller zufolge wurde die Sammlung von Gabriele Münter angelegt, doch als Armin Zweite und ich die Zeichnungen erstmals aus Münters Nachlaß ausgruben, befanden sie sich in einem Umschlag von der Größe einer Künstlermappe, auf den Kandinskys Adresse – Ainmillerstraße 36 in Schwabing – gestempelt war. Zudem enthielt die Sammlung viele Werke von russischen Kindern: So erscheint die Annahme berechtigt, daß sie von den beiden Künstlern gemeinsam geführt wurde. Nach der endgültigen Trennung von Kandinsky im Jahre 1916 blieb die Sammlung in Münters Besitz. Möglicherweise hat sie später einige weitere Zeichnungen aufgenommen, doch viele der Sammlungsstücke sind eindeutig auf die Jahre 1908–1914 datierbar und zeigen starke Ähnlichkeiten mit einigen der in diesem Zeitraum entstandenen Hauptwerke von Kandinsky.

6 Siehe z. B. Klaus Lankheit, »Die Geschichte des Almanachs«, in: Kandinsky und Marc (Hrsg.), siehe Anm. 1, S. 280. Vgl. die Hinweise auf die Verbindungen des *Blauen Reiters* zur russischen Kunst, so z. B. zu Larionow und Natalia Gontscharowa, in David Burljuks Aufsatz »Die ›Wilden‹ Rußlands«, in: Kandinsky und Marc (Hrsg.), siehe Anm. 1, bes. S. 48f.

7 Daß die Kinderzeichnungen auf Kandinskys Betreiben hin in den *Blauen Reiter* aufgenommen wurden, steht außer Zweifel. Ein weiteres mögliches Beispiel für dieses Interesse bietet die im Jahre 1907 vom Musée du Peuple in Angers gezeigte Ausstellung von Kinderkunst, die parallel zu einer großen Kandinsky-Retrospektive stattfand und von *Les Tendances Nouvelles* veranstaltet wurde, zu deren Gründungsmitgliedern Kandinsky zählte. Siehe Jonathan Fineberg (Hrsg.), *Les Tendances Nouvelles*, faksimilierte Neuausgabe, 4 Bde., New York 1980, S. 577. Kinderzeichnungen wurden auch in den von Wladimir Isdebsky 1909 und 1910 in Odessa veranstalteten »Salons« gezeigt, für die Kandinsky einen Katalogtext beisteuerte. Siehe Wassily Kandinsky, »Soderžanie i forma«, in: *Salon 2, meždunarodnaja chudožestvennaja vystavka*, Odessa (1910–1911), S. 14–16; ohne Titel in: Neue Künstler-Vereinigung München e.V., Ausst.-Kat. München 1910/11; engl. Übers. in: Kenneth C. Lindsay und Peter Vergo (Hrsg.), *Kandinsky: Complete Writings on Art*, Bd. 1, Boston 1982, bes. S. 85.

8 Siehe Sigrid Köllner, *Der Blaue Reiter und die »Vergleichende Kunstgeschichte«*, Phil. Diss., Karlsruhe 1984, S. 62.

9 So auch die Beobachtung von Otto Karl Werkmeister, in: ders., *Versuche über P. Klee*, Frankfurt am Main 1981, S. 141.

10 Daß Kandinsky kein Interesse für die Kunst von ›Geisteskranken‹ zeigt, dürfte mit seinem Bestreben zusammenhängen, eine möglichst breite Resonanz zu erzielen: dabei hätte das abseitige bildnerische Vokabular dieser Kunst eher störend gewirkt. Interessant ist in diesem Zusammenhang allerdings die von Stefanie Poley geäußerte Vermutung, es handle sich bei den vier Zeichnungen im Almanach, die Kandinsky im Abbildungsverzeichnis als das Werk von »Dilettanten« bezeichnet, in Wirklichkeit um Bilder von Psychotikern. Siehe Stefanie Poley, »Das Vorbild des Verrückten: Kunst in Deutschland zwischen 1910 und 1945«, in: Otto Benkert und Peter Gorsen (Hrsg.), *Von Chaos und Ordnung der Seele: Ein interdisziplinärer Dialog über Psychiatrie und moderne Kunst;* zit. nach Maurice Tuchman und Carol S. Eliel (Hrsg.), *Parallel Visions: Modern Artists and Outsider Art*, Los Angeles/Princeton 1992, S. 83.

11 In seinen Aufzeichnungen zu den Bauhaus-Vorlesungen vom 12. und 15. März 1929 hält Kandinsky (unter der Überschrift »Form und Komposition in Kunst und Technik«) folgende Stichworte fest: »1) Kinderzeichnungen (›Pose‹, *Blauer Reiter* und alte Lokomotive); 2) Volkskunst (*Blauer Reiter* und alte Lokomotive)«. Siehe Wassily Kandinsky, »Cours de Bauhaus«, in: ders., *Ecrits complets*, hrsg. von Philippe Sers, Bd. 3: *La Synthèse des Arts*, Paris 1975, S. 369, 355. Man ist versucht, anzunehmen, es handle sich hier um Hinweise auf die Darstellungen von Dampflokomotiven in der Sammlung von Kinderkunst aus der Zeit des *Blauen Reiters*.

12 Einige der Zeichnungen in diesem Heft sind auf August 1913 datierbar, d. h. auf die Zeit nach der Entstehung von *Schwarzer Fleck*. Möglicherweise entstand diese eine Zeichnung allerdings schon früher, so daß »Onkel Was« sie bereits im Jahre 1912 gesehen hätte.

13 Wassily Kandinsky, *Über das Geistige in der Kunst. Insbesondere in der Malerei*, 2. Aufl., München 1912, S. 10.

14 Siehe Lorenz Eitner, »Kandinsky in Munich«, in: *The Burlington Magazine*, Nr. 99, 1957, S. 193–199.

15 Kandinsky, »Über die Formfrage« (Anm. 1), S. 169.

16 Kandinsky, *Über das Geistige in der Kunst* (Anm. 13), S. 28f. Hervorhebung in eckigen Klammern: J. F.

17 Stéphane Mallarmé, »Crise de vers« (1866), in: »Variations sur un sujet«, *Œuvres complètes de Stéphane Mallarmé*, Paris 1945, S. 368. »A quoi bon la merveille de transposer un fait de nature en sa presque disparition vibratoire selon le jeu de la parole, cependant; si ce n'est pas pour qu'en émane, sans la gêne d'un proche ou concret rappel, la notion pure.«

18 Kandinsky, *Über das Geistige in der Kunst* (Anm. 13), S. 96.

19 »Die Offenbarung des Johannes«, Kap. 6–21, in: *Die Bibel oder die ganze Heilige Schrift des Alten und Neuen Testaments*, nach der deutschen Übersetzung Dr. Martin Luthers, Stuttgart 1948.

20 Kandinsky, *Über das Geistige in der Kunst* (Anm. 13), S. 28, Anm. 1.

21 Wassily Kandinsky, »Franz Marc«, in: *Cahiers d'Art*, Nr. 8–10, Paris 1936, wiederabgedruckt in: Wassily Kandinsky, *Essays über Kunst und Künstler*, hrsg. von Max Bill, Stuttgart 1955, S. 189f.

4 Paul Klee und die Rückkehr zu den »Uranfängen«

»Es gab da die ›nützlichen‹ Geschenke«, erinnert sich Dylan Thomas in *A Child's Christmas in Wales*, zum Beispiel »Bücher, die alles über die Wespe erklärten, bis auf die Frage: warum?«[1] Den Ausgangspunkt für die Erfahrung des Erwachsenen bilden stets die unbeantworteten Fragen der Kindheit. Als Paul Klee im Jahr 1902 aus Rom zurückkehrte, wo er seinen letzten akademischen ›Schliff‹ als Künstler erhalten hatte, stieß er bei der Suche nach Bilderrahmen im Speicherraum des elterlichen Hauses auf einige seiner eigenen Kinderzeichnungen. Diese Blätter berührten eine Reihe von fundamentalen Fragen und bewegten den Künstler derart, daß er sie in einem Brief an seine Verlobte Lily »bis jetzt das Bedeutendste« nannte. Er rühmte ihre hochentwickelte stilistische Eigenart und ihren ursprünglichen, »naiv geschaut[en]« Charakter ebenso, wie ihre Eigenschaft, »unabhängig von Italienern und Niederländern« zu sein, obwohl seine gewissenhaften Studien der letzten vier Jahre gerade auf solchen Vorbildern aufbauten.[2]

Aus historischer Sicht wird deutlich, daß nahezu jeder avantgardistische Künstler der Generation Klees eine ähnliche Offenbarung erlebte. Nietzsches Angriff auf den ästhetischen Sokratismus, Freuds ›Archäologie‹ des Unbewußten, der Vorstoß der symbolistischen Malerei in die Transzendenz: in solchen Erscheinungen kam eine um die Jahrhundertwende weitverbreitete Ablehnung des akademischen Formalismus zum Ausdruck. Die Avantgarde des neuen Jahrhunderts war bestrebt, die überkultivierte Oberfläche des europäischen *Fin de siècle* abzutragen, um das zu entdecken, was sich hinter der geschickt verputzten Fassade verbarg.

Klee brauchte fast ein Jahrzehnt, um die Konsequenzen seiner persönlichen Entdekkung zu begreifen. Doch bis zum Jahre 1911 war er sich offensichtlich darüber klar geworden, welchen Stellenwert er diesen »Uranfänge[n] von Kunst«[3] – so nannte er die Impulse, die diese Zeichnungen zum Ausdruck brachten – im Verhältnis zu seinen reifen künstlerischen Absichten beimessen wollte. In seinem 32. Lebensjahr begann Klee einen *Werkkatalog* zu führen. Den Anfang machte er mit achtzehn Zeichnungen, die zwischen seinem dritten und seinem zehnten Lebensjahr entstanden waren. Alle seine jugendlichen Versuche im Stil des Naturalismus überging er, ebenso – bis auf drei Ausnahmen – alle Werke, die während seiner Studienaufenthalte in München und Rom entstanden waren; er bezeichnete sie als »nicht künstlerisch«. Danach setzt der Katalog erst im Jahr 1902 wieder ein, dem Jahr, in dem Klee die Werke aus seiner Kindheit wiederfand.[4]

Sicherlich war es nicht nur die Entdeckung seiner Kinderzeichnungen, die Klee auf diesen Weg brachte; es kristallisierte sich dadurch lediglich etwas heraus, das schon seit einiger Zeit im Entstehen begriffen war. In einem Brief aus Rom vom November 1901 an Lily macht Klee einige sarkastische Bemerkungen über die akademische Malweise, die er gerade betrieb, und äußerte sich zu einem Bild auf seiner Staffelei: »Ich arbeite gegenwärtig an einer Komposition. Einstmals war sie sehr groß angelegt und hieß recht moralisch ›auf Irrwegen‹. Das war das Lächerliche dran.

Jetzt hat sie einen satirischen Anstrich bekommen.« Einige Tage später teilte Klee mit, er habe gerade etwas beendet, was ihm gewöhnlich als letzte Studie vor einer vollständig entwickelten Komposition diene; nun dränge es ihn, die Details auszuarbeiten. Doch das, schrieb er, sei nicht möglich, denn inzwischen sei er »an einer Einfachheit angelangt, die ans Primitive grenzt.«[5] Offensichtlich haderte Klee noch mit seiner Ausbildung und mit der Tradition. Zugleich aber begann seine ureigene Persönlichkeit hervorzutreten: durch seinen Sinn für Ironie erfuhren seine jugendlichen Versuche auf dem Gebiet der Karikatur eine vorbehaltlose Aufwertung.
Währenddessen hatte Klee seit dem Jahr 1898, also seit seinem 19. Lebensjahr, als er sich nach München zum Kunststudium aufmachte, ein Tagebuch geführt. Im Jahre 1911, zeitgleich mit dem Beginn seines Œuvrekatalogs, schrieb er dieses Tagebuch ab und fügte am Anfang 36 »Erinnerungen an die Kindheit« hinzu, Vignetten aus der Zeit zwischen seinem zweiten und seinem zwölften Lebensjahr.[6] In diesen beiden Aufzeichnungen – den Tagebüchern und dem Hauskatalog – erfand Klee seinen künstlerischen Werdegang rückblickend aufs neue. Dabei erkannte er nicht nur die künstlerische Bedeutung seiner jugendlichen Satiren, sondern die Bedeutung von all dem, was er mit dem Geist seiner Kindheit identifizierte. Vermutlich glaubte er, daß solches Gut seinem ureigenen Wesen am nächsten lag. Klee hatte sich auf die Suche nach Authentizität begeben, nach den Wurzeln seiner eigenen Kreativität. In diesem Sinne lieferte die Wiederentdeckung seiner Kinderzeichnungen eine der Koordinaten für die Richtung seiner gesamten späteren Laufbahn.
Die 17 *Inventionen,* die Klee zwischen 1903 und 1905 radierte oder als Studien zeichnete, sind seine anerkanntesten und am weitesten vollendeten Werke aus der Zeit vor 1911. Die *Inventionen* beinhalten so bekannte Blätter wie *Jungfrau im Baum, Der Held mit dem Flügel, Zwei Männer, einander in höherer Stellung vermutend, begegnen sich* und *Drohendes Haupt.* Der Stil dieser Arbeiten erinnert an zeitgenössische symbolistische Grafiken. Doch zeigen diese Radierungen Klees ganz spezifische groteske und komische Verzerrungen, die für sein Werk charakteristisch sind und sich bereits in Zeichnungen des Vierjährigen erkennen lassen, beispielsweise in *Dame mit Sonnenschirm* (1883–1885, Abb. 4.1).
Klee schloß die *Inventionen* im März 1905 ab. Am 20. März schrieb er an Lily, er sei im Begriff, die letzte von ihnen zu beenden, und bekannte im voraus: »Ich werde mich frei fühlen wie einer, der eine Krankheit hinter sich hat, und bilde mir ein, nun werde etwas Neues kommen.«[7] Zehn Tage später berichtete er, daß er an einem neuen Bild arbeite: »Es sind zwei armselige Kinder, die sich mit Puppen abgeben, keine Philosophie, keine Litteratur, nur Linien und Formen, und zwar im Kinderstil, das heißt so, wie Kinder es zeichnen würden. Wenn ich mich über den Wert nicht getäuscht haben werde, will ich's radieren. Es gäbe eine erste Arbeit im neuen Sinn.«[8] Wissenschaftler sind sich darüber einig, daß die Hinterglasbilder *Mädchen mit Puppe* (Abb. 4.2) und *Paul und Fritz* von 1905 als stellvertretend für diesen Stil anzusehen sind, auch wenn sie möglicherweise nicht genau die Arbeiten sind, auf die sich der Brief bezieht. Daß es sich um eine kritische Phase für den Künstler handelte, ist jedoch offensichtlich. Im Juni vertraut Klee seinem Tagebuch an: »Der Vorstoß ist reif.«[9] Sechs Monate später gibt er einen Traum wieder, der ein wachsendes Bewußtsein dafür erkennen läßt, daß dieser »Vorstoß« von Schritten ausgehen würde, die zu den ersten Anfängen zurückführten: »Traum. Ich flog nach Haus, wo der Anfang ist. Mit Brüten und Fingerkauen begann es. Dann roch ich was oder schmeckte was. […] Käme jetzt eine Abordnung zu mir und neigte sich feierlich vor dem Künstler, dankbar auf seine Werke weisend, mich wunderte das nur wenig.

4.1 Paul Klee
Dame mit Sonnenschirm
1883–1885, 15 (A)

4.2 Paul Klee
Mädchen mit Puppe
1905, 17 (A)

Denn ich war ja dort, wo der Anfang ist. Bei meiner angebeteten Madame Urzelle war ich, das heisst so viel als fruchtbar sein.«[10] Als Klee seine Tagebücher später überarbeitete, mag er diesen Traum sogar nur erfunden haben. Doch auch wenn das der Fall ist, bestätigt dies unsere Überzeugung von der dem Künstler selbst bewußten Rückkehr zur Authentizität der Kindheit.

Klees systematische Erforschung seiner eigenen Jugendwerke begann im Jahre 1906 und dauerte, in drei verschiedenen Phasen, bis zu seinem Tod im Jahre 1940. Seine Auseinandersetzung mit der Kinderkunst ist freilich nur eine von mehreren Beschäftigungen, die seine komplexe künstlerische Laufbahn durchziehen; dennoch ist dies ein außerordentlich wichtiger Aspekt seines Werkes, der ein bemerkenswert klares Licht auf seine kreative Eigenart und seine künstlerischen Ziele wirft. Von 1906 an konzentrierte sich Klee ungefähr zehn Jahre lang auf die Anlage seiner Kinderzeichnungen und, in Erweiterung dieses Interesses, auf die generellen Prinzipien der Kunst von Kindern. Um 1918 begann er sich dann mit der Ikonographie von Kunstwerken aus der Kinderzeit, insbesondere seiner eigenen Kindheit, zu beschäftigen; in den dreißiger Jahren bewegte sich sein Stil schließlich auf eine ganz und gar kindhafte Unmittelbarkeit zu.

Zwei Zeichnungen aus dem Jahre 1906 – *Monumentales Frauenzimmer mit gefalteten Händen, nur Kontur* und *Auguren im Gespräch* (Abb. 4.3) – zeigen Klees Experimente mit dem ›blinden‹ Zeichnen, einer bildnerischen Technik, die auf Automatismen beruht und die jedes Kind im Kindergartenalter irgendwann einmal benutzt. Offenkundig geht die automatische Darstellung der klauenförmigen Hände des *Monumentalen Frauenzimmers* und der *Auguren* unmittelbar auf die beinahe formlosen Hände des Vaters in Klees 1883, im Alter von vier Jahren entstandenen Bleistiftzeichnung *Ohne Titel* zurück, die seine Familie bei einer Spazierfahrt mit Schlittschuhen auf dem Eis zeigt (Abb. 4.4). Anscheinend versuchte Klee durch eine Wiederholung der Geste der frühen Zeichnung die Erinnerung an die kindliche Gedankenwelt wiederzubeleben – eine Prämisse, auf der Jackson Pollock vierzig Jahre später ein ganzes Œuvre aufbauen sollte. Bei den *Auguren* experimentierte Klee auch mit Variationen des Drucks bei der Linienführung, ähnlich wie in der Kinderzeichnung. Das wichtigste in der Art und Weise, wie er die Hand beim Zeichnen führte, ist der Wechsel von einer bewußten, auf die Natur bezogenen Kontrolle zu einer motorischen Aktivität, die von einer ganz unmittelbaren Expressivität ist. Klee bezeichnete 1908 diese Art der Linienführung als »psychische Improvisation« und erklärte in seinem Tagebuch: »Hier an einem Natureindruck nur ganz indirect gebunden, kann ich dann wieder wagen, das zu gestalten, was die Seele gerade belastet.«[11]

Klee heiratete im September 1906, und ein Jahr später, am 30. November 1907, wurde sein Sohn Felix geboren.[12] Die Tagebücher des Künstlers sind mit detaillierten Beobachtungen über seinen Sohn gefüllt; Klee machte insbesondere phonetische Transkriptionen des kindlichen Lallens und notierte, was die Laute seiner Meinung nach bedeuteten. Schon 1911, vor seinem vierten Geburtstag, produzierte Felix bereits eine beachtliche Menge an Zeichnungen, die, wie es bei Kindern von Künstlern häufig der Fall ist, ungewöhnlich interessant und einfallsreich waren. Klee machte sich die Mühe, viele der Bilder auf Karton aufzuziehen und zu verwahren, so daß eine ganze Anzahl noch erhalten ist. Daher ist es auch nicht verwunderlich, daß er in einer Rezension vom Dezember 1911 die Arbeit des *Blauen Reiters* mit den Worten lobte, sie reiche an »Uranfänge von Kunst« heran, »wie man sie eher im ethnographischen Museum findet oder daheim in der Kinderstube«.[13]

4.3 Paul Klee
Auguren im Gespräch
1906, 33

4.4 Paul Klee
Ohne Titel (Familienspazierfahrt:
Eltern mit drei Kindern,
mit Schlittschuhen auf dem Eis)
1883, N

Bis zum Jahre 1911 war Klees Werk, wie dasjenige Kandinskys vor 1909, in zwei Bereiche gespalten, die sich unabhängig voneinander entwickelten: zum einen die Studien nach der Natur, zum anderen die Impulse, die seinen Karikaturen entsprangen und zu den imaginativen, aber gleichwohl zeit- und stilgebundenen *Inventionen* führten. In seinem Œuvre-Katalog zog Klee eine deutliche Trennung zwischen diesen beiden Bereichen, bis zum Jahre 1914, als der Unterschied sich vermutlich auflöste. Das Jahr 1911 markierte einen Wendepunkt für Klee. Seine Begegnung mit Kandinsky und dem *Blauen Reiter* wurde zum Katalysator, insbesondere auf Grund des gemeinsamen Interesses für die Kinderkunst, die Kunst der Pariser Avantgarde und für ein breites Spektrum weiterer Werke außerhalb des etablierten Kanons.
In mehreren wichtigen Arbeiten Klees aus den Jahren 1911, 1912 und 1913 läßt sich eine direkte Verbindung zu Zeichnungen erkennen, die aus seiner Kindheit erhalten sind, worauf bereits Otto Karl Werckmeister hingewiesen hat. Beispielsweise wurde Klee zur Darstellung der Pferdebeine in seiner Hinterglasmalerei *Reiter und Vorreiter* (1911, Abb. 4.7) und in *Galoppierende Pferde II* (1912, Abb. 4.6) von seiner Zeichnung eines Droschkengespanns angeregt, die 1883 entstand, als er vier Jahre alt war (Abb. 4.5). Ferner scheinen die Darstellungen der Torsi in Form eines X in Klees *Die Gewärtigen* von 1912 (Abb. 4.8) und das Liniengitter, auf dem er in der Zeichnung *Menschliche Ohnmacht* von 1913 die Figuren anordnet, beide in direkter Verbindung mit Kinderzeichnungen zu stehen, die in der Pionierstudie zur Kinderkunst des Münchener Stadtschulrats Georg Kerschensteiner von 1905 veröffentlicht

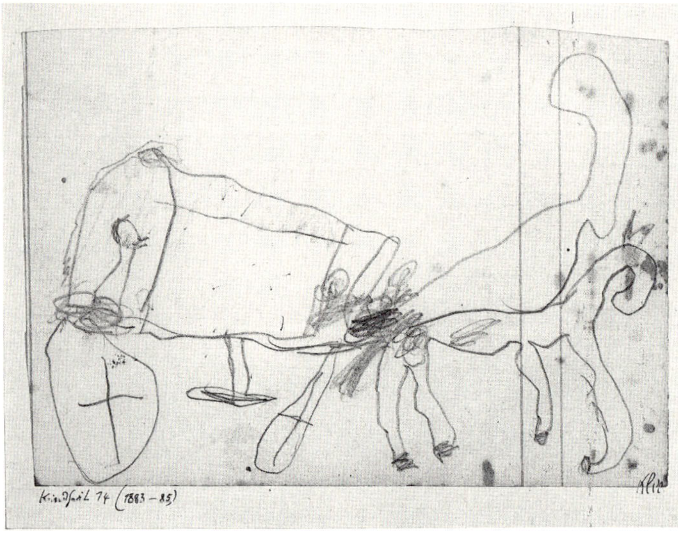

4.5 Paul Klee
Droschkengespann
1883–1885, 14 (A)

4.7 Paul Klee
Reiter und Vorreiter,
Illustrationsentwurf
(ursprünglich zu Candide)
1911, 99

4.6 Paul Klee
Galoppierende Pferde II
1912, 87 (A)

4.8 Paul Klee
Die Gewärtigen
1912, 124 (A)

4.10 Georg Kerschensteiner
Abb. 37 aus: »Die Entwicklung der zeichnerischen Begabung«
München 1905

4.11 Georg Kerschensteiner
Abb. 4 aus: »Die Entwicklung der zeichnerischen Begabung«
München 1905

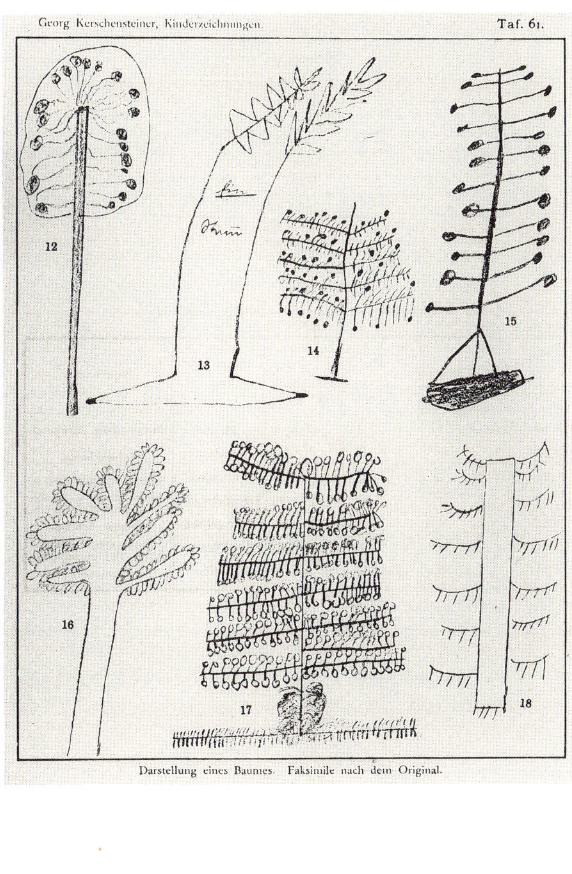

4.13 Georg Kerschensteiner
Abb. 61 aus: »Die Entwicklung der zeichnerischen Begabung«
München 1905

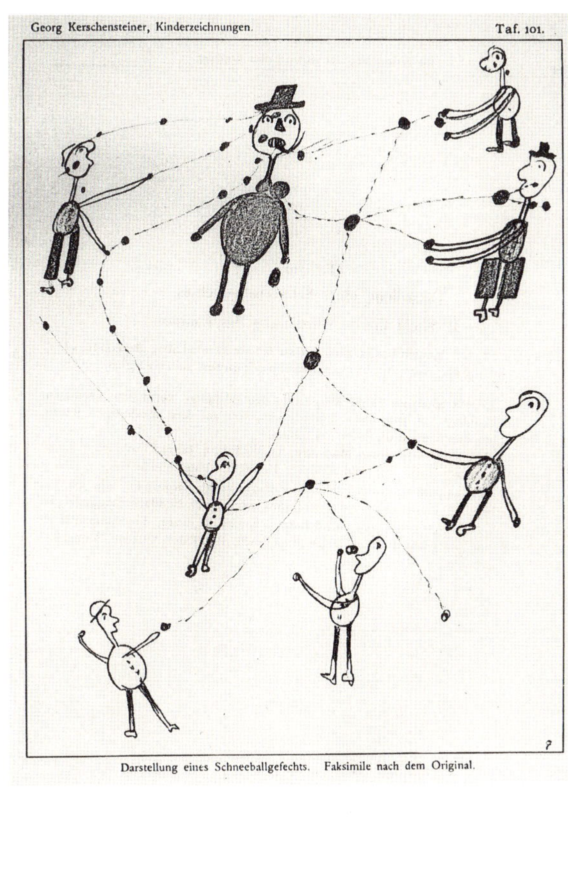

4.14 Georg Kerschensteiner
Abb. 101 aus: »Die Entwicklung der zeichnerischen Begabung«
München 1905

4.15 Paul Klee
Menschliche Ohnmacht
1913, 35 (A)

worden waren (Abb. 4.10, 4.11, 4.13, 4.14).[14] Die Abbildung Nr. 101 in Kerschensteiners Buch, die vermutlich Klees strukturelles Konzept für *Menschliche Ohnmacht* (Abb. 4.15) inspirierte, zeigt sieben Kinder, die eine etwas größere, zentrale Figur – ein anderes Kind oder vielleicht einen Erwachsenen – mit Schneebällen bewerfen. Der junge Künstler deutet die Flugbahnen der Geschosse mit gepunkteten Linien an und stellt so die Verbindung jedes Schneeballs zu der Person her, die ihn geworfen hat – ein verblüffender Einblick in den für die kindliche Psyche charakteristischen Narzißmus.[15] Eben diese Art von Erkenntnissen scheint Klee gesucht zu haben, als er sich zwischen 1906 und 1916 mit Kinderzeichnungen beschäftigte.
Während seiner gesamten künstlerischen Laufbahn experimentierte Klee mit neuen Techniken, doch seit 1917 etwa und in den zwanziger Jahren galt sein besonderes Interesse den Materialien und Erfindungen, die von kleinen Kindern verwendet werden. Das haptisch ansprechende *Tor im Garten* von 1926 (Abb. 4.16) mutet wie eine Fingermalerei an, obwohl es keine ist. Das Ölbild *Kosmische Composition* von 1919 (Abb. 4.17) zeigt – unabhängig von seiner kindlich inspirierten Darstellungsweise – Parallelen zu der an Schulen verbreiteten Schabetechnik, bei der ein heller, bunter Untergrund unter einer schwarzen Oberfläche freigelegt wird. Der vergrößerte Kopf und der schmächtige Körper mit dünnen Armen in *Schreck eines Mädchens* von 1922 und bei einigen Figuren in der Zeichnung ⟨*mit dem* ❢⟩ von 1916

4.16 Paul Klee
Tor im Garten
1926, 81 (R 1)

4.18 Paul Klee
Schreck eines Mädchens
1922, 131

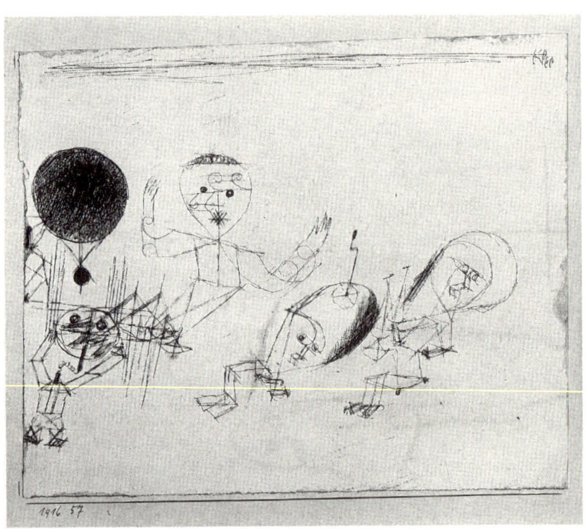

4.19 Paul Klee
⟨*mit dem* ❢⟩
1916, 57

(Abb. 4.18, 4.19) verweisen auf die Gewohnheit von kleinen Kindern, die konzeptuell wichtigen Teile, typischerweise den Kopf oder die Hände, ohne Rücksicht auf die Gesamterscheinung überzubetonen. »Kunst gibt nicht das Sichtbare wieder«, notierte Klee 1918, »sondern macht sichtbar«.[16]

In der Zeichnung von 1916 übernahm Klee von der Kinderkunst noch ein weiteres Muster: die ausschließliche Konzentration auf jeweils nur einen bestimmten Teil der Zeichnung, so daß die Phantasie durch eine Kette von Assoziationen gelenkt wird, die sich von Mal zu Mal verändern, wie es bei dem Haus auf der linken Seite der Fall zu sein scheint, das sich in den Körper einer Figur verwandelt, die den Kopf in ihren Händen hält. Schließlich verweist die gesamte Serie jener Kompositionen aus den zwanziger Jahren, beispielsweise *Pastorale* von 1927 (Abb. 4.21) und *Baumschule* von 1929, die in Strukturen aufgebaut sind, ähnlich dem Gekritzel eines Kindes, bevor es zu schreiben gelernt hat, möglicherweise auf eine Kinderzeichnung in der Sammlung von Kandinsky und Münter, die Klee um 1910 dort gesehen hatte – allerdings ist dies ein so verbreitetes Merkmal der Kinderzeichnung, daß er es auch an anderer Stelle entdeckt haben könnte (Abb. 4.20).

Um 1917 verlagerte Klee seine Aufmerksamkeit auf einen anderen Aspekt der Kinderkunst, der enger mit der Erforschung seiner eigenen Kindheit zu tun hatte. Von der Art und Weise, wie Kinder Formen wahrnehmen und wiedergeben, gelangte er zur Ikonographie seiner ersten Zeichnungen, als könne er durch die Rückkehr zu den Gegenständen, die er damals gewählt hatte, auch die ehemaligen Impulse zurückgewinnen, die ihn zu diesen geführt hatten (Abb. 4.22). Die Katzen, die er 1890 im Alter von zehn oder elf Jahren inmitten von bunten Blumen, Tieren und Menschen gezeichnet hatte, erscheinen in Bildern wie *Revier eines Katers* (Abb. 4.23) von 1919 erneut. Das Motiv der *Kirche, die Uhr mit erfundenen Zahlen,* das der vierjährige Klee 1883 gemalt hatte, wird wieder in Werken wie *Wintertag kurz vor Mittag* von 1922 (Abb. 4.24, 4.25) sichtbar. Das in der Zeichnung aus dem Jahr 1884 dargestellte Pferd mit Schlitten und zwei Damen diente der Inspiration für Arbeiten wie *Tiergarten* von 1924 sowie *Überfall* und *Spaziergänger* aus dem Jahr 1925 (Abb. 4.26–4.29).[17]

Zu diesem Zeitpunkt begann Klee wohl auch, einer etwas weiter fortgeschrittenen Stufe der Kinderkunst Beachtung zu schenken. Die Zeichnungen einer Forelle und eines Bursches (»Forelle« und »Egli«) in einem Skizzenbuch von 1889, entstanden im »fortgeschrittenen« Alter von neun oder zehn Jahren, scheinen zu den Anregungen zu gehören, die der berühmten Serie von Fischdarstellungen aus den Jahren 1925, *Der Goldfisch* und *Fischzauber,* sowie dem Bild *Um den Fisch* von 1926 zugrunde lagen. Möglicherweise findet sich auch noch ein Nachklang der Erinnerung bei *Drei Fische*, einem Blatt aus einer Gruppe von Fischzeichnungen aus dem Jahr 1939 (Abb. 4.30–4.33).

Ein besonders überraschendes Beispiel für Klees Erforschung des Bewußtseinszustands, auf dem der kindliche Stil basiert, sind zwei Arbeiten: die eine, eindeutig signiert und 1919 datiert,[18] stammt von dem zwölfjährigen Felix und die andere, ein charakteristisches, familiär geprägtes Bild dieser Periode, stammt von Paul Klee (Abb. 4.34, 4.35). In diesem Fall hat Klee buchstäblich eine *Kopie* der oberen Hälfte von der Komposition seines Sohnes angefertigt.[19] Dieses Bilderpaar macht deutlich, mit welcher Intensität sich Klee dem Versuch verschrieben hatte, die innere Welt des Kindes, mit welchen Mitteln auch immer, für sich selbst wiederaufleben zu lassen. Offensichtlich sollte dieses Verfahren seiner eigenen Erfahrung dienen, nicht den Augen anderer; aber es hilft uns, das allgemein Menschliche der Fragen zu verstehen, die die Entwicklung der großen Meister vorantreiben – Fragen, mit denen

Seite 110 →

4.17 Paul Klee
Kosmische Composition
1919, 165

4.21 Paul Klee
Pastorale (Rhythmen)
1927, 20 (K 10)

4.20 Kinderzeichnung (Kätchen Busse)
KIZ 52 (Vs)

4.22 Paul Klee
Ohne Titel (Mit Haus und Treppe)
1890

4.23 Paul Klee
Revier eines Katers
1919, 49

4.27 Paul Klee
Tiergarten
1924, 273

4.25 Paul Klee
Kirche, die Uhr mit erfundenen Zahlen
1883, 17

4.26 Paul Klee
Pferd, Schlitten und zwei Damen
1884, 9 (A)

4.24 Paul Klee
Wintertag kurz vor Mittag
1922, 6

4.31 Paul Klee
Der Goldfisch (Der goldene Fisch)
1925, 86 (R 6)

4.30 Paul Klee
Skizzenbuch (Seite 14)
1889, N/SB, Fisch

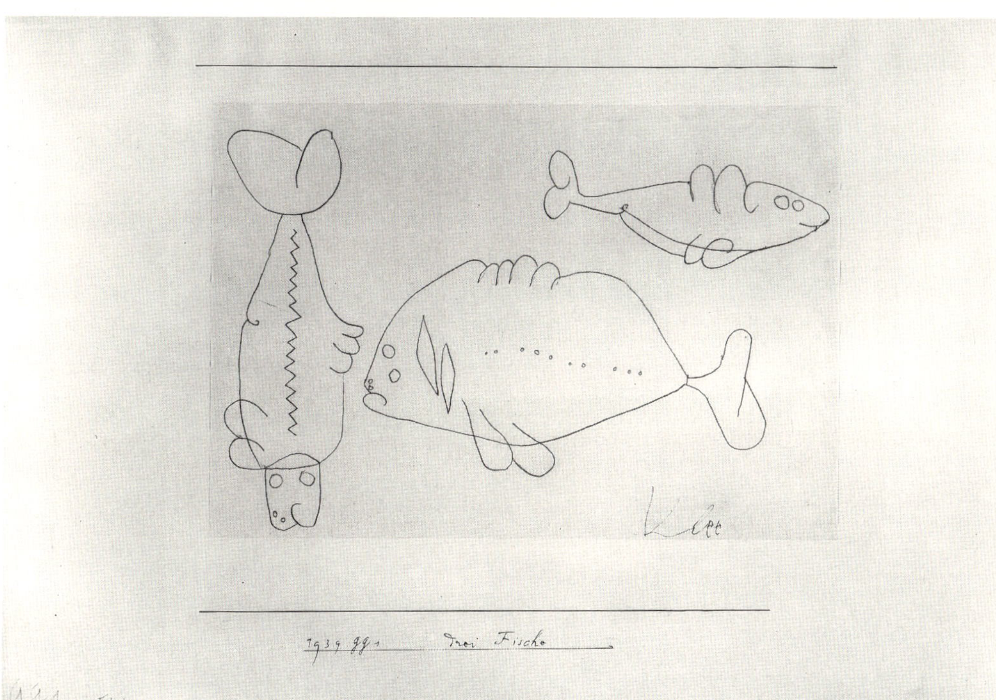

4.32 Paul Klee
Fischzauber
1925, 85 (R 5)

4.33 Paul Klee
Drei Fische
1939, 621 (GG 1)

4.34 Felix Klee
Zeltstadt mit blauem Fluß und
schwarzer Zick-Zack-Wolke
Februar 1919

4.35 Paul Klee
Ohne Titel (Zeltstadt im Gebirge)
1920, Verso gespalten

4.28 Paul Klee
Überfall
1924, 202

4.29 Paul Klee
Spaziergänger
1925, 104 (A 4)

sich jeder identifizieren kann. Eine gute Kinderzeichnung ist von einer Frische und Vitalität, die wir alle unmittelbar spüren. Hier setzt sich ein großer Künstler mit dieser Erfahrung auseinander, indem er versucht, sie mit eigener Hand nachzuvollziehen. Dabei ist die Version des Erwachsenen letztlich immer noch in Probleme der Erwachsenenwelt eingebunden, so etwa in das Problem der Darstellung eines kubistischen Raumes auf der Fläche, das Klee in diesem Fall durch Abschneiden der unteren Hälfte des Entwurfs von Felix löst.

Vermutlich wußte niemand von diesem ungewöhnlichen Experiment, doch das Überhandnehmen einer ›kindhaften‹ Darstellung von Motiven in Klees Werk gab reichlich Anlaß zu Diskussionen, vor allem dann, als Klee um 1918 erfolgreicher zu werden begann und vermehrt die Aufmerksamkeit der Kunstkritik auf sich zog. Herwarth Walden war der erste, der die kindliche Qualität von Klees Stil als eine der großen Stärken des Künstlers erkannte.[20] Überdies machte es Klee nichts aus, wenn seine Bilder mit denen von Kindern verglichen wurden. »Die Herren Kritiker sagen es oft, daß meine Bilder Kritzeleien oder Schmierereien von Kindern gleichen. Mögen sie ihnen gleich sein! Die Bilder, die mein kleiner Felix gemalt hat, sind bessere Bilder als die meinen«, bemerkte er am Bauhaus gegenüber Lothar Schreyer.[21] Auch Theodor Däubler lobte Klee als einen Künstler, der »wie ein Kind im Mannesalter schaut«.[22]

Indessen hat Klee bei allem, was er vom Vokabular der Kinderkunst lernte, sicherlich *nicht* »wie ein Kind im Mannesalter« geschaut, obwohl er bisweilen große Anstrengungen unternommen hat, um einzelne Arbeiten zu schaffen, die diesen Eindruck erweckten. Beispielhaft hierfür ist die Folge stilistischer Veränderungen, die Klee um 1920 am Bild eines Seedampfers vornahm, den er mit neun oder zehn Jahren in ein Skizzenbuch von 1889 gezeichnet hatte (Abb. 4.36).[23] Er nahm das Motiv des Bootes – mit Schornstein, Schaufelrad und Anker – und experimentierte damit in einer vielgestaltigen Serie von einheitlichen stilistischen Systemen. In der Zeichnung *Der Weg von Unklaich nach China* (Abb. 4.37) aus dem Jahr 1920 plazierte Klee das Motiv in die graphisch stilisierte Landschaft eines schematisierten Raumes mit Pfeilen und Anmerkungen, die durch die präzis kontrollierte Linienführung wie eine Art technische Zeichnung wirkt. Im Jahr 1921 zeichnete er *Erinnerung an Lugano* mit expressionistischem Akzent und machte 1922 eine Lithographie mit dem Titel *Dampfer vor Lugano* daraus (Abb. 4.38, 4.39). Eine weitere Variante zeigt das Blatt *Boote, das sechste am Steg,* aufgefaßt in der Manier eines kleinen Kindes (Abb. 4.40).

Das Gemälde *Gelber Hafen* (Abb. 4.41) bietet eine formellere und zeichenhaftere Version des Schiffes, das hier in einem Hafen plaziert ist, der gleichzeitig als ein flaches Stück Papier deutbar ist – ein regelmäßiges Rechteck, das sich in geometrischer Perspektive erstreckt. Klee schuf *Gelber Hafen* im Jahr 1921 gerade zu der Zeit, als er sich auf seine erste Lehrtätigkeit am Bauhaus vorbereitete. Er nahm seinen Unterricht im Januar dieses Jahres auf und begann im Mai mit einer Folge von Vorträgen über Kompositionskunst, die jeden Freitagabend stattfanden. Wie es sich für einen gründlich ausgebildeten Lehrer gehörte, stützte sich Klee auf der Suche nach Anregungen für diese Aufgabe auf die klassischen Abhandlungen über Malerei – in dem Bild *Gelber Hafen* vor allem auf den Ratschlag Leonardo da Vincis, daß es bei der räumlichen Darstellung ebenso wichtig sei, die atmosphärische Perspektive zu berücksichtigen wie die mathematische.

Die Aufzeichnungen zu Klees theoretischem Unterricht, der im Spätherbst begann, sind ebenfalls erhalten. Sie beginnen, wie bei Leonardo, mit dem Punkt und seiner

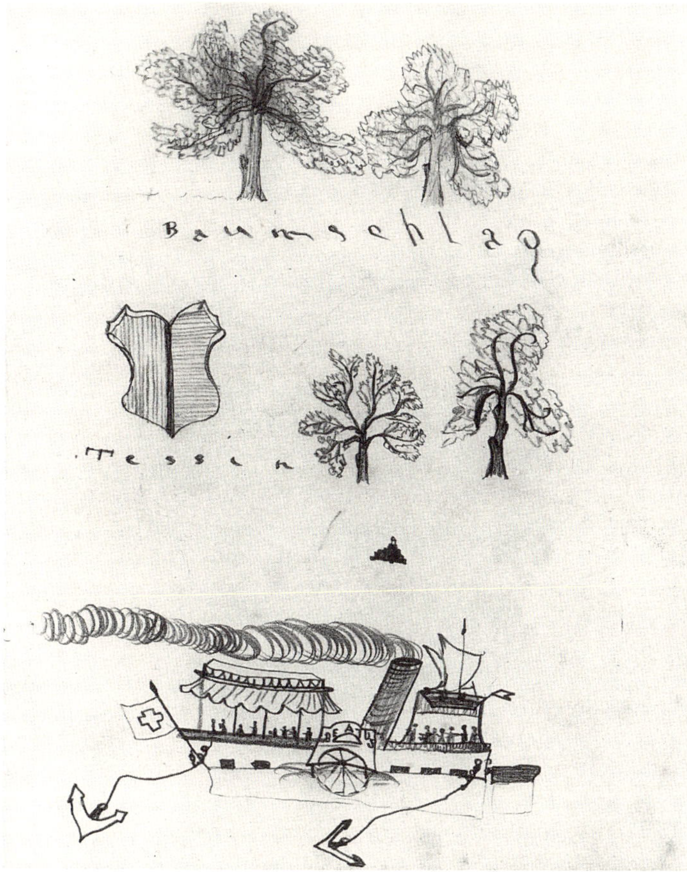

4.36 Paul Klee
Skizzenbuch (Seite 12):
Kinderzeichnung (Boot)
1889 N/SB

4.37 Paul Klee
Der Weg von Unklaich nach China
1920, 153

4.38 Paul Klee
Erinnerung an Lugano
1921, 204

4.39 Paul Klee
Dampfer vor Lugano
1922, 67

4.42 Kinderzeichnung
(aus der Sammlung Wassily Kandinsky)
Vermutlich aus den zwanziger Jahren

4.43 Kinderzeichnung
(aus der Sammlung Wassily Kandinsky)
Vermutlich aus den zwanziger Jahren

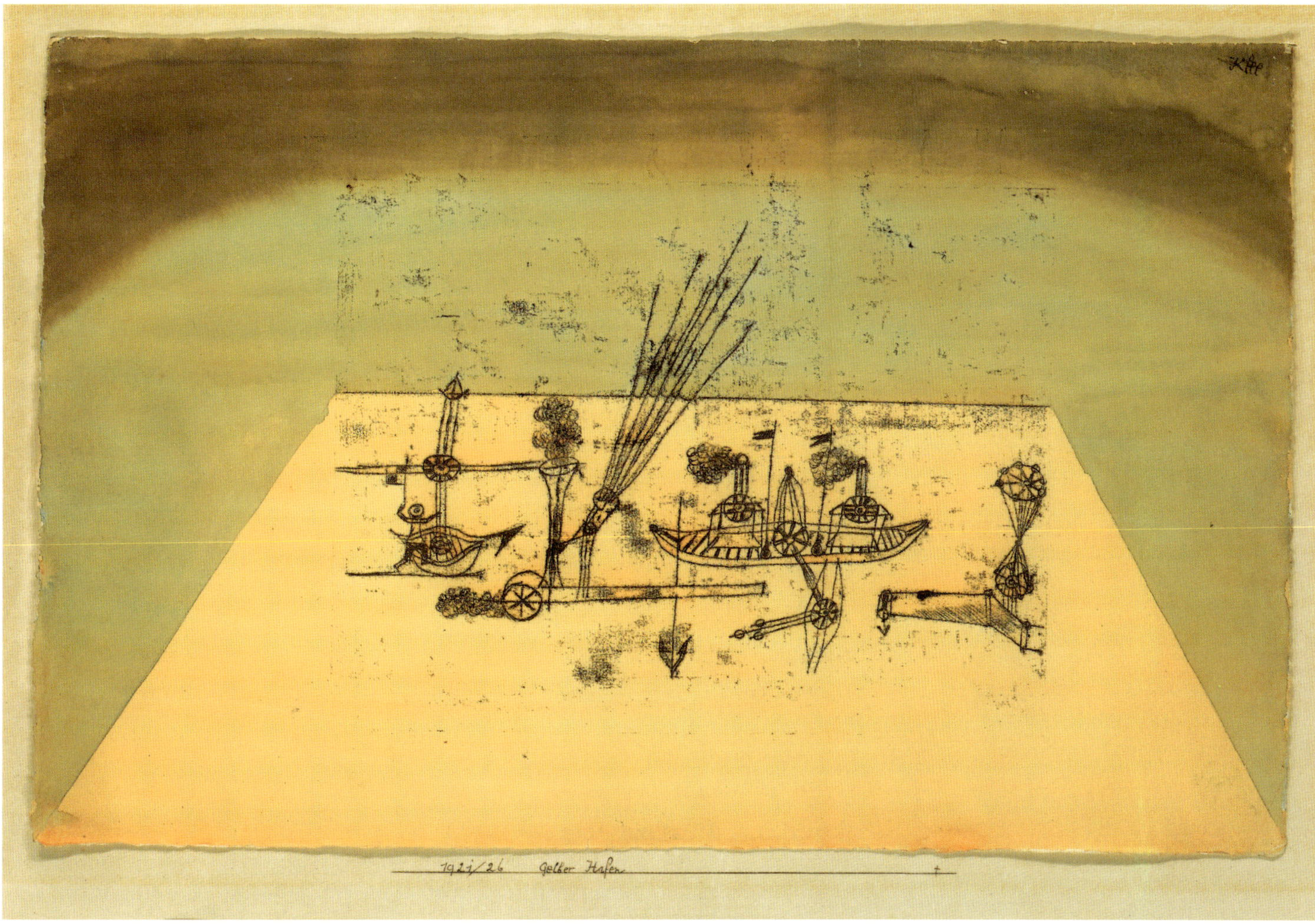

4.41 Paul Klee
Gelber Hafen
1921, 26

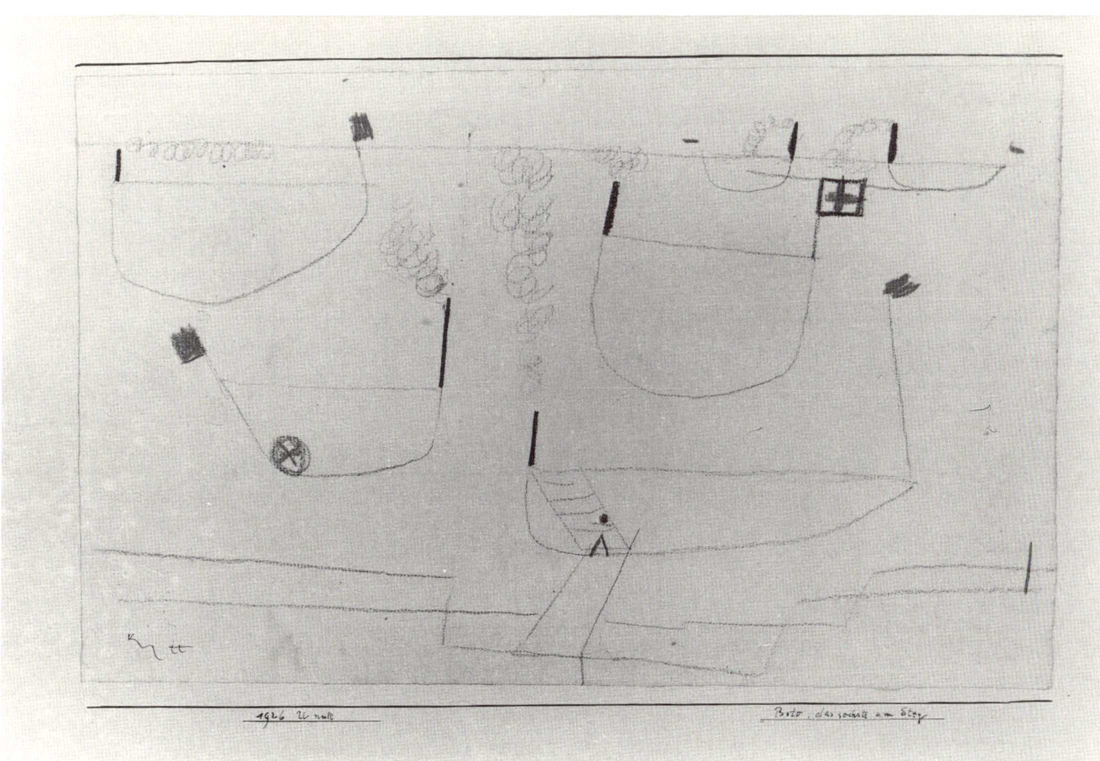

4.40 Paul Klee
Boote, das sechste am Steg
1926, 200 (U null)

Ausdehnung zu Linien und Flächen. Darauf ging Klee fast unmittelbar zur Verwendung der Linie in den Piktogrammen von Eingeborenen und den ersten Kritzeleien von Kindern über. In seiner zweiten Vorlesung vom 28. November 1928 personifizierte er zwei konvergierende und wieder divergierende Linien als Begegnung und Trennung zweier Gefährten und fuhr dann fort, die Perspektive in einer ähnlich anekdotischen Form zu diskutieren: »Stellen wir uns darunter [...] Eisenbahnschienen vor. Das hat nun etwas sehr Irreführendes? Denn diese Linien sind doch wahrhaftig divergent genug! Eisenbahnschienen, die sich immer mehr voneinander entfernen, das gibt ja die schönste Entgleisung, oder wenn man die entgegengesetzte Richtung annimmt, Eisenbahnschienen, die sich jenseits bald einmal kreuzen werden, das ist doch fast noch bedenklicher? Wie geht das also zu? Nun, wir sind eben aus dem flächigen Begriff unversehens ins räumliche Gebiet gelangt, in die dritte Dimension. Wir treiben Perspektive«.[24]

Mit dieser Veranschaulichung der Perspektive versetzte sich Klee nach Art eines Kindes in die Realität des Bildes. Die naive Fähigkeit, das zu sehen, was wirklich da ist, also die Konvergenz der Linien statt der scheinbaren Distanz, die die Konvention vorschreibt, läßt einen Teil dessen erkennen, was Klee an der Kinderkunst interessierte, und läßt zugleich das Wissen um die zeichenhafte Bedeutung evident werden, mit der er die naive Kinderzeichnung eines Bootes in diese verschiedenen stilistischen Systeme gesetzt hat. Darüber hinaus liegt diesem Vorgehen eine subtile Metaphysik zugrunde, die alles andere als kindlich ist.

Klee vertrat eine im wesentlichen symbolistische Auffassung von der Natur als einem Zwischenreich, in dem die platonischen »Ideen« unvollkommen realisiert seien. So schrieb er zum Beispiel, die »reinen Farben« des Regenbogens seien »eine jenseitige Angelegenheit. Das vermittelnde athmosphaerische Reich ist so gütig, sie uns zu vermitteln, aber nicht in ihrer jenseitigen Form, die unendlicher Natur sein muss, sondern in einer Zwischenform.« Die Unvollständigkeit des Regenbogenspektrums, das bei Violett endet, statt ein geschlossenes Kontinuum bis zur Farbe Rot herzustellen, drücke die ewige Tragödie der materiellen Existenz wie der Situation des Menschen aus: »Dabei mag Violett als Bruchstelle des Angriffs jener Macht vermerkt bleiben, die umgekehrt die göttlichen Dinge vermenschlicht und umformt, um sie uns zu offenbaren. Jener Vorgang würde sich also abgespielt haben, dass dem Farbkreis bei violett Gewalt angetan wurde, wobei er zerriss, sich streckte und als Farbpunktreihe im Regenbogen daher marschierte. (die göttliche Tragik.)«[25]

Die Zeitschrift *Bauhaus* vom Sommer 1929 enthält mehrere Artikel über Kinderkunst, herausgegeben anläßlich einer Ausstellung von Kinderzeichnungen, die am Bauhaus stattfand. Die Veranstalterin war eine ehemalige Studentin Klees, die diesem den entscheidenden Einfluß auf ihre Sicht des Gegenstandes zu verdanken hatte.[26] Auch der Jugendpsychologe Hans-Friedrich Geist veröffentlichte in diesem Heft einen Beitrag, in dem er seine Versuche beschreibt, Kinder zur Montage von »nutzlosen« Materialien zu ermuntern, wie es ähnlich im Vorbereitungskurs am Bauhaus geschah.[27] Es ist leicht vorstellbar, daß Klee, ebenso wie sein Freund Kandinsky, an dieser Ausstellung von Kinderzeichnungen oder an der Sammlung, aus der sie ausgewählt wurden, mitgewirkt hatte. Es ist auch gut möglich, daß die Zeichnungen deutscher Kinder, die sich bis zu Kandinskys Tod im Jahr 1944 in dessen Besitz befanden, aus dieser Bauhaussammlung stammen (Abb. 4.42, 4.43). Sollte Klee diese Arbeiten bereits während der Vorbereitungen gesehen haben und nicht erst in der Ausstellung selbst, dann könnten die horizontalen Bänder in der auf

4.45 Bauhaus (Deckblatt)
Nummer 3, 3. Jahrgang,
Juli–September 1929

4.44 Paul Klee
Schauspieler-Maske
1924, 252

4.46 Kinderzeichnung
(aus der Sammlung Paul Klee)
Um 1930

Seite 14 der Zeitschrift *Bauhaus* abgebildeten Kinderzeichnung die im selben Stil gehaltene Darstellung des Kopfes in *Schauspieler-Maske* aus dem Jahr 1924 Klee dazu angeregt haben (Abb. 4.44, 4.45).
Wie auch immer, Klees Interesse an Kinderkunst war zu dieser Zeit wohlbekannt. Geist schenkte ihm zum fünfzigsten Geburtstag sogar eine Sammlung von Aquarellen, die von Kindern gemalt waren (Abb. 4.46–4.48). Überdies arbeitete Klee bis zum Ende seines Lebens an Variationen kindlicher Motive. Seine Variationen von 1939 zu der Zeichnung eines Zuges, die sein Sohn Felix 1913 im Alter zwischen fünf und sechs Jahren angefertigt hatte, bilden ein herausragendes Beispiel im Zusammenhang mit den Bildern *Bergbahn, Zwang dem Berg* und *Eisenbahn-Zug* (Abb. 4.49–4.52).[28] Die Bedeutung dieses Aspekts in Klees Erforschung der Kinderkunst ging jedoch nach 1930 zurück, zugunsten einer umfassenderen Rückwendung auf eine kindhafte stilistische Freiheit, die sein Spätwerk kennzeichnet.
Den Umschlag des obengenannten Heftes der Zeitschrift *Bauhaus* vom Sommer 1929 ziert die in Collagetechnik gefertigte Maske eines zehnjährigen Mädchens, die eine auffällige Ähnlichkeit mit einigen Gemälden Klees aus den dreißiger Jahren zeigt, zum Beispiel mit *Büste* (1930), *Lumpengespenst* (1933), *Hungriges Mädchen* und *Brand-Maske* aus dem Jahr 1939 (Abb. 4.53–4.57). Im letzten Jahrzehnt seines Lebens war Klees Aufmerksamkeit von etwas beansprucht, das direkter und unmittelbarer war als die epistemologischen Offenbarungen, die ihn seit etwa 1917 und in den zwanziger Jahren beschäftigt hatten. Im August 1935 erlitt er den ersten schweren Anfall der tödlichen Krankheit Sklerodermie, an der er im Frühjahr 1940

4.48 Kinderzeichnung
(aus der Sammlung Paul Klee)
Um 1930

4.47 Kinderzeichnung
(aus der Sammlung Paul Klee)
Um 1930

4.49 Paul Klee
Eisenbahn-Zug
1939, 609 (FF9)

4.50 Felix Klee
Ohne Titel (Eisenbahn)
1913

4.52 Paul Klee
Bergbahn
1939, 556 (CC 16)

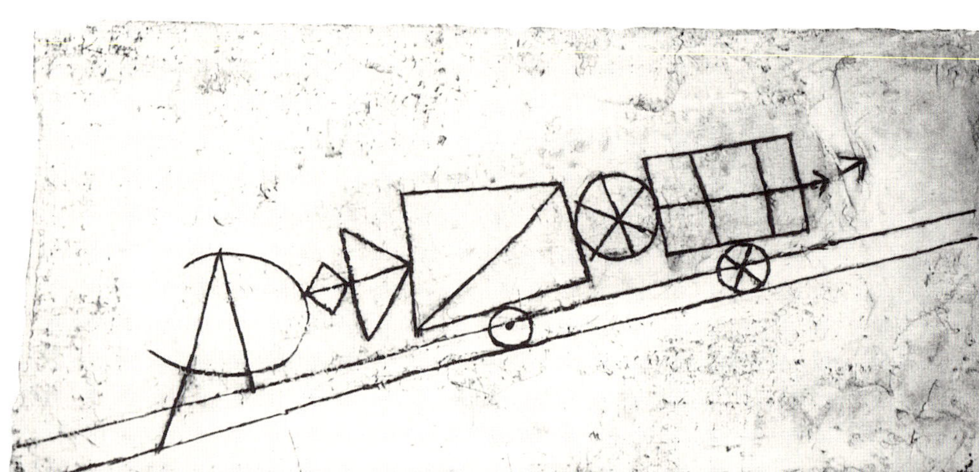

starb. In diesen letzten Jahren, die seine produktivsten waren, gelangte Klee, als er sich seinem bevorstehenden Tod gegenübersah, auf einen neuen Weg der geistigen Wiederentdeckung der Kindheit.

Klee war bereits Ende der zwanziger Jahre in seinen Vorträgen vor Studenten am Bauhaus zunehmend metaphysisch geworden. Zudem war er seit 1933 in einer umfassenden künstlerischen Krise begriffen, als die politischen Verhältnisse in Deutschland ihn in die Isolation der Stadt Bern zwangen, abseits der Gemeinschaft von den Künstlern, Galeristen und Sammlern, die während der Jahre in Deutschland Klees Lebensunterhalt sicherten und ihn mit intellektuellen Anregungen versorgten. Sicherlich bewegte ihn die Tragödie des Kriegsausbruchs im Jahre 1939, doch waren es eher innere als äußere Kräfte, die Klees späten Stil bestimmten. Josef Helfenstein hat Klees Spätwerk als »Vermächtnis« an ein inneres Leben beschrieben, das seinen Ausdruck hauptsächlich in den Zeichnungen fand, die Klee nach 1920 nicht mehr verkaufen wollte.[29]

Die Zeichnungen der Jahre 1938 und 1939 wie *Als ich noch jung war, Kindheit, Wieder kindisch* und *Kinder spielen Tragödie* spiegeln die Entschiedenheit, mit der der Künstler in den letzten zwei Jahren seines Lebens seine eigenen Anfänge wiederzufinden suchte (Abb. 4.58–4.61). Er zeichnete *Als ich noch jung war* und *Kindheit* ganz bewußt in der plumpen und unkontrollierten Manier eines Kindes; die karge Schlichtheit von *Wieder kindisch* und die ironische Verspieltheit von *Kinder spielen Tragödie* zeigen den Ausbruch einer erhöhten Empfindsamkeit gegenüber dem Leben als auch einer bitteren Ironie gegenüber dem Tod.

In Klees 1939 entstandener Zeichnung *Geist der Schiffer* verwandelt sich die Gestalt eines Mannes auf magische Weise in ein Schiff; in *Friedhof* aus demselben Jahr verschmilzt der Kontur eines kindlichen Torsos mit einer Landschaft. Beide Werke umschließen eine metaphysische Vorstellung der Verwandlung von einem Zustand in einen anderen im Tode. Der *Wander-Artist (ein Plakat)* aus dem Jahr 1940 (Abb. 4.62) scheint nahezu entmaterialisiert, bis zu einem Stadium, in dem die Figur zum Diagramm wird – vielleicht der Endzustand? Tatsächlich fällt das Zeichnen dieser Strichfiguren mit dem Ausbruch von Klees Krankheit im Jahr 1935 zusammen.

Im Jahr vor seinem Tod entstand auch das Bild *Beim blauen Busch* (Abb. 4.63). Die Einfachheit des Farbauftrags, die schemenhafte Strichfigur und die Aufschrift in ungelenken Buchstaben verweisen auf eine Rückwendung zu den Malversuchen der Kindheit. »Stelzich ein Bleib talein« ist die unbeholfene, phonetische Schreibweise eines Kindes von »Stellt sich ein, bleibt allein«, das bedeutet, daß er – der Künstler – eine Haltung einnimmt, die ihn isoliert. Er ist allein bei seiner künstlerischen und intellektuellen Suche und bei seiner letzten Auseinandersetzung mit der eigenen Sterblichkeit. Im Stil des Bildes wird eine Rückkehr des Künstlers zu seiner Kindheit erkennbar, als wollte er, angesichts des Todes, sein Leben noch einmal vor seinen Augen vorüberziehen lassen – auch dies ein Teil der »göttlichen Tragik«. Eine außerordentlich bewegende Reflexion des Künstlers über die Vergangenheit wird hier evident, über die Ursprünge seines Bewußtseins und über den natürlichen Kreislauf des Lebens.

4.51 Paul Klee
Zwang dem Berg
1939, 613 (FF 13)

4.55 Paul Klee
Lumpengespenst
1933, 465 (J 5)

4.53 Bauhaus (Seite 14)
Nummer 3, 3. Jahrgang,
Juli–September 1929

4.56 Paul Klee
Hungriges Mädchen
1939, 671 (JJ 11)

4.54 Paul Klee
Büste
1930, 265 (AE 5)

4.57 Paul Klee
Brand-Maske
1939, 274 (U 14)

4.58 Paul Klee
Als ich noch jung war
1938, 56 (E 16)

4.60 Paul Klee
Wieder kindisch
1939, 750 (NN 10)

4.59 Paul Klee
Kindheit
1938, 358 (V 18)

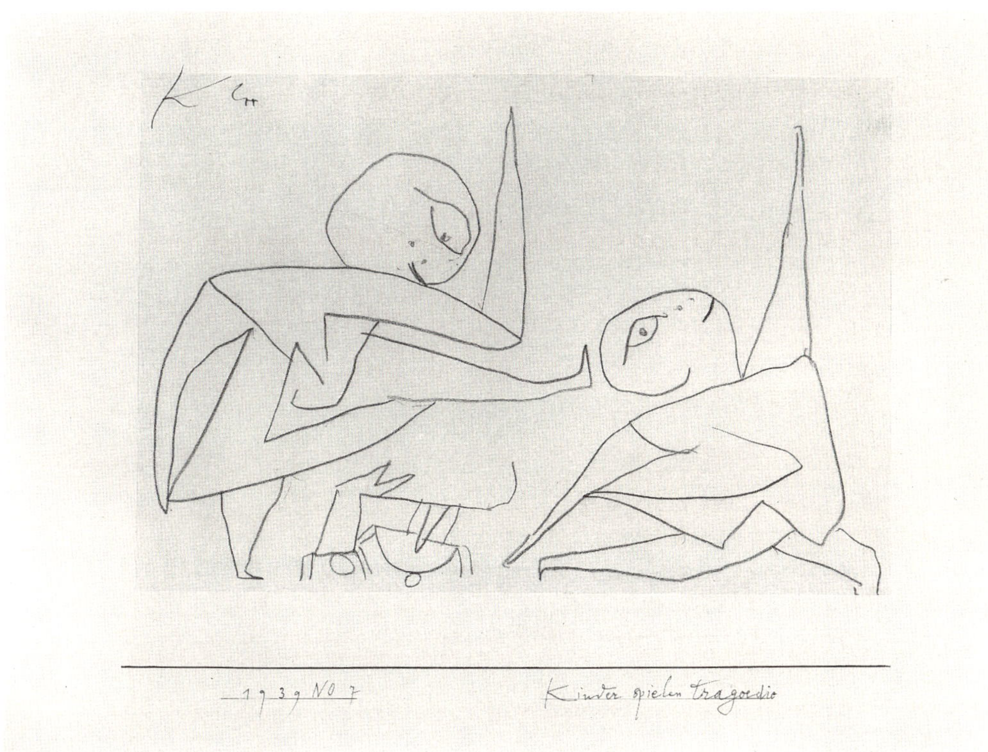

4.61 Paul Klee
Kinder spielen Tragödie
1939, 1207 (NO 7)

4.62 Paul Klee
Wander-Artist (ein Plakat)
1940, 273 (L 13)

4.63 Paul Klee
Beim blauen Busch
1939, 801 (RR 1)

1 Dylan Thomas, *A Child's Christmas in Wales,* New York 1959, o. S.
2 Paul Klee, Brief an Lily Stumpf, 3. Oktober 1902, in: Paul Klee, *Briefe an die Familie*, Bd. 1, 1893–1906, hrsg. von. Felix Klee, Köln 1979, S. 273.
3 Paul Klee in einem Artikel vom Dezember 1911 über die Ausstellung des *Blauen Reiters* in München für die schweizerische Zeitschrift *Die Alpen*; aufgenommen in seine Tagebücher: Paul Klee, *Tagebücher 1898–1918,* hrsg. von der Paul-Klee-Stiftung, bearbeitet von Wolfgang Kersten, Stuttgart 1988, Eintrag 905, S. 320–322.
4 Vgl. Jürgen Glaesemer, *Paul Klee: Handzeichnungen I,* Bern 1973, S. 105.
5 Paul Klee, *Briefe an die Familie*, Bd. 1 (Anm. 2), S. 171, 176; vgl. Glaesemer, *Paul Klee: Handzeichnungen I* (Anm. 4), S. 105.
6 Bis zum Frühjahr 1921 fuhr Klee fort, seine Tagebücher zu revidieren und mit Anmerkungen zu versehen. Vgl. Christian Geelhaar, »Journal intime oder Autobiographie? Über Paul Klees Tagebücher«, in: *Paul Klee: Das Frühwerk 1883–1992,* Ausst.-Kat. Städtische Galerie im Lenbachhaus, München 1980, S. 251 f.
7 Paul Klee, Brief an Lily Stumpf, 20. März 1905, in: *Briefe an die Familie,* Bd. 1 (Anm. 2), S. 489.
8 Paul Klee, Brief an Lily Stumpf, 31. März 1905, ibid., S. 492. Vgl. Otto Karl Werckmeister, »Klees ›kindliche‹ Kunst«, in: ders., *Versuche über Paul Klee,* Frankfurt am Main 1981, S. 134, und Marcel Franciscono, *Paul Klee: His Work and Thought,* Chicago 1991, S. 90.
9 Paul Klee, *Tagebücher 1898–1918* (Anm. 3), Eintrag 633, S. 212.
10 Ibid., Eintrag 748, S. 234.
11 Ibid., Eintrag 842, S. 282.
12 Klee hatte auch ein uneheliches Kind, das jedoch kurz nach der Geburt verstarb. Er erwähnt, daß er eine Affäre zu Neujahr 1900 hatte. Überdies zeugen die Einträge im April und Dezember 1900 von dieser Begebenheit. Er bemerkt dazu: »Recht weit hatte ich's ja nun gebracht. Ich war Dichter, ich war Lebemañ, ich war Satiriker, Künstler, Geiger! Nur etwas war ich nicht mehr: Vater. Das Kind meines Verhältnisses hatte sich nicht als lebensfähig erwiesen. Dafür drohten Schulden, drohte das Militär. Drohte das Fiasko in der angestrebten idealen Liebe. Eine Kreuzung von Göttlichem und von Lumpereien war es.« Vgl. Paul Klee, *Tagebücher 1898–1918* (Anm. 3), Einträge 90, 98, 124, S. 44, 45, 55.
13 Paul Klee in einem Artikel vom Dezember 1911 über die Ausstellung des *Blauen Reiters* in München für die schweizerische Zeitschrift *Die Alpen;* Nachdruck in: Paul Klee, *Tagebücher 1898–1918* (Anm. 3), Eintrag 905, S. 320–322.
14 Georg Kerschensteiner, *Die Entwicklung der zeichnerischen Begabung,* München 1905. Für eine eingehendere Diskussion der zeitgenössischen Untersuchungen zur Kinderkunst siehe J. S. Pierce, *Paul Klee and Primitive Art,* New York/London 1976 (Phil. Diss. Harvard 1961), und Jonathan Fineberg, *The Innocent Eye: The Art of Children,* erscheint demnächst (mit einer detaillierten Chronologie der Ausstellungsgeschichte und Literatur zur Kinderkunst). Werckmeister hat auch die Verbindung zwischen Klees *Kinder als Schauspieler* (1913) mit einer bei Kerschensteiner veröffentlichten Illustration aufgezeigt; siehe Werckmeister, »Klees ›kindliche‹ Kunst« (Anm. 8), S. 143–145. Vgl. Franciscono, *Paul Klee: His Work and Thought* (Anm. 8), S. 156–158.
15 Für diese faszinierende Einsicht bin ich Claude Picasso zu Dank verpflichtet; Gespräch mit dem Verfasser, Paris, 31. Mai 1991.
16 Paul Klee, »Schöpferische Konfession«, in: *Tribüne der Kunst und Zeit XIII,* hrsg. von Kasimir Edschmid, Berlin 1920 (entstanden 1918), S. 28. Nachdruck: Nendeln/Liechtenstein, Kraus Reprint, 1973, Bd. 3.
17 Es gibt zahlreiche weitere Beispiele, darunter die vielen Landschaften seit 1917 bis in die zwanziger Jahre, in denen die ›kindlichen‹ Formen der Bäume auf Aquarelle verweisen, die um 1890 entstanden. Werckmeister vermutet eine derartige Quelle für die 1918 entstandene *Landschaft der Vergangenheit,* siehe Werckmeister, »Klees ›kindliche‹ Kunst« (Anm. 8), S. 149–151. Solche allgemeineren Motive lassen sich aber auch in einer Reihe weiterer Werke finden, z. B. in *Der Niesen* von 1915, *Einsiedelei* und *Mit dem Adler,* beide 1918, und selbst in späten Arbeiten wie *Nach Regeln zu pflanzen* von 1935.
18 In dem kürzlich erschienenen Ausst.-Kat. *Paul Klee. Im Zeichen der Teilung* ist ein im Jahr 1920 entstandenes Foto von Klees Atelier abgebildet, worauf dieses Bild von Felix Klee unter Paul Klees eigenen Werken aufgestellt ist. Die Autoren des Katalogs kommen fälschlicherweise zu dem Schluß, daß es sich dabei um ein verlorengegangenes Werk von Paul Klee handle. Siehe Ausst.-Kat. *Paul Klee. Im Zeichen der Teilung,* Kunstsammlung Nordrhein-Westfalen, Düsseldorf, Staatsgalerie Stuttgart, 1995, S. 163, 171.
19 Da das Werk von Paul Klee nicht datiert ist, müssen wir die Möglichkeit einräumen, daß es früher als das Werk von Felix entstanden ist. Allerdings ist das sehr unwahrscheinlich, denn es würde bedeuten, daß das Kind eine bemerkenswert getreue Kopie der Arbeit des Vaters angefertigt hätte (was jenseits der technischen Fähigkeiten läge, die in der restlichen Darstellung erkennbar sind), und zwar nur in der oberen Bildhälfte, um die Landschaft dann im Stil des Vaters fortzuführen. Plausibler – obgleich sie auf einer Spekulation beruht – erscheint die Annahme, daß Paul Klee einfach die untere Hälfte der Komposition des Kindes abschnitt (um die Aspekte zu eliminieren, die eine konventionellere

perspektivische Raumdarstellung bewirkt hätten) und die obere Hälfte für seine eigenen Zwecke benutzte.

20 Herwarth Walden, *Einblick in die Kunst: Expressionismus, Futurismus, Kubismus,* Berlin 1917, S. 5, 9; zit. nach Werckmeister, »Klees ›kindliche‹ Kunst« (Anm. 8), S. 148f.

21 Paul Klee, »Gespräch mit Lothar Schreyer am Bauhaus«, in: Lothar Schreyer, *Erinnnerungen an Sturm und Bauhaus,* München 1956; zit. nach Felix Klee, *Paul Klee. Leben und Werk in Dokumenten, ausgewählt aus den nachgelassenen Aufzeichnungen und den unveröffentlichten Briefen,* Zürich 1962, S. 246.

22 Theodor Däubler, »Paul Klee«, in: *Das Kunstblatt,* Bd. 2, 1918, S. 24–27; zit. nach Werckmeister, »Klees ›kindliche‹ Kunst« (Anm. 8), S. 149.

23 Klee begann mit dem Motiv des Boots mit seitlichem Schaufelrad und Schornsteinen aus seinem Kindheitsskizzenbuch bereits in seinem Blatt *Zeichnung zum Unstern der Schiffe* von 1917 und in *Märchenbild mit See und Dampfschiff* von 1919 zu experimentieren, in denen auch Fische und andere Motive aus den Kinderzeichnungen auftreten.

24 Paul Klee, Vorlesung vom 28. November 1921, in: Paul Klee, *Beiträge zur bildnerischen Formenlehre,* faksimilierte Ausgabe des Originalmanuskripts von Paul Klees erstem Vortragszyklus am Staatlichen Bauhaus Weimar, 1921–1922, hrsg. von Jürgen Glaesemer, mit einer Einleitung und Transkription, Basel/Stuttgart 1979, Bd. 1, S. 14f.

25 Ibid., S. 155, 157.

26 Lene Schmidt-Nonne, »Kinderzeichnungen«, in: *Bauhaus,* Bd. III (3), Juli/September 1929, S. 13–16.

27 Hans-Friedrich Geist, »Schöpferische Erziehung«, in: *Bauhaus,* Bd. III (3), Juli/September 1929, S. 17–19.

28 Siehe Tilman Osterwold, *Paul Klee, Die Ordnung der Dinge, Bilder und Zitate,* Ausst.-Kat. Stuttgart 1975, S. 82ff., und Werckmeister, »Die Porträtphotographien der Zürcher Agentur Photopress aus Anlass des sechzigsten Geburtstages von Paul Klee am 18. Dezember 1939«, in: *Paul Klee: Das Schaffen im Todesjahr,* hrsg. von Stefan Frey und Josef Helfenstein, Ausst.-Kat. Kunstmuseum Bern, Bern 1990, S. 45f.

29 Josef Helfenstein, »Das Spätwerk als ›Vermächtnis‹«, in: *Paul Klee: Das Schaffen im Todesjahr* (Anm. 27), S. 61.

5 Pablo Picasso: Das Spiel mit der Form

Von Picasso wissen wir, daß er die Bilder seiner Kinder gelegentlich aufhob (Abb. 5.1–5.4)[1], doch im Gegensatz zu Larionow, Klee oder Kandinsky war er kein systematischer Sammler von Kinderkunst. Überdies verzichtete er in seinem eigenen Werk weitgehend auf direkte motivische Anleihen aus Kinderzeichnungen, wenngleich er sich sehr für die kindliche Sichtweise und die schöpferischen Prozesse der Kinderkunst interessierte: Stets sah er malenden und zeichnenden Kindern mit gebannter Aufmerksamkeit zu.

Im Jahre 1943 brachte der Fotograf Brassaï einen Jungen namens Étienne Didier in Picassos Atelier mit, um das zeichnerische Talent des Jungen von dem berühmten Künstler begutachten zu lassen. Brassaï war fasziniert von der Art und Weise, in der Picasso die Zeichnungen ansah: »Er betrachtet sie, als ob er noch nie eine Zeichnung gesehen hätte. Er läßt sie nicht aus den Augen. Er steht ganz im Banne dessen, was er sieht, ist unzugänglich für alles um ihn herum; er ist mit der ganzen Kraft seiner Aufmerksamkeit bei der Sache. Vielleicht sind seine unstillbare Neugier und seine Fähigkeit zu äußerster Konzentration der Schlüssel zu seinem Genie.«[2]

Jene Konzentration zeigt Picasso auch auf Fotos von David Douglas Duncan aus dem Jahr 1957, wo er mit seiner zeichnenden Tochter Paloma am Eßtisch in seinem Landhaus La Californie zu sehen ist.[3]

Bereits 1899 tauchen in einigen Studien kindlich anmutende Darstellungen auf (Abb. 5.5 oben links), die ein Interesse an den stilistischen Eigenheiten der Kinderkunst sowie an der Karikatur bekunden. Unklar ist freilich, ob diese Zeichnungen von Picasso selbst oder von einem Kind stammen. Ein Skizzenbuch aus demselben Zeitraum enthält zwei Zeichnungen, bei denen offensichtlich letzteres zutrifft (Abb. 5.6, 5.7). Auf einem dieser Blätter hat ein Kind den Umriß seiner Hand nachgezeichnet und eine recht ungeschickt wirkende Darstellung von zwei Blumen hinzugefügt; in der Aufschrift »feur« fehlt der Buchstabe l. Eine weitere Arbeit zeigt eine Kinderzeichnung mit zwei menschlichen Figuren: einen Mann mit der Bezeichnung »homme« und eine Frau, die in einem jeweils unterschiedlichen Maßstab dargestellt sind. Neben ihnen sind zwei Motive zu erkennen, die wie Kirschen aussehen, sowie einige weitere Formen, die unvollständig zu sein scheinen und mehrmals durchgestrichen sind. Inmitten des Durchgestrichenen sieht man Spuren von drei mißglückten Versuchen, den Namen »Lucie Mar…« zu schreiben. Hierbei handelt es sich wohl um den Namen der jungen ›Künstlerin‹; nur die letzten Buchstaben sind unleserlich. Daß Picasso schon um 1900 einem Kind erlaubte, in seinem Skizzenbuch zu zeichnen, deutet auf ein frühes Erwachen seines Interesses an der Kinderkunst hin, einem Thema, mit dem er sich immer wieder befaßte. Fast ein halbes Jahrhundert später, im Jahre 1946, bemerkte er in einem Gespräch mit Brassaï: »Wenn Kinder draußen auf der Straße oder an den Wänden zeichnen, bleibe ich immer stehen. Was unter ihren Händen entsteht, ist erstaunlich, ich lerne oft etwas dabei.«[4] Aber was genau »lernte« er? Schon 1913 verwies Apollinaire auf die kindliche Freiheit des

5.1 Paloma Picasso
Zeichnung mit Autos
1956

5.2 Claude Picasso
Mensch und Tier
18. Februar 1953

5.3 Claude Picasso
Mensch, Grotte und Elefant
1953

5.4 Paloma Picasso
Reitendes Mädchen
Um 1956

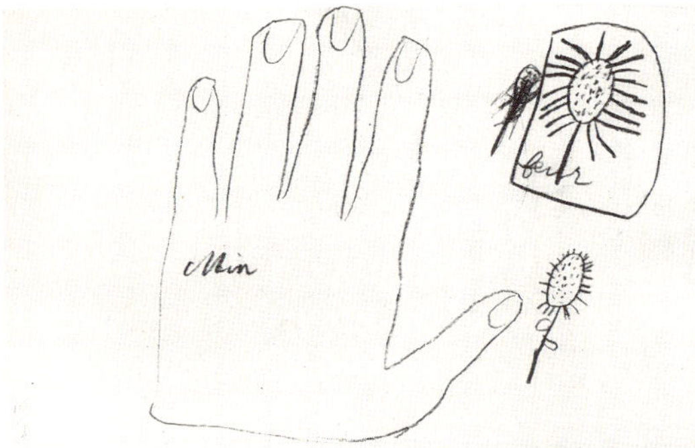

5.6 Kinderzeichnung (anonym)
Im »Carnet deux« von Pablo Picasso
1901

5.7 Kinderzeichnung (anonym)
Im »Carnet deux« von Pablo Picasso
1901

5.8 Pablo Picasso
Les Demoiselles d'Avignon
Frühjahr 1907

Ausdrucks in Picassos Malerei und meinte, der Künstler sei wie »ein Neugeborener, der Ordnung im Weltall schafft: für seinen persönlichen Gebrauch und zugleich, um seine Beziehungen zu seinesgleichen zu erleichtern.«[5]

Einen weiteren Einblick in diese Beschäftigung mit der Kinderkunst bietet die bekannte Episode aus dem Jahre 1907, als Picasso und Matisse Bilder tauschten. Picasso entschied sich für *Marguerite* (Abb. 1.13), ein um 1906 entstandenes Porträt von Matisses Tochter. Laut John Richardson begründete er seine Wahl mit dem Hinweis, Matisse sei durch das Studium von Zeichnungen seiner beiden Söhne, des damals achtjährigen Jean und des siebenjährigen Pierre, zu seinen kühnen und gewagten Vereinfachungen gelangt. Im Gespräch mit seinem Biographen Richardson erzählte Picasso, die »Ausbeutung der instinktiven kindlichen Sicht durch Matisse« habe ihn »außerordentlich interessiert«.[6] Pierre Daix gegenüber erklärte er sogar, die Darstellung der Nasen der beiden Mittelfiguren in *Les Demoiselles d'Avignon* (Abb. 5.8) sei direkt durch Matisse angeregt worden, der beim Bildnis seiner Tochter die Technik von Kinderzeichnungen imitierte, indem er das Gesicht von vorn, aber die Nase im Profil zeigte.[7]

Demnach hat es den Anschein, als habe Picasso in *Les Demoiselles* absichtlich versucht, zum »Genie der Kindheit« zurückzufinden, jenem »Stadium [...] wunderbarer Visionen«, das aber »in einem bestimmten Alter [...] verschwindet [...] ohne Spuren zu hinterlassen.«[8] Tatsächlich ist ein erheblicher Teil von Picassos Œuvre von einer kindlichen Spontaneität der Beobachtung geprägt. Auffallend ist dieser Zug vor allem in den Darstellungen seiner eigenen Kinder, so zum Beispiel in *Maya mit Puppe* (1938), *Der zweijährige Claude und sein Holzpferd* (1949) und *Mutter mit spielenden Kindern* von 1951 (Abb. 5.9, 5.10). Picasso selbst hatte vier Kinder. Seine erste Ehefrau Olga war die Mutter von Paolo, der 1921 geboren wurde. Maya, seine Tochter aus zweiter Ehe mit Marie-Thérèse Walter, wurde 1935 geboren. Demzufolge war sie knapp drei Jahre alt, als Picasso die Bildnisse von ihr mit Puppe und Boot schuf. Es folgten schließlich die beiden Kinder aus der Ehe mit Françoise Gilot: Claude und Paloma, 1947 beziehungsweise 1949 geboren, die noch im Kleinkindalter waren, als ihr Vater zu Beginn der fünfziger Jahre *Mutter mit spielenden Kindern* malte und die spielerischen Skulpturen *Seilhüpfendes Mädchen* (1950) und *Pavian mit Jungem* (1951) schuf (Abb. 5.11, 5.12).

Picasso hatte anscheinend große Freude an seinen Kindern, die uneingeschränkten Zugang zu ihm hatten: Selbst im Atelier durften sie ihn jederzeit besuchen. Paloma erzählt, wie sie im Atelier saß und still vor sich hin zeichnete, während er arbeitete, und sie erinnert sich heute noch gern an seine verspielte Natur, so zum Beispiel an die Art, wie er Seifenschaum benutzte, um lustige Augenbrauen oder Schnurrbärte zu malen, wenn er oder die Kinder in der Badewanne saßen. Kaum war er mit der einen ›Malerei‹ fertig, so ›radierte‹ er sie aus und begann mit einer neuen.[9] Der Künstler machte sein Werk zu einem selbstverständlichen Teil des Familienlebens und bezog seine Kinder in den Arbeitsprozeß mit ein. Er benutzte den Eßtisch häufig zum Zeichnen und schob die Blätter einfach beiseite, wenn das Essen fertig war. Claude erzählt, wie er sich als Kind freute, wenn sein Vater ihn als Gehilfen einsetzte, um einen Gipsabguß beim Trocknen festzuhalten oder die offenen Partien eines Linolschnitts zu bearbeiten.[10]

Bis zum Ende der dreißiger Jahre blieb dieses Moment der kindlichen Offenheit Picassos eher latent spürbar; nach Mayas Geburt trat es jedoch stärker hervor, und um 1950 gewann es eine herausragende Bedeutung. Zu diesem Zeitpunkt hatte der fast siebzigjährige Künstler drei Kleinkinder im Haus; neben Claude und Paloma

5.5 Pablo Picasso
Notizen (Skizzenblatt mit verschiedenen Köpfen und einer weiblichen Halbfigur)
Barcelona 1899/1900

5.9 Pablo Picasso
Maya mit Puppe
16. Januar 1938

5.10 Pablo Picasso
Der zweijährige Claude und sein Holzpferd
9. Juni 1949

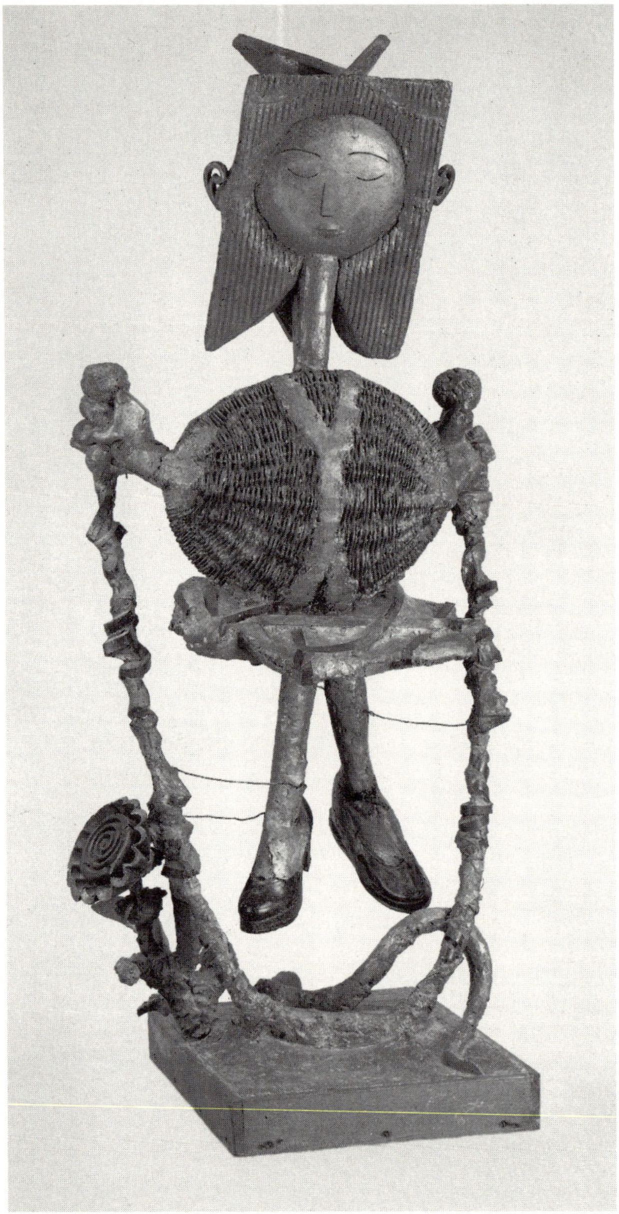

5.11 Pablo Picasso
Seilhüpfendes Mädchen
1950

5.12 Pablo Picasso
Pavian mit Jungem
Oktober 1951

lebte dort auch Catherine, die 1948 geborene Tochter Jacquelines. Dies mag erklären, warum sein Werk in den fünfziger Jahren weniger ›klassisch‹ geprägt ist. Die zeichnerische Disziplin wurde zugunsten einer größeren expressiven Freiheit gelockert. In seinem Spätwerk (Abb. 5.13) zeigt sich Picasso von einer weitaus spontaneren Seite als in seinem übrigen Œuvre. Er nimmt eine Haltung kindlicher Unschuld ein, die sich in mehreren Facetten seiner Kunst bemerkbar macht: in der Ergründung der Sexualität und beim Auskosten der taktilen Freuden des Farbauftrags ebenso wie in der verstärkt erfinderischen Offenheit gegenüber dem *objet trouvé*.
Im Zuge dieses inneren Wandels kehrte Picasso auch zur Kunstgeschichte zurück, zu den Meistern der Vergangenheit, die seine eigene künstlerische Entwicklung maßgeblich beeinflußt hatten. In seinen Variationen zu den Gemälden *Las Meniñas*

5.13 Pablo Picasso
Liegender Akt
14. Juni 1967

von Velázquez und *Das Frühstück im Freien* von Manet (Abb. 5.14, 5.15) setzte er sich mit diesen großen Werken aufs neue auseinander: mit den Augen eines Kindes. Doch selbst hier – etwa bei der räumlichen Gliederung des Hintergrundes in Picassos Version von *Las Meniñas* oder der abstrahierenden Darstellung der Aktfigur in *Das Frühstück im Freien* – wird bei näherer Betrachtung der bestimmende Einfluß kubistischer Formprinzipien deutlich, die im Kontext mit den Kunstzitaten für ein hohes Maß an Komplexität sorgen.
Es gibt kaum eine Arbeit des späten Picasso, deren Stil nur *einem* Muster oder Vorbild folgte. Beim Entwurf der *Demoiselles d'Avignon* spielen zum Beispiel nicht nur Kinderzeichnungen eine wesentliche Rolle, sondern auch Anregungen aus zahlreichen anderen Quellen, beispielsweise der Malerei Cézannes, der ägyptischen Kunst und durch die Wächterfiguren der Bakota. Selbst in einem Bild wie *Maya mit*

Puppe (Abb. 5.9), wo die Kindlichkeit des Themas im Vordergrund steht, verweist nur die bewußt unbeholfene Zeichnung der Hände und Füße eindeutig auf die Kinderkunst. Die komplexe Technik der simultanen Wiedergabe verschiedener Ansichten bei der Darstellung des Gesichts hat nichts mehr mit Kindern oder Kinderkunst zu tun. Besonders relevant ist in diesem Zusammenhang die Beschreibung von Picassos kindlicher Objektivität in Gertrude Steins bedeutendem Essay, der 1938, im Entstehungsjahr von *Maya mit Puppe*, erschien:

Das Kind sieht das Antlitz seiner Mutter, sieht es auf ganz andere Weise als andere Menschen [...] sicher sieht das Kind eine Weile nur einen Teil des mütterlichen Gesichts, kennt nur einen bestimmten Zug und keinen andern, nur die eine Seite und nicht die andere, und auf seine Weise erkennt Picasso Gesichter wie ein Kind, ebenso Kopf und Körper [...] Meistens sieht man von einem Menschen, mit dem man zusammen ist, wirklich nur einen Zug; die übrigen Züge sind verdeckt von einem Hut, vom Licht, von Sportkleidern, und jeder ist daran gewöhnt, das Ganze durch Wissen zu vervollständigen; aber wenn Picasso ein Auge sah, war das andere für ihn nicht vorhanden, und nur dasjenige, welches er sah, war für ihn vorhanden [...] und so war der Kubismus Picassos ein Bestreben, ein Bild von diesen sichtbaren Dingen zu machen. Das Ergebnis war beunruhigend für ihn und die andern.[11]

Die Rede vom avantgardistischen Künstler als jemandem, der die Dinge anders sieht als andere und dessen begnadete Sichtweise folglich besonders verstörend wirkt, gehört inzwischen zu den abgegriffensten Klischees der Kunsttheorie. Doch die Triebhaftigkeit, Aggressivität und Gier des Kleinkindes sind nach wie vor tatsächlich verstörend. Nichts könnte schockierender sein als die Enthüllung all dessen, was die Zivilisation – in Gestalt von Verhaltensnormen, Bildungsideen und familiärem Zwang – systematisch ins Reich des Unbewußten verbannt hat. Je weiter Picasso in dieses verborgene Reich vordrang, desto häufiger wurde er selbst als ›kindisch‹ abgestempelt. Diesen Vorwurf bekam der Künstler oft zu hören. Mitte der sechziger Jahre meinte beispielsweise der Kritiker John Berger zu dem damals geschaffenen Werk Picassos, er habe sich darauf zurückgezogen, »wie ein Kind zu spielen [...]. Wenn überhaupt Kraft oder Leidenschaft vorhanden ist, dann ist es die eines Malers, der zum Malen verurteilt ist, ohne etwas zu sagen zu haben.«[12] In den letzten Jahren ist diese Ansicht gründlich revidiert worden. Gerade jene Arbeiten aus Picassos expressiver Spätphase, die Berger damals verriß, werden heute zu den Meisterwerken des Künstlers gezählt.[13]

In der Phantasie des Kindes kann sich ein Kaminbock in den Schwanz eines Tieres verwandeln, oder eine Schüssel voll Wasser kann eine Lagune sein. Kinder nehmen Gegenstände anders wahr und fühlen sich nicht dazu gezwungen, sie nach ihrem konventionellen Gebrauch zu interpretieren. Eine entsprechende Steigerung der Objektivität durch Verfremdung, die Gertrude Stein als charakteristisch für Picassos eigene Sichtweise bezeichnete, bildete für ihn das Faszinosum der Kinderkunst. Seine 1951 entstandene Skulptur *Pavian mit Jungem* konstruierte er beispielsweise aus mehr oder weniger zufällig gesammelten Fundstücken. Neben den zwei Spielzeugautos, die sein Galerist Kahnweiler für den damals vierjährigen Claude eines Tages als Geschenk mitgebracht hatte, benutzte er Holzstücke für die Beine, ein Keramikfragment für den Bauch, eine Metallfeder aus einem Auto für den Schwanz und Vasengriffe für die Schultern und Ohren. Diese Verwandlung alltäglicher Materialien in Kunst zeugt von einer genuin kindlichen Erfindungsgabe.

5.15 Pablo Picasso
Das Frühstück im Freien
27. Februar 1960

5.14 Pablo Picasso
Las Meniñas
19. September 1957

5.17 Pablo Picasso
Skizze III für »Guernica«
1. Mai 1937

5.18 Pablo Picasso
Pferd, Skizze IV für »Guernica«
1. Mai 1937

Seilhüpfendes Mädchen ist eine ähnlich improvisierte Assemblage, bestehend aus einem Korb, einer Pralinenschachtel, diversen Kartonresten, einem Paar Kinderschuhen und einer Kuchendekoration, die mit Pflastern zusammengeklebt wurden. Die Schwierigkeiten, die sich beim Versuch ergaben, diese Teile auf dem dünnen Hüpfseil zu montieren, waren möglicherweise die Ursache für die erhebliche Verzögerung bei der Fertigstellung der Arbeit.[14] Schließlich fügte Picasso die Blume und die Schlange hinzu, um das Seil jeweils auf einer Seite zu verstärken. Die Schlange bildet zudem einen scherzhaft-ironischen Kontrapunkt zur ›Unschuld‹ des Mädchens, das vor Schreck in die Luft springt.

Die erstaunliche Schrankenlosigkeit Picassos bei der Kombination dieser disparaten Gegenstände beruht auf einem spielerischen Umgang mit Formen, der bereits für die Entstehung des Kubismus charakteristisch ist. Picassos größte Gabe bestand in seiner Fähigkeit, die Dinge aus ›objektiver‹ Sicht wahrzunehmen, als reine Formen, losgelöst von ihrer gewöhnlichen Funktion und Bedeutung. Dieses Vermögen versetzte den Künstler nicht nur in die Lage, zufällig gefundene Gegenstände und Motive in ein einheitliches Konzept zu integrieren, sondern es ermöglichte ihm auch, unterschiedliche stilistische Ansätze innerhalb desselben Bildes miteinander zu verbinden. In *Nächtlicher Fischfang in Antibes* von 1939 (Abb. 5.16) mutet beispielsweise die flächige Darstellung des Fisches überaus kindhaft an, während die Zeichnung der Faust mit Harpune genaue Kenntnisse der Anatomie verrät. Dennoch vereint die Komposition die beiden gegensätzlichen Stilmuster zu einem harmonischen Ganzen.

Die bildnerische Sprache des Kubismus, insbesondere die Idee der Collage, wurde von der Fähigkeit Picassos, verschiedene Stile miteinander zu verknüpfen, entscheidend mitgeprägt. Selbst in seiner intellektuell anspruchsvollsten Formulierung hängt die kubistische Formensprache Picassos im wesentlichen von seiner Gabe des Sehens ab, die es ihm erlaubt, Realitätsfragmente aus ihrem jeweiligen Kontext herauszulösen und in einen anderen, künstlerischen Zusammenhang zu stellen. In seiner 1914 entstandenen Collage *Der Raucher* werden das Hemd und die Manschetten durch zwei Fetzen einer buntgemusterten Tapete ersetzt, eine ambivalente Vorgehensweise, die die banale Wirklichkeit des Materials hervorhebt und zugleich spielerisch leugnet. Dabei wird die Figur zu einer flächigen Konstruktion umgebaut, einer reliefartigen Reihe von eckigen Formen, die aussehen wie halboffene Türen. Der Betrachter wird dazu aufgefordert, das Bild unter zwei verschiedenen Aspekten wahrzunehmen: zum einen aus einer distanzierten Sichtweise, die ausschließlich auf formalen Gesichtspunkten beruht, zum anderen aber in einer Weise, die diese Lesart durch den Hinweis auf die organische Körperlichkeit der Figur relativiert.

Picasso war seiner eigenen Begabung gewissermaßen ausgeliefert; alles, worauf sein Auge fiel, wurde zum Material eines fortlaufenden Prozesses der visuellen Umgestaltung und Umformulierung. »Mein Werk gleicht einem Tagebuch«, erklärte er häufig: »Es ist sogar als Tagebuch datiert.«[15] Im Sommer 1946, während eines Aufenthalts in Antibes, zeichnete und malte Picasso auffallend viele Bilder von Seeigeln. Auf die Frage seines Sekretärs und langjährigen Vertrauten Jaime Sabartès, warum er sich für dieses Motiv interessiere, antwortete er fast gereizt: »Aber das ist nicht wahr. Es geht weder um Interesse noch um Abneigung. Seeigel sind wie alles andere. Ich habe sie gesehen, *aber dafür kann ich nichts.*«[16]

Diese Feststellung wirft wiederum ein interessantes Licht auf Picassos vielzitierte Bemerkung im Gespräch mit Sir Herbert Read, als dieser ihn einmal beim Besuch

5.16 Pablo Picasso
Nächtlicher Fischfang in Antibes
Antibes, August 1939

einer Ausstellung von Kinderkunst in Paris begleitete. In einem 1956 von der Londoner *Times* veröffentlichten Leserbrief schilderte Read diese Begegnung, die im April 1945 stattfand, mit folgenden Worten:

Die Bemerkung, die in Ihrem heutigen Leitartikel Picasso zugeschrieben wird, fiel in meiner Gegenwart und wird häufig in verzerrter Form wiedergegeben. Gestatten Sie mir also, ein für allemal klarzustellen, was Picasso tatsächlich sagte. Ich war mit ihm in einer Ausstellung von Kinderzeichnungen, die das British Council in Paris veranstaltet hatte. Er sah die Arbeiten sehr genau an, und als er fertig war, drehte er sich zu mir um und sagte (den exakten französischen Wortlaut weiß ich natürlich nicht mehr): »Als ich so alt war wie diese Kinder, da konnte ich zeichnen wie Raffael. Es hat viele Jahre gedauert, bis ich zeichnen konnte wie diese Kinder.«[17]

Was könnte diese Bemerkung bedeuten? Von frühester Kindheit an zeichnete Picasso unentwegt; nach Auskunft seiner Mutter hat er »früher gezeichnet als gesprochen«.[18] Doch nach eigenem Bekunden hat er nie wie ein Kind gezeichnet: »Ich habe nie Kinderzeichnungen gemacht. Niemals. Nicht einmal als ich noch ganz klein war. Ich erinnere mich noch an eine meiner ersten Zeichnungen. Ich war damals vielleicht sechs oder noch jünger. In meinem Vaterhaus stand auf dem Gang eine Figur, Herkules mit seiner Keule, und ich zeichnete den Herkules. Aber nicht so,

5.21 Pablo Picasso
Studie (Seite des Skizzenbuches
»Carnet bleu«)
3. Mai 1943

5.19 Pablo Picasso
Studie zu »Mann mit Lamm« III
19. August 1942

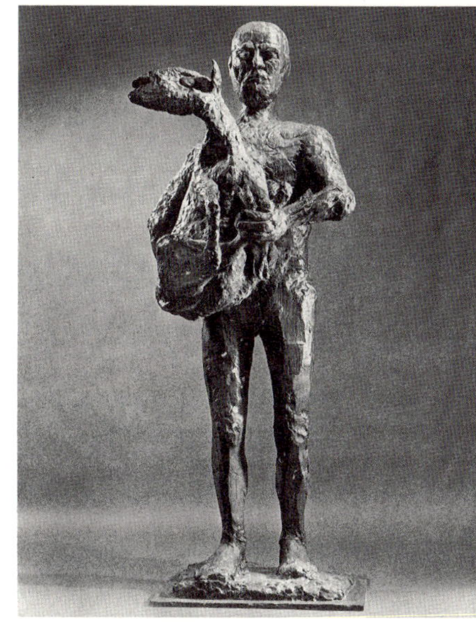

5.20 Pablo Picasso
Mann mit Lamm
Februar 1943

wie Kinder zeichnen. Es war eine richtige Zeichnung, die Herkules mit seiner Keule darstellte.«[19] Der Künstler scheint regelrecht bedauert zu haben, daß seine technische Virtuosität schon so früh zum Vorschein kam. So erzählte er im Gespräch mit Brassaï: »Im Alter dieses Jungen [gemeint ist der obenerwähnte kleine Étienne Didier, den Brassaï in sein Atelier mitbrachte] zeichnete ich ganz akademisch, so kleinlich und genau, daß ich heute entsetzt bin. Mein Vater war Zeichenlehrer, er hat mich wahrscheinlich vorzeitig in diese Richtung gelenkt.«[20]
Um so faszinierender ist es folglich, daß Picasso sich gerade in seinen Skizzen für *Guernica* (Abb. 5.17, 5.18) an die Kinderkunst anlehnte, und zwar deutlicher als sonst in seinem gesamten Œuvre. Ausgerechnet bei diesem seiner Meisterwerke, das den vielleicht stärksten Hang zu einer klassisch formalen Strenge aufweist und als sein bekanntestes und in seiner Monumentalität imposantestes Bild gilt, frappiert

5.23 Pablo, Paloma und Claude Picasso
Zeichenstunde
1953

5.22 Alexander Liberman
Pablo Picasso in seinem Atelier in Vallauris
1953/54
Fotografie

diese Feststellung. Die am 1. Mai 1937 entstandene *Skizze IV* eines Pferdes gleicht zum Beispiel der Zeichnung eines sechsjährigen Kindes. Doch ist dies nicht der geeignete Ort, um die Diskussion zu *Guernica* erneut aufzugreifen. Angemerkt sei jedoch, daß die Darstellung der Katastrophe sich auch unter dem Aspekt der Familienkonstellation interpretieren läßt, als Drama um einen buchstäblich am Boden zerstörten Mann – wie Picassos Biographen andeuten, eine mögliche Anspielung auf seinen erfolglosen Vater – und eine Gruppe trauernder Frauen. Das letztere Motiv erinnert an die weiblich geprägte Atmosphäre, in der der Künstler aufwuchs. Das tote Baby auf dem Arm der einen Frau mag eine Reminiszenz an Picassos jüngere Schwester Concha sein, deren frühzeitiger Tod – sie starb bereits im Alter von sieben Jahren – ihn tief erschütterte und ihn für das ganze Leben prägte.

Auch bei einigen weiteren Hauptwerken Picassos stellt man überrascht fest, daß die Skizzen und Vorstudien teilweise recht kindhaft angelegt sind, obwohl die Endfassung des Bildes so gut wie keine Anleihen bei der Kinderkunst aufweist. Während die aus dem Jahre 1942 stammende *Studie zu »Mann mit Lamm«* (Abb. 5.19) geradezu infantil anmutet, verkörpert die im folgenden Jahr fertiggestellte Skulptur (Abb. 5.20) einen nuancierten klassischen Realismus. Mehrere der Zeichnungen des sogenannten *Carnet bleu,* einem Skizzenbuch von 1943, sind von ähnlich kindlichem Charakter (Abb. 5.21) und legen die Vermutung nahe, daß es sich bei Picassos ›naturalistischem‹ Stil um einen Versuch handelte, von einer ursprünglichen Wahrnehmung zu abstrahieren, deren sinnliche Unmittelbarkeit noch in der Erfahrung der Kindheit wurzelt. Die Faszination, die Picasso angesichts der visuellen Erfindungsgabe von Kindern empfand, rührte wohl von seiner außerordentlichen Fähigkeit her, die Erinnerungen und Begierden der Kindheit zu vergegenwärtigen, die normalerweise aus dem Bewußtsein des Erwachsenen verdrängt werden. Sein Interesse an der Kreativität von Kindern hing mit seinem Bestreben zusammen, seine eigene Kreativität zu verstehen, von der er selbst einmal sagte, sie sei ihm »un mystère total«.[21]

1 Die abgebildeten Arbeiten gehören zu einer Reihe von etwa einem Dutzend solcher Blätter, die Picasso unter seinen Büchern aufbewahrte. Manche von ihnen sind mehrmals gefaltet.

2 Brassaï, *Gespräche mit Picasso,* Reinbek bei Hamburg 1966, S. 66.

3 Siehe zum Beispiel die Abbildung unten rechts auf S. 164 in: David Douglas Duncan, *The Private World of Pablo Picasso,* New York 1958.

4 Brassaï, *Gespräche mit Picasso* (Anm. 2), S. 148.

5 Guillaume Apollinaire, *Die Maler des Kubismus: Ästhetische Betrachtungen,* mit einem Nachwort von Herbert Molderings, Frankfurt am Main 1989, S. 36.

6 John Richardson, *Picasso: Leben und Werk,* Bd. 1, aus dem Englischen von Gerda Kurz und Siglinde Summerer, München 1991, Bd. I, S. 431.

7 Siehe Pierre Daix, *Picasso créateur. La vie intime et l'œuvre,* Paris 1987, S. 74.

8 Brassaï, *Gespräche mit Picasso* (Anm. 2), S. 70.

9 Paloma Picasso, Gespräch mit dem Verfasser, New York, 30. September 1992.

10 Claude Picasso, Gespräch mit dem Verfasser, Paris, 31. Mai 1992.

11 Gertrude Stein, *Picasso – Erinnerungen* (1938), aus dem Englischen von Ursula von Wiese, Zürich 1958, S. 19f.

12 John Berger, *Glanz und Elend des Malers Pablo Picasso,* 2. Aufl., Hamburg 1988, S. 220, 224.

13 Siehe u.a. Gert Schiff, *Picasso: The Last Years: 1963–73,* New York 1983; Klaus Gallwitz, *Picasso laureatus: Die späten Jahre 1945–1973,* vom Autor ergänzte und verbesserte Neuausgabe, München u.a. 1985; *Late Picasso: Paintings, Sculpture, Drawings, Prints,* hrsg. von Marie-Laure Bernadac, Isabelle Monod-Fontaine und David Sylvester, London 1988 (französische Ausgabe: Paris 1988).

14 Anscheinend zog sich die Fertigstellung über etwa zwei Jahre hin. Hierzu: Elizabeth Cowling und John Golding, *Picasso: Sculptor/Painter,* Ausst.-Kat. Tate Gallery, London 1994, S. 279.

15 Richardson, *Picasso: Leben und Werk* (Anm. 6), S. 15.

16 Pablo Picasso, Gespräch mit Jaime Sabartès, in: Jaime Sabartès, *Picasso et Antibes,* Paris 1948, S. 29; zit. nach Jean Sutherland Boggs, »Picasso and Things«, in: *Picasso and Things,* Ausst.-Kat. Cleveland Museum of Art, Cleveland 1992, S. 13. Kursive Hervorhebung J. F.

17 Herbert Read, Leserbrief in *The Times,* 27. Oktober 1956. Der Artikel, auf den der Brief Bezug nimmt, war zwei Tage zuvor erschienen. Die von Read organisierte Ausstellung wurde 1945 in Paris gezeigt. Eine Besprechung erschien am 12. April 1945 in *Le Monde.* Siehe den Bericht über die Begegnung zwischen Read und Picasso, in: Irving Lavin, »Picassos's Lithograph(s) ›The Bull(s)‹ and the History of Art in Reverse«, in: ders., *Past-Present: Essay on Historicism in Art from Donatello to Picasso,* Berkeley 1992, S. 309f., Anm. 55f.

18 Richardson, *Picasso: Leben und Werk* (Anm. 6), S. 39.

19 Hélène Parmelin, *Picasso sagt…,* München 1966, S. 86; zit. nach Richardson, *Picasso: Leben und Werk* (Anm. 6), S. 40f. Richardson weist allerdings darauf hin, daß die Zeichnung in Wirklichkeit erst drei Jahre später entstand, als Picasso neun war (S. 41).

20 Brassaï, *Gespräche mit Picasso* (Anm. 2), S. 70.

21 Picasso, zit. nach Richardson, *Picasso: Leben und Werk* (Anm. 6), S. 43.

6 Miró und die Reime der Kindheit

Miró bewunderte und sammelte akribisch die phantasievollen und oftmals dramatischen Kinderzeichnungen seiner Tochter Dolorès, die 1930 geboren wurde (Abb. 6.1–6.7). Er archivierte sie, sorgfältig nach Jahren geordnet und bezeichnet, in Mappen und befand einzelne sogar für würdig, sie an Kandinsky[1] und an den bedeutenden amerikanischen Sammler Albert Gallatin zu schicken,[2] der seine beiden Exemplare schließlich zusammen mit seiner berühmten Sammlung moderner Kunst dem Philadelphia Museum of Art stiftete. Miró interessierte sich sein Leben lang für die spontane Ausdruckskraft der Kindheit: Eine lebhafte Expressivität mit Anklängen an kindliches Bildschaffen ist nachgerade das Markenzeichen seines reifen Schaffens, und in den Zeugnissen derer, die ihn kannten, ist von seinem kindlichen Charakter die Rede. André Breton bezeichnete Miró in einem Aufsatz von 1941 sogar als »Persönlichkeit, die in gewisser Weise in einem kindlichen Stadium steckengeblieben« sei.[3]

Gleichwohl lassen die Kinderzeichnungen, die Miró selbst im Alter von etwa acht Jahren anfertigte und die er ebenfalls sorgsam aufbewahrte, statt der üblicherweise eher launischen Kreativität eines Kindes vielmehr ein nüchternes Bemühen um Realismus erkennen (Abb. 6.8–6.10), und das faszinierte Interesse, das Miró als reifer Künstler der Kindheit entgegenbrachte, galt allem Anschein nach weniger den Sujets oder gar den formalen Erfindungen kindlichen Bildschaffens als vielmehr dem Versuch, zu eben jener phantasiereichen Überschwenglichkeit zu finden, die seinen eigenen Kinderzeichnungen abgegangen war. Bereits 1929 stellte der mit Miró befreundete Dichter Michel Leiris das Streben des Künstlers, seine Kindheit wiederzufinden, ausdrücklich als ein zentrales Moment der Kunst Mirós heraus. Er beschrieb den Spanier als jemanden, der mit weit geöffneten Augen wie ein »erstauntes Kind« durch die Straßen ging.[4] Mehr als dreißig Jahre später bestätigte Miró den Fortbestand dieses Anliegens, als er gegenüber Dora Vallier bekannte: »Je mehr ich meinen Beruf beherrsche, je weiter ich im Leben komme, um so mehr nähere ich mich meinen ersten Eindrücken. Ich glaube, am Ende meines Lebens werde ich den ganzen Wert meiner Jugend wiedergefunden haben.«[5]

Miró war ein ruhiger Mensch, der häufig abwesend wirkte, gleichsam verloren in seiner ureigenen Gedankenwelt. Er führte ein nach außen hin wenig aufregendes, geordnetes Leben. Vielen erschien er sogar übertrieben reinlich, penibel, pünktlich und ordentlich.[6] Nach eigener Darstellung durchlebte Miró offenbar eine unglückliche Kindheit ohne Kontakt zu anderen Kindern. In einem Brief an seinen Biographen Jacques Dupin beschrieb er sich selbst rückblickend obendrein als »einen sehr schlechten Schüler, verschlossen, schweigsam und verträumt.«[7]

Miró wurde 1893 in Barcelona als Sohn eines wohlhabenden Goldschmieds geboren. Trotz seiner starken inneren Auflehnung gegen den Vater, der nach Darstellung des Künstlers frühen Anzeichen seiner künstlerischen Empfindungskraft ablehnend gegenüberstand, hatte Miró eine enge Beziehung zu seinen familiären

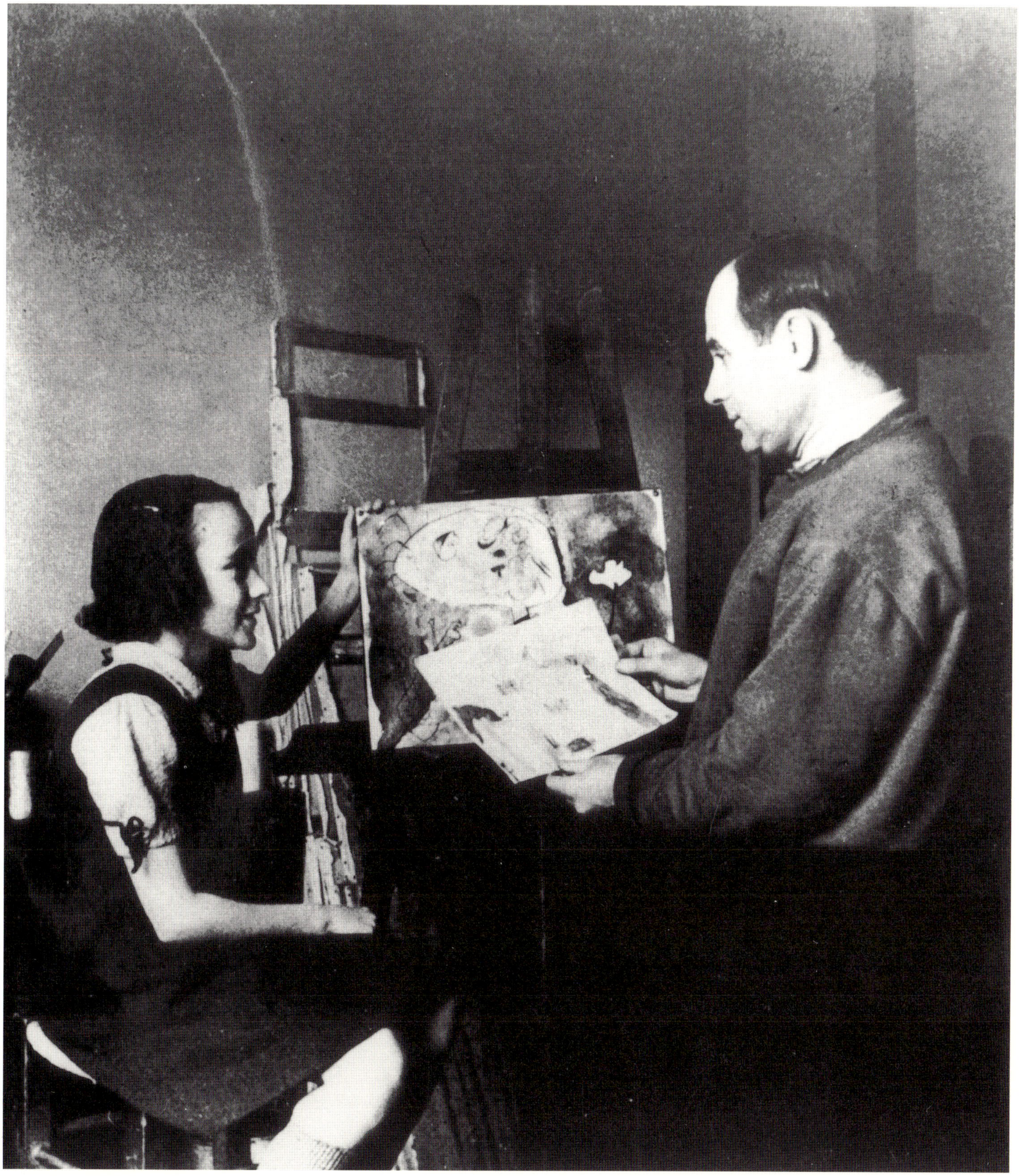

6.1 Anonymer Fotograf
Joan Miró mit seiner Tochter Dolorès
im Atelier
Um 1938

6.2 Dolorès Miró
Ohne Titel (El Torneo)
Dezember 1941

6.3 Dolorès Miró
Ohne Titel (Adanyeva
Fuera del Parais)
Mai 1942

Wurzeln. Er behielt bis 1956 das Atelier in seinem an der Pasaje del Crédito gelegenen Geburtshaus und gab dieses erst im Alter von 63 Jahren auf, als er sich entschied, wieder nach Mallorca in das elterliche Haus seiner Mutter zu ziehen. Darüber hinaus malte er fast jeden Sommer auf dem Landgut in Montroig, das sein Vater 1911 in der Nähe des Ortes erworben hatte, wo Mirós Großvater väterlicherseits als Hufschmied seiner Arbeit nachgegangen war.

Mirós Eltern hatten für ihn die berufliche Laufbahn als Kaufmann vorgesehen. Sie schickten ihn auf eine Handelsschule und verschafften ihm 1909 eine untergeordnete Stellung als Buchhalter. Doch nachdem er dieser Tätigkeit zwei Jahre nachgegangen war, erlitt er einen Nervenzusammenbruch, zu dem noch erschwerend Typhus hinzukam. Daraufhin kaufte Mirós Vater das Landhaus im südwestlich von Barcelona gelegenen Montroig, da der Knabe frischer Landluft zur Genesung bedurfte.

Ein Jahr später, also 1912, obsiegte schließlich Mirós hartnäckige Entschlossenheit, eine Künstlerlaufbahn einzuschlagen, und er trat in die kleine »Escuela de Arte« von Francisco Galí ein. Galí nahm sich des jungen Miró an und erkannte bald die Einzigartigkeit seiner Begabung. Als er feststellte, daß Miró nicht hinreichend Abstand nehmen konnte, um das, was er sah, objektiv darzustellen, ermunterte ihn Galí, statt dessen zu versuchen, nach dem Tastsinn zu zeichnen: So zeichnete er, ohne sie zu sehen, Gegenstände, die er abgetastet hatte, und erfühlte die Gesichtszüge seiner Mitschüler mit verbundenen Augen.[8] Dies hatte schließlich zur Folge, daß die übermächtige Subjektivität Mirós, die zunächst in technischer Hinsicht ein Hindernis war, zum Quell seines reifen Stils wurde.

Dem 1921/22 entstandenen Gemälde *Der Bauernhof* (Abb. 6.11) liegt bezüglich der einzelnen Elemente der Komposition eben diese Art intensiver Individualität des Erlebens zugrunde. Bei der Darstellung der Gegenstände überließ sich Miró jeweils ganz seinem subjektiven Empfinden. Er beschrieb jedes Motiv als etwas in sich Geschlossenes, ohne Rücksicht auf äußere Zusammenhänge, wie sie sich bei einer objektiveren Wiedergabe der ganzen Szenerie ausgeprägt hätten. So kümmerte er sich weder um ein maßstabgerechtes Verhältnis der Gegenstände noch um eine

6.5 Dolorès Miró
Mutter
Februar 1938

6.4 Dolorès Miró
Ohne Titel
Januar 1942

6.6 Dolorès Miró
Abfahrt der Mutter
Februar 1938

Eingliederung des einzelnen Motivs in seine Umgebung. Statt dessen sind die einzelnen Bildelemente in hohem Maße ausgearbeitet und – so naturalistisch mitunter auch im Detail, wie etwa die Gießkanne und der Eimer – isoliert voneinander aufgefaßt. Dieses Stilmerkmal von *Der Bauernhof* erwuchs unmittelbar aus jener frühen Eigenart, die im Kunstunterricht bei Galí zutage getreten war – die Unfähigkeit Mirós zu einer objektiven Auffassung seiner Vorlage – , und zeugt von jenem »egozentrischen Denken«, das oft kennzeichnend ist für die Art und Weise, wie Kinder Gegenstände darstellen. Ein Beispiel hierfür ist die Zeichnung von Dolorès vom Mai 1942 (Abb. 6.3).

In der rechten Bildhälfte von *Der Bauernhof* stellte Miró die rechteckige Front des Käfigs als schematischen, mit einer zarten roten Linie umrissenen Kasten dar. Dahinter ist ein Schuppen zu erkennen, dessen linke Außenwand er auflöste, um sichtbar zu machen, was sich im Innern abspielt, ganz so, wie Kinder manchmal ein Haus transparent darstellen; die Objektivität der Darstellung wird bewußt aufgehoben, um das viel wichtigere Innenleben zeigen zu können. Die einschlägige theoretische Literatur belegt dieses Bildmittel, ebenso wie die bei Kinderzeichnungen häufig zu beobachtende Verschmelzung aufeinanderfolgender Ereignisse in einem einzigen Bild, mit dem Begriff ›intellektueller Realismus‹ und ordnet es einem früheren Entwicklungsstadium zu als die herkömmliche Form der optischen Wahrnehmung. Auch die Durchdringung von Landschaft und Außenwand des Hauses in der linken Bildhälfte von *Der Bauernhof* bietet ein Beispiel für diese räumliche und zeitliche Simultaneität.

In ihrer Zeichnung vom Januar 1942 erfand Dolorès eine Formel für Sterne, die sie daraufhin zur Darstellung eines sternenübersäten Himmels benutzte, indem sie ein ganzes Feld innerhalb der Komposition mit einem entsprechenden Muster überzog; in ihren Zeichnungen *Mutter* und *Abfahrt der Mutter* verwendete sie ähnliche Zeichen für die Haarlocken, die in regelmäßigen Abständen das Gesicht rahmen. Miró wiederum entwickelte Kürzel ähnlicher Art für die sehr unterschiedlich ausgeprägten Erdpartien in *Der Bauernhof*: ein schematisches Muster symbolisiert ein gepflügtes Feld, ein anderes dient als immergleiche Chiffre für wilderes Gelände, in das rechts

6.7 Dolorès Miró
Ohne Titel
1935

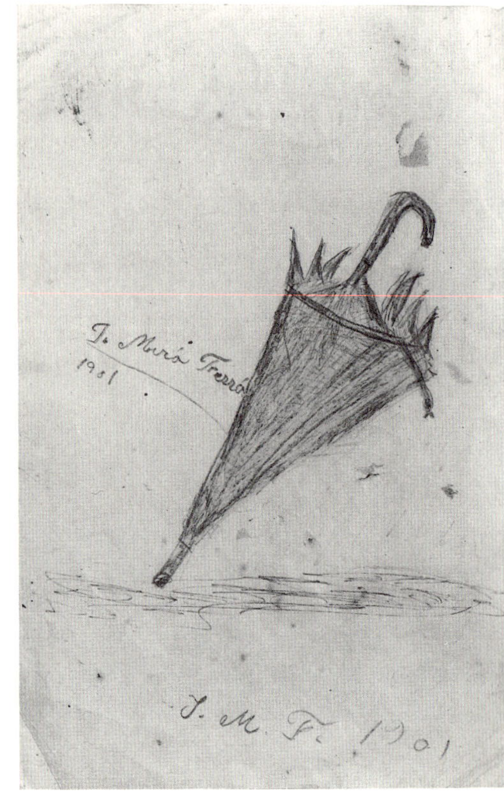

6.8 Joan Miró
Blumentopf
1901

6.9 Joan Miró
Der Regenschirm
1901

unten ein ebenso stereotypes Zeichen für Grasbüschel eingestreut ist. Der Hintergrund all dieser Anklänge in *Der Bauernhof* an kindliches Bildschaffen ist nicht etwa, daß Miró Kinderzeichnungen kopierte, sondern daß er sein subjektives Erleben dieser überaus beziehungsreichen Landschaft mit äußerster Prägnanz wiedergab und Auffassungsweisen seiner Kindheit reaktivierte, war doch das expressive Vokabular bereits früh durch sein selbstauferlegtes Gebot, die Technik zu meistern, verdrängt worden.

Die nächsten größeren Werke Mirós waren die drei Landschaften *Das gepflügte Feld, Katalanische Landschaft (Der Jäger)*, Abb. 6.12, und *Pastorale* von 1923/24. Bei allen äußerlichen Stilunterschieden zwischen diesen Bildern und *Der Bauernhof* von 1921/22 liegt diesen Landschaften dennoch die gleiche kindliche Auffassungsweise einzelner Gegenstände zugrunde, das heißt eine Sichtweise, die sich auf ihre subjektive Bedeutung stützt und nicht auf die mit der Darstellung der Erscheinungswelt verbundene emotionale Distanz. Mit dem zweidimensionalen Raum, der Strichmännchenzeichnung und der isolierten Wiedergabe jedes einzelnen Elements, etwa in *Katalanische Landschaft (Der Jäger)*, scheint sich Miró in der Art und Weise, wie er die Natur konzeptualisiert, gewissermaßen ontogenetisch rückwärts zu bewegen. Diese Natur ist der Vorstellungswelt des Kindes entsprungen, in der die subjektive Unmittelbarkeit des Erlebens an erster Stelle steht. In einem Brief von 1924 an seinen Freund Rafols erklärte Miró: »Es gelingt mir, in das Absolute der Natur auszubrechen; mit der äußeren Wirklichkeit haben meine Landschaften nichts zu tun. Trotzdem sind sie typischer Montroig als die, welche ich nach der Natur malte.«[9]

Auf dem Gemälde *Katalanische Landschaft (Der Jäger)* schnappt eine riesige Sardine, die sich quer über den unteren Bildbereich erstreckt, mit ihrer Zunge nach einer Fliege. Der große Kreis in der rechten Bildhälfte, an dem, verbunden durch

6.10 Joan Miró
Der Fußpfleger
1901

6.11 Joan Miró
Der Bauernhof
1921–1922

6.13 Joan Miró
Person, einen Stein nach einem
Vogel werfend
1926

6.12 Joan Miró
Katalanische Landschaft (Der Jäger)
1923–1924

6.14 Joan Miró
Mittelmeerlandschaft
1930

einen zarten Strich, ein einzelnes Blatt hängt und aus dem links ein Auge hervorspringt, ist eine formelhafte Darstellung der Fülle eines – im Vergleich zur wesentlich größeren Sardine völlig disproportionierten – Johannisbrotbaums. Hinter dem Baum fliegen Vögel über die Wogen des Mittelmeers. Eine seltsam spinnenartige, schwarze Sonne hängt über dem Auge des Baumes am Himmel, und in der linken Bildhälfte sehen wir einen Pfeife rauchenden Bauern mit einer katalanischen Kappe, der in der einen Hand ein Jagdgewehr und in der anderen ein Kaninchen hält.[10] Die Anhäufung von Formelementen mit Rädern und einer Leiter links oben verweist auf die neu eingeführte Flugstrecke Toulouse-Rabat, die im Sommer jenes Jahres in Betrieb genommen worden war und direkt über Montroig verlief. Der Hinweis auf die Nord-Süd-Flugstrecke war zugleich eine Anspielung auf den Titel der von Pierre Reverdy herausgegebenen Literaturzeitschrift *Nord-Sud,* die Miró regelmäßig bezog und mit Begeisterung las.[11] Alle diese Motive überbrücken Zeit, Maßstab und Stofflichkeit und ergeben eine kindliche Rangordnung, innerhalb derer all das, was den Künstler zu einem bestimmten Zeitpunkt bewegt, aus eben diesem Grund zeitgleich ist und in der die einzelnen Dinge ihrer Bedeutung und nicht ihrer äußeren Erscheinung entsprechend dargestellt werden.

Die Schlüsselbilder der zwanziger Jahre beziehen sich auf die Landschaft des Bauernguts der Familie in Montroig sowie auf die katalanischen Bauern der Region. Unterdessen entwickelte sich das kindliche Element in Mirós Arbeitsweise Mitte der zwanziger Jahre dahin gehend, daß gegenüber dem Erfassen das Empfinden der Gegenstände in den Vordergrund trat. In den Jahren 1926/27 malte Miró drei weitere wichtige Landschaften – *Person, einen Stein nach einem Vogel werfend* (Abb. 6.13), *Hund, den Mond anbellend* und *Landschaft (genannt Der Hase)* – , die durch eine noch ausgeprägtere Flächigkeit gekennzeichnet sind als *Katalanische Landschaft (Der Jäger).* Die unkomplizierte Erzählung entfaltet sich jeweils in einer kindlichen Reduktion flächiger Profildarstellungen von bedeutungsschwangeren Einzelmotiven.

Die Übergröße des Fußes der Figur in *Person, einen Stein nach einem Vogel werfend* erinnert jedoch an das häufig bei Kinderzeichnungen zu beobachtende Gestaltungsmittel, ›wichtige‹ Elemente des haptischen Erlebens einer Geschichte durch Vergrößerung hervorzuheben (siehe beispielsweise die nach einem Tier ausgestreckten Hände der Figur in Abb. 5.2). Miró bedient sich dieses Stilmittels häufig in der Zeit zwischen den Weltkriegen, so auch in *Die Bäuerin* von 1922/23, *Figur und Pferd (genannt Der Gendarm)* von 1925, *Hand, nach einem Vogel greifend* von 1926 sowie *Holländisches Interieur III* und *Die Kartoffel* von 1928. Hinzu kommt, daß Miró bei einem Motiv wie dem blauroten Vogel in *Person, einen Stein nach einem Vogel werfend* die Farbe mit höchster Intensität zur Wirkung brachte und außerdem den Eindruck der Leichtigkeit beim Wurfarm sowie eine kinästhetische Empfindung bei der Wurfbahn des Steins beschwor – alles Elemente, die auf den gleichen Empfindungsreichtum schließen lassen, der das kindliche Erleben kennzeichnet.

Bei dem Gemälde *Mittelmeerlandschaft* von 1930 (Abb. 6.14) geht die gezackte Pinselführung in der Bildmitte auf das physische Erleben des Kritzelns zurück. Nach dem Zweiten Weltkrieg jedoch wurde Mirós Stil insgesamt gestischer und in noch unmittelbarerer Weise taktil. Gemälde der vierziger Jahre wie *Frauen und Vögel in der Nacht* von 1945 (Abb. 6.15) und *Peinture* von 1949 weisen einen lockeren, großzügigen, emotional spontaneren gestischen Stil auf, außerdem hat es bei einer Reihe dieser Bilder den Anschein, als hätten sie sich wie die Kritzeleien eines Jugendlichen von einer Passage zur nächsten entwickelt. Statt sich einem übergrei-

6.15 Joan Miró
Frauen und Vögel in der Nacht
1945

6.16 Joan Miró
Der Vogel mit dem ruhigen Blick,
Die Flügel in Flammen
1952

6.18 Joan Miró
Frau mit Krug
1970

6.19 Joan Miró
Frau
1970

6.20 Joan Miró
Figur
1973

6.17 Joan Miró
Der Flug der Libelle
vor der Sonne
26. Januar 1968

fenden Kompositionsschema zu fügen, scheinen Werke wie *Frauen und Vögel in der Nacht* sowie *Peinture* einer Assoziationskette von einer Stelle zur nächsten zu folgen, das heißt von einem Gedanken zum nächsten zu springen und jede freie Stelle der Leinwand mit einem Bildelement nach dem anderen zu füllen. Im Gegensatz zu einem Kind jedoch nimmt sich Miró sein Werk anschließend ein weiteres Mal vor, um es stilistisch und im Aufbau zu verfeinern. »Ich fange ein Bild an, ohne eine Vorstellung davon zu haben, was am Ende herauskommen wird«, erklärte er 1948 in einem Interview. »... Dann, nachdem der erste Schock der Eingebung nachgelassen hat, nehme ich es mir vor und bearbeite es nüchtern wie ein Handwerker, geleitet einzig und allein von kompositorischen Anforderungen.«[12]

Einer Vielzahl von Mirós Werken aus den späten zwanziger bis weit in die fünfziger Jahre hinein scheinen bestimmte Geschichten zugrunde zu liegen. Bei welchem anderen modernen Künstler findet man schon Titel wie *Die Zartheit des Mondscheins in der Dämmerung, durchquert von einem schönen Vogel?* Die beiläufige Erwähnung von Unheil bei *Der Vogel mit dem ruhigen Blick, Die Flügel in Flammen* etwa (Abb. 6.16), die epische Poesie eines Titels wie *Der schöne Vogel enträtselt das Unbekannte dem Liebespaar,* eine Gouache von 1941, oder der mehr elegische *Flug der Libelle vor der Sonne,* ein monumentales Gemälde von 1968 (Abb. 6.17), all diese Titel lassen auf Geschichten schließen, die erdacht wurden, um die Bildmotive im Zuge ihrer Kristallisierung zu ›erklären‹. In verschiedenen Werken der späten zwanziger und dreißiger Jahre – beispielsweise in *Ein Vogel verfolgt eine Biene und küßt sie* von 1927 oder *Schnecke Frau Blume Stern* von 1933/34 – schrieb Miró den Titel wortwörtlich auf die Leinwand. Die ausführlichen erzählenden Bildüberschriften bei Miró suggerieren ganz ähnliche Geschichten wie die von Kindern, die völlig in der Entfaltung des Augenblicks aufgehen und beim Zeichnen erzählen.

Miró begann in den vierziger Jahren, 1944 genau, erstmals mit Keramik und Bronzeguß zu arbeiten, ein Schritt, der eine allgemeine Schwerpunktverlagerung

6.22 Joan Miró
Ubus Kindheit
Um 1970

6.23 Joan Miró
Ubus Kindheit
Um 1970

seiner Kunst weg von der intellektuellen Distanz von Worten, hin zu einer eher sinnlichen Grundlage signalisierte. Insbesondere bei der Arbeit mit Ton fühlte sich der Künstler wieder an die Erfahrung des Zeichnens nach dem Tastgefühl in der Kunstschule Galís – die erste Bestätigung seiner künstlerischen Ausbildung – erinnert. »Noch heute, dreißig Jahre später«, erklärte er James Johnson Sweeney im obenerwähnten Interview von 1948, »sind die Wirkungen dieser Skizzen nach dem Tastsinn in meiner Neigung zur Skulptur zu erkennen, in dem Bedürfnis, mit den Händen zu kneten und wie ein Kind einen Tonklumpen zu pressen. Dabei habe ich eine rein körperliche Empfindung, wie weder beim Zeichnen noch beim Malen.«[13] Mirós Bronzen aus der Zeit der vierziger bis Ende der siebziger Jahre wie *Frau mit Krug, Frau* und *Figur* (Abb. 6.18–6.20) machen dieses taktile Empfinden unmittelbar nachvollziehbar.

Das herausragende Moment des sinnlichen Erlebens der Modellierarbeit trat spätestens in den fünfziger Jahren auch in der Freiheit der Pinselführung zutage, die von da an nicht nur seine Malerei, sondern auch seine bemalten Keramiken kennzeichnete. In einem Interview, das er in den siebziger Jahren gab, meinte Miró: »Ich arbeite oft mit den Fingern; ich habe das Bedürfnis, einzutauchen in die physische Realität der Tinte, der Farbe, ich muß an Kopf und Füßen schmutzig sein.«[14] Abgesehen von der kinästhetischen Lust an der Freiheit des Malgestus finden sich in manchen Werken, beispielsweise in *Der Vogel mit dem ruhigen Blick, Die Flügel in Flammen* von 1952, modellierte Gipsverkrustungen, die die Oberflächenwirkung zusätzlich steigern sollen. In den siebziger Jahren nimmt Mirós Pinselführung einen fast flüssigen Charakter an, so etwa in *Ohne Titel,* und mit Ausnahme der sehr ambitionierten und formal vielleicht strengeren Bilder scheint dieser spontan-gestische Stil in der Malerei Mirós nunmehr das narrative Element verdrängt zu haben.

Die umfangreiche Serie von Arbeiten auf Papier, die Miró um 1970 – unter Bezugnahme auf den geradezu zum Inbegriff der Plumpheit gewordenen Protagonisten der protodadaistischen Dramen Alfred Jarrys – zum Motivkreis *Ubus Kindheit* schuf (Abb. 6.22, 6.23),[15] weisen eine ›naive‹ Frische und Spontaneität des Stils auf, wiewohl sie gleichzeitig ein Thema behandeln, das die übelsten Ausprägungen menschlicher Niederträchtigkeit beinhaltet.[16] Dieser Zyklus bildet, wenn man so will, einen passenden Abschluß für die vorliegenden Ausführungen über Mirós Interesse am kindlichen Bildschaffen, weil die Kinderzeichnung Miró schließlich nur als Chiffre des kindlichen Denkens beschäftigte, die in seinem eigenen Bewußtsein fortlebte und seine fortschreitende Auseinandersetzung mit der Welt prägte. Bis an sein Lebensende griff er, dem Rimbaudschen ›Kindmann‹ gleich, in seiner Kunst immer wieder auf kindliche Auffassungsweisen zurück und ging mit der Unvoreingenommenheit des Kindes elementaren Fragen nach. Dieser Prozeß, beängstigend einerseits, bewirkt andererseits im kindlichen Staunen, in der Frische, aber auch in der destruktiven Instinktivität des Kindes einen ständig neuen Vitalitätsschub. Schließlich wird klar, daß sich Miró noch mit neunzig Jahren – ja zum Schluß sogar besonders stark – mit einer subversiven Unschuld gegen die Werteordnungen der Erwachsenenwelt auflehnte.

1 Die Zeichnung, die er Kandinsky schenkte, lag einem Brief Mirós vom 31. Juli 1935 bei (aufbewahrt in den Archives du Fonds Kandinsky, Donation de Mme. N. Kandinsky 1981, Musée National d'Art Moderne Paris, 83-D-77). Miró war Kandinsky erst 1934 zum ersten Mal begegnet.

2 Die Zeichnungen tragen die Datierung »Februar 1938«; wann er sie genau an Gallatin schickte, ist nicht bekannt.

3 André Breton, *Génèse et perspective artistique du surréalisme,* 1941; wiederabgedruckt in: *Le Surréalisme et la peinture,* New York 1945; zit. nach Robert Goldwater, *Primitivism in Modern Art,* erw. Ausgabe, Cambridge, Mass., 1986, S. 128.

4 Michel Leiris, »Joan Miró«, in: *Documents,* 1/5, Oktober 1929, S. 264f.

5 Miró zu Dora Vallier, »Avec Miró«, in: *Cahiers d'Art,* 33–35, 1960, S. 174; wiederabgedruckt in: Dora Vallier, *L'Intérieur de l'art,* Paris 1982, S. 144, deutsch in: »Miró und seine Welt«, in: Dora Vallier, *Kunst und Zeugnis,* Zürich 1961, S. 43.

6 Jacques Dupin, *Joan Miró. Leben und Werk.* Köln 1961, S. 10f.

7 Miró in einem Brief an Jacques Dupin, ibid., S. 43.

8 Ibid., S. 52.

9 Miró in einem Brief vom Sommer 1924 an Josep R. Rafols, ibid., S. 134.

10 Siehe Mirós Beschreibung der Ikonographie in seinem Brief an Rafols, ibid.

11 Ibid., S. 137.

12 James Johnson Sweeney, »Joan Miró; Comment and Interview«, in: *Partisan Review,* Februar 1948, wiederabgedruckt in: *Joan Miró: Selected Writings and Interviews,* hrsg. von Margit Rowell, Boston 1986, S. 207.

13 Ibid., S. 212ff.; zit. nach Dupin (Anm. 6), S. 52.

14 Miró in: Gaëton Picon, *Joan Miró: Carnets catalans,* Bd. 1, Genf 1976; zit. nach Werner Schmalenbach, »Zeichnungen aus den späten Jahren«, in: *Joan Miró,* Ausst.-Kat. Kunsthaus Zürich/Städtische Kunsthalle Düsseldorf, 1986, S. 67.

15 Der Zyklus, abgebildet in dem 1985 von der Pariser Galerie Marwan Hoss herausgegebenen Ausst.-Kat. *Miró: L'Enfance d'Ubu, 1953,* wurde zwar mit der Datierung 1953 versehen, gehört aber offensichtlich zu der Werkgruppe, die von der Fundació Joan Miró in Barcelona auf die Zeit um 1970 datiert wird: Papier, Format und Stil stimmen jeweils überein.

16 Nach Aussage des Künstlers stand Ubu für den Generalissimo Franco (siehe Miró, Fragment des Anhangs zu der 1978 erschienen spanischen Ausgabe von *Ceci est la couleur de mes rêves,* Gespräche zwischen Miró und Georges Raillard, zit. in: *Miró: L'Enfance d'Ubu* [Anm. 15]) sowie für grobe Menschen schlechthin (siehe René Bernard, »Miró to *L'Express*: Violence Liberates«, in: *L'Express,* 4.-10. September 1978, wiederabgedruckt in: *Joan Miró: Selected Writings and Interviews* [Anm. 12]).

7 Jean Dubuffet: Kindheit als Strategie

Mit beißendem Sarkasmus kommentiert der Erzähler in Dostojewskijs *Aufzeichnungen aus einem Kellerloch* die Vorstellung, daß es der Wissenschaft irgendwann einmal gelingen könnte, alles auf rationale Formeln zu reduzieren. »Dann wird man einen Kristallpalast errichten. Dann ... [...] Selbstverständlich kann man auf keinen Fall garantieren (das sage jetzt ich), daß es dann zum Beispiel nicht furchtbar langweilig sein wird (denn was soll man noch tun, wenn alles schon nach der Tabelle berechnet ist), dafür aber wird alles außerordentlich vernünftig zugehen.« Allerdings sei keineswegs sicher, daß dieser Zustand lange anhalten werde. Und weiter:

Es sollte mich nicht im geringsten wundern, wenn, inmitten der künftigen allgemeinen Vernünftigkeit, mir nichts dir nichts plötzlich irgendein Gentleman auftauchen und ohne Anstand oder, genauer gesagt, mit einer rückschrittlichen und höhnischen Miene, die Hände in die Seiten gestemmt, uns allen vorschlagen würde: Wie wäre es, meine Herrschaften, sollten wir nicht diese ganze Vernünftigkeit mit einem kräftigen Fußtritt zertrümmern, einzig in der Absicht, all diese Logarithmen zum Teufel zu jagen und allein nach unserem unvernünftigen Willen zu leben! Das wäre noch nicht schlimm, aber leider wird er zweifellos Gesinnungsgenossen finden: der Mensch ist nun einmal so geschaffen.[1]

Der französische Künstler Jean Dubuffet teilte Dostojewskijs Achtung vor dem irreduziblen Moment des Irrationalen, das der menschlichen Natur innewohnt. Seine Kunst und Theorie sind durch den Diskurs des Existentialismus geprägt, durch Begriffe von Erkenntnis und Erfahrung, die auf den Ideen von Dostojewskij und Nietzsche beruhen. Dubuffet hatte insbesondere Nietzsches Kritik am »Sokratismus« der westlichen Kultur vor Augen, als er klagte:

Haben wir unsere Freude an der Zelebrierung des Willkürlichen und Phantastischen verloren? Interessiert uns nur noch die Selbstbelehrung? Wäre es nicht legitim, wenigstens einmal (in bestimmten Fällen sogar ein für allemal) die Wahrheit zu vergessen (sie ist nicht weniger beweglich), sich den Launen von Fehlern und Fallen hinzugeben und unsere Funktion als trunkene Tänzer lustvoll zu bekleiden?[2]

Dubuffet bezog sich hier auf den von Nietzsche diskutierten Gegensatz zwischen dem Apollinischen und dem Dionysischen; zwischen Vernunft und Harmonie einerseits und den Mächten des Rausches und der Entgrenzung andererseits. In seinem 1945 erschienenen Aufsatz »Avant-projet d'une conférence populaire sur la peinture« kennzeichnet Dubuffet die Kunst als »eine Verbindung des Rauschhaften mit dem Verrückten«.[3] Er versteht die Kunst als Mittel, um die Wirklichkeit in all ihrer Buntheit und Fülle zu erfassen und dem Leben mit der Art von Direktheit zu begegnen, die nur von jenem gänzlich enthemmten Ausdruck der inneren Seelenkräfte herrührte, den Nietzsche in den trunkenen Riten des Dionysos-Kultes erkannte. Dubuffet zufolge strebt die Kunst in erster Linie »nach der unmittelbaren Projektion dessen, was sich im tiefsten Innern eines Menschen bewegt«.[4] Nach seinem Verständnis schlagen die irrationalen Mächte des Unbewußten ein Loch in das Eis des konventionellen Denkens und öffnen somit den Zugang zu einem verborgenen Reich authentischer Erfahrungen, deren Wirkung gleichermaßen erregend und erschreckend ist. Die »eigentliche Funktion der Kunst«, betonte er, bestehe darin, »Denkmodelle zu verändern, [...] um ein neues Denken zu ermöglichen.«[5]

Um diese befreiende Wirkung in all ihrer Unmittelbarkeit und Einzigartigkeit zu erzielen, versuchte Dubuffet die Konventionen der Kultur – die per definitionem darauf angelegt sind, die Individualität der Erfahrung einzuebnen – aus seiner eigenen Kunst zu verbannen. Im Rahmen dieser Bestrebungen wandte er sich der Kinderkunst zu, als er 1942 wieder zu malen begann, und demselben Ziel galt ab 1945 seine Beschäftigung mit der *Art brut,* wie er sie nannte.

Art brut definierte Dubuffet als »Werke von Personen, die unberührt von der kulturellen Kunst geblieben sind«,[6] einschließlich der sogenannten Geisteskranken. Zweifellos hatte Dubuffet ein langfristiges Interesse an solchen ›Außenseitern‹, in denen er sich wiedererkannte. Es muß der Spekulation überlassen bleiben, ob diese Identifikation die Interaktionsmuster seiner eigenen Kindheit symbolisch widerspiegelte. Klar ist allerdings, daß seine Freunde jene Affinität bereits in den frühen zwanziger Jahren erkannten, als einer von ihnen Dubuffet ein Exemplar von Hans Prinzhorns *Bildnerei der Geisteskranken* schenkte.[7] Diese Untersuchung enthielt nicht nur zahlreiche eindrucksvolle Abbildungen von Werken aus der Hand Geisteskranker, sondern auch Beispiele der Kunst von ›normalen‹ Kindern, die Prinzhorn als Vergleichsgrundlage heranzog und ausführlich analysierte. Obwohl Dubuffet kein Deutsch verstand und folglich nicht imstande war, das Buch zu lesen, sehen einige Kommentatoren einen engen Zusammenhang zwischen seinen späteren kunsttheoretischen Schriften und den Ausführungen von Prinzhorn.[8]

Zudem griff Dubuffet während seiner späteren Laufbahn ganz offensichtlich auf einige der formalen Erfindungen zurück, die er in den Abbildungen bei Prinzhorn gefunden hatte. Möglicherweise ließ er auch Passagen aus dem Buch übersetzen, die seine eigenen Ideen unmittelbar beeinflußten. Wichtiger ist indessen die gemeinsame Quelle, aus der sowohl Dubuffet als auch Prinzhorn schöpften: jene weitverbreitete ›Mode‹ des Primitivismus, die unter Wissenschaftlern, Schriftstellern und Künstlern – von Gauguin bis hin zu den Surrealisten – außerordentlich verbreitet war. Die spezifische Bedeutung der Publikation Prinzhorns liegt nun darin, daß er diese Einflüsse in die Sprache der Wissenschaft einkleidete, und zwar genau zu jenem Zeitpunkt unmittelbar nach dem Ersten Weltkrieg, als Dubuffets künstlerische Konzeption Gestalt annahm. Prinzhorn setzte die Techniken der wissenschaftlichen Beobachtung und Analyse ein, um ein intuitives Verständnis des Irrationalen zu bekräftigen: ein wesentlicher Aspekt in den Schriften von Dostojewskij, Nietzsche und – in leicht abgewandelter Form – in der Kunsttheorie Dubuffets. Unter der Überschrift »Das Ausdrucksbedürfnis und der Schematismus der Gestaltungstendenzen« erklärt Prinzhorn beispielsweise: »Wir [...] stellen im Gegensatz zu der Sphäre der meßbaren Tatsachen das Reich der Ausdruckstatsachen, in dem Seelisches unmittelbar erscheint und ohne Zwischenschaltung eines intellektuellen Apparates ebenso unmittelbar erfaßt wird.«[9] In einem weiteren Abschnitt mit der Überschrift »Anschauungsbild und Gestaltung« bemerkt er ferner:

Die physiologischen Vorurteile gehen durchweg von dem schwer zu überwindenden Irrtum aus, alle Wohlgesinnten könnten sich auf eine Umweltvorstellung einigen, wie man sich auf Forschungsergebnisse einigt [...]. Einer solchen einseitig schiefen Meinung gegenüber kann nicht ausdrücklich genug die grundlegende psychologische Tatsache betont werden, daß jede ›Vorstellung‹ schon durch Bearbeitung der objektiven Gegebenheiten aktiv gebildet wird. Und dies nicht nur in der Erinnerung, sondern bereits im Wahrnehmungsvorgang.[10]

Dieser Aspekt der Arbeit Prinzhorns – seine wissenschaftliche Erforschung der Subjektivität und seine Aufwertung der individuellen Wahrnehmung gegenüber der ›objektiven‹ Wirklichkeit – ist Bestandteil eines grundlegenden intellektuellen Richtungswechsels, dessen Auswirkungen sich auf vielen Gebieten bemerkbar machen: von der Aufgabe des Kausalitätsprinzips in der theoretischen Physik bis hin zur französischen Schule der Phänomenologie. Auch in der Kunsttheorie des jungen Jean Dubuffet hinterließ diese epochale Entwicklung ihre Spuren. Rückblickend bemerkte Dubuffet in einer Anthologie hinsichtlich seiner künstlerischen Entwicklung:

Mir erscheint es interessant, in der Darstellung eines Objekts den ganzen Komplex von Eindrücken zu vergegenwärtigen, den es uns im Alltag vermittelt, sowie die Art, wie es unsere Empfindungen berührt hat, und die Gestalt, die es in unserer Erinnerung annimmt [...]. Ich habe stets versucht, jeden Gegenstand darzustellen, ihn in äußerst summarischer Form zu transkribieren, kaum deskriptiv, sehr weit entfernt von der tatsächlichen objektiven Messung der Dinge; und das hat viele Menschen dazu verleitet, von Kinderzeichnungen zu sprechen. In der Tat: mein anhaltendes Interesse an Zeichnungen von Kindern – und von all den Menschen, die das Zeichnen nie gelernt haben – verdanke ich meiner Hoffnung, in ihnen eine Methode zu entdecken, mit der die Gegenstände neu erfahrbar werden, und zwar nicht aus irgendeiner falschen Sichtweise der willkürlich auf sie gerichteten Augen, sondern von der allumfassenden Warte unbewußter Blicke – eine Methode also, die unwillkürlichen Spuren zu finden, die ins Gedächtnis jedes ›gewöhnlichen‹ Menschen eingeschrieben sind, und die affektiven Reaktionen zu erfassen, die jedes Individuum mit den Dingen verbindet, welche es umgeben und ihm zufällig ins Auge fallen.[11]

Im Jahre 1918 absolvierte Dubuffet seine Abiturprüfung und zog nach Paris, wo er sechs Monate an der Académie Julian studierte. Während der nächsten sechs Jahre widmete er sich hauptsächlich der Malerei, bis er 1925 eine tiefgreifende emotionale Krise erlitt, so daß er die Kunst vorübergehend aufgab und in seine Heimatstadt Le Havre zurückkehrte, um die Weinhandlung seines Vaters zu übernehmen. Mitte der dreißiger Jahre griff er die Malerei wieder auf, doch auch diesmal ließ Dubuffet die Kunst bald wieder ruhen, um sich wieder dem Weingeschäft zu widmen. Als er sich 1942 endgültig entschloß, die Weinhandlung zu verpachten und die Malerei wiederaufzunehmen, wähnte er sich mit seinen 41 Jahren bereits zu alt, um eine wirkliche Karriere als Künstler zu beginnen.[12]

Zunächst malte Dubuffet in einem naiven Stil, der zur kindlichen Vereinfachung tendierte und insofern der Kunst dieser Zeit glich: In seinen frühen Bildern überwiegen zweidimensionale, nicht näher bestimmte Figuren mit dunklen Umrissen und bunten, opaken Farbflächen (Abb. 7.1). Nach eigenem Bekunden gelang ihm 1943 ein entscheidender Durchbruch, als er sich von allen vorgefaßten Ideen und stilistischen Konventionen verabschiedete und statt dessen den Malvorgang selbst – als eigenständiges Mittel zur Ergründung neuer Zusammenhänge – zum Ausgangspunkt seiner Kunst erklärte.[13] Bereits im Februar 1944 machte sich der souveräne Umgang mit Form und Farbe bemerkbar, der sein reifes Werk kennzeichnen sollte. Gerade um diese Zeit legte Dubuffet eine Sammlung von Kinderzeichnungen an, deren brillante Farbigkeit und kühnes gestisches Vokabular einige frappante Ähnlichkeiten mit dem Stil seiner eigenen Arbeiten aus demselben Zeitraum aufweisen (Abb. 7.2–7.5). Tatsächlich spielte die Kunst von Kindern bei der Reifung seiner künstlerischen Ideen im Jahre 1944 eine tragende Rolle. Ab wann genau er diese Arbeiten zu sammeln begann, läßt sich nicht eindeutig feststellen, zumal die meisten Stücke in seiner Sammlung kein Datum tragen.[14] An Hand der wenigen datierten Blätter sowie einiger Zeichnungen, die sich auf der Rückseite von datierbaren Dokumenten befinden, läßt sich jedoch mit einiger Gewißheit schließen, daß der größte Teil der Sammlung zwischen 1939 und dem Ende der vierziger Jahre zusammengetragen wurde.

7.1 Jean Dubuffet
Bauer und sein Dorf
Februar 1943

Ein besonders schönes Werk aus dieser Sammlung, ein 1939 datiertes Aquarell (Abb. 7.6), zeigt zwei Figuren in Vorderansicht, die auf einer leuchtend roten, in Draufsicht dargestellten Straße stehen. Die Straße wird flankiert von einem Pfad, der sich um eine Baumgruppe windet und im oberen Bildteil schließlich die Gestalt eines Baumes annimmt. In einigen wichtigen Werken aus den Jahren 1943–1944, beispielsweise in *Glückliche Gegend* (Abb. 7.7), benutzt Dubuffet die gleiche kindlich-unbekümmerte Kombination von Frontalansicht und Vogelperspektive. In diesem Bild wurde die Straße nicht so offensichtlich ins Zentrum gerückt wie in der Kinderzeichnung, aber in anderen, verwandten Arbeiten tritt dieser Aspekt der Komposition sehr deutlich hervor; selbst hier bewirkt die leichte Abweichung von der Mittelachse letztlich eher deren Hervorhebung. Auch die gewollt naive Wiedergabe der Motive und die Aufteilung der Landschaft in klar abgegrenzte Farbsegmente verweisen auf stilistische Merkmale der Kinderkunst. Die ikonenhaften Zeichen, die Dubuffet in seinen Bildern erfindet, erinnern ebenfalls an die Kinderzeichnung der beiden Figuren und der Straße, insbesondere an die stereotypen Zeichen, die das Kind für die Darstellung der Bäume im oberen Bildbereich benutzt sowie für den Streifen aus gelben Blumen, das Muster der grünen Büsche links und die braunen Bäume rechts.

Durch den Kontrast zwischen der kleinen schwarzen Figur und dem farbigen Hintergrund erinnert diese Kinderzeichnung auch an Bilder wie *Ansicht von Paris, das Leben voller Vergnügungen* (Abb. 7.8); vergleichbar ist auch das besonders steife Aussehen der Figuren. Ferner enthält Dubuffets Sammlung einige bemerkenswerte Temperabilder von Kinderhand (Abb. 7.9, 7.10), die durch eine ähnlich unbeholfene Frontalität in der Figurenzeichnung charakterisiert sind, aber auch eine verwandte Brillanz in der Farbgebung aufweisen. Weitere Parallelen zwischen *Ansicht von Paris* und den Arbeiten in Dubuffets Sammlung von Kinderkunst sind durch die fehlende Perspektive bedingt; die Weise, wie der Künstler die Häuser stapelt und in die Fläche bannt, klingt zudem auch bei der Darstellung der Figuren in *Jazz Band (Black Chicago)*, aber auch in anderen Werken von 1944 an (Abb. 7.11, 7.12).

Von diesem Zeitpunkt an machte Dubuffet häufig Anleihen bei der Kinderkunst. Davon zeugen die bewußt krude Gestik und die unhandlichen Materialien, die in vielen seiner Bilder Verwendung finden. Mitunter zeigen seine Arbeiten auch eine verblüffende Ähnlichkeit mit Bildern, die tatsächlich von Kindern stammen (Abb. 7.13).

Seite 174 →

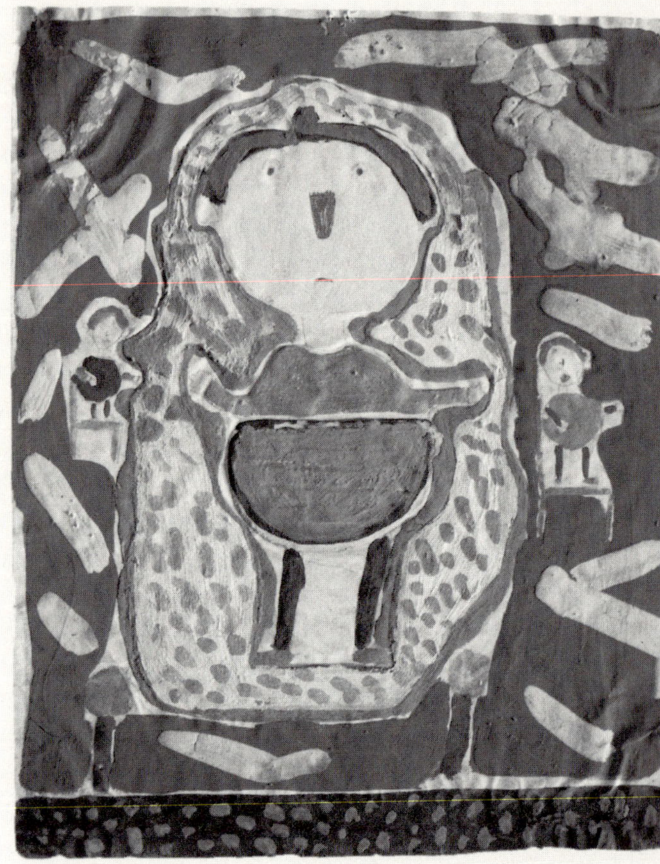

7.2–7.5 Kinderzeichnungen
(aus der Sammlung Jean Dubuffet)
Ohne Titel

7.6 Kinderzeichnung
(aus der Sammlung Jean Dubuffet)
Ohne Titel

7.7 Jean Dubuffet
Glückliche Gegend
August 1944

7.8 Jean Dubuffet
Ansicht von Paris, das Leben voller Vergnügungen
Februar 1944

7.9–7.11 Kinderzeichnungen
(aus der Sammlung Jean Dubuffet)
Ohne Titel

7.12 Jean Dubuffet
Jazz Band (Black Chicago)
Dezember 1944

7.13 Jean Dubuffet
Araber und Palmen
Januar 1948

7.14 Jean Dubuffet
Kleiner Grinsender
Öl auf Leinwand
März 1944

Schon 1945 äußerte Dubuffet seine Bewunderung für die Art und Weise, wie Kinder »kritzeln und schmieren, genauso spontan, wie sie reden«;[15] zwei Jahre später bezeichnete ein Kritiker ihn sogar als »*pompier* [Salonmaler] der kindlichen Malerei«.[16] Aber obwohl die expressive Unmittelbarkeit der Kinderkunst von den meisten Menschen sehr geschätzt wird, reagierte das Publikum mit zorniger Ablehnung, als ein ›erwachsener‹ Künstler sich anschickte, den Malstil von Kindern zu imitieren. In einem Essay aus dem Jahre 1945 bemerkte Dubuffet: »Ich besitze ein Porträt, dessen Urheber erst acht Jahre alt ist, und bei dem man zugeben muß, daß es sehr eigenwillig und voller Zauber ist (ein Auge ist rot, das andere gelb, und die Wangen sind königsblau), es wird sehr gelobt, wenn aber ich etwas Eigenwilligkeit zeige, heißt es: ›Das dürfen Sie nicht, Sie sind doch kein Kind mehr.‹«[17]

Ausdrucksformen, die die Gesellschaft beim Kind akzeptiert, sollen beim Erwachsenen unterdrückt werden. In Dubuffets berühmtem Vortrag mit dem Titel »Wider die Kultur«, gehalten im Dezember 1951 im Arts Club of Chicago, thematisiert er seinen Wunsch, latente Inhalte wieder ins Bewußtsein zu rufen: »Ich meinerseits habe eine hohe Achtung vor den Werten der Wildheit: Instinkt, Leidenschaft, Launenhaftigkeit, Heftigkeit, Raserei. Ich finde übrigens gar nicht, daß diese Eigenschaften unserem Abendland abgehen. Ganz im Gegenteil! Nur scheint mir, daß die Werte, die in unserer Kultur gepriesen werden, nicht der wahren Regung unseres Denkens entsprechen. [...] Ich strebe nach einer Kunst, die direkt mit unserem täglichen Leben verbunden ist und aus ihm hervorgeht, die die unmittelbare Ausstrahlung unseres wirklichen Lebens und unserer wahren Empfindungen ist.«[18]

Dubuffets Angriff auf die vorherrschenden Normen in der Kunst hing mit der verbreiteten Ablehnung traditioneller Werte zusammen, die die schreckliche Wirklichkeit des Zweiten Weltkriegs nach sich zog. So meinte Dubuffets Freund Michel Tapié, wenn Tod und Zerstörung die logische Folge des zivilisierten Denkens seien, dann brauche man eben »Temperamente, die bereit wären, alles aufzubrechen; Gemüter, deren Werke verstörend und verblüffend wären, voller Magie und Gewalt, um dem Publikum neue Wege zu weisen, neue Wege in eine reale Zukunft. Dabei ging es um die Masse jenes vermeintlich fortschrittlichen Publikums, das wie eine sklerotische Verhärtung an einem längst erledigten (aber häufig wiederbelebten) Kubismus festklebt sowie an einer irregeleiteten geometrischen Abstraktion und einem beschränkten Puritanismus, dessen Wirkung vor allem darin besteht, jeden möglichen Weg in eine genuin fruchtbare Zukunft zu versperren.«[19]

Der Dichter und Zeichner Henri Michaux, der seit 1945 mit Dubuffet befreundet war, erklärte: »Ich male, um meine Konditionierung abzubauen.«[20] Dubuffet widmete sein Buch *Asphyxiante culture* (Vergiftete Kultur)[21] dem Prozeß seiner eigenen *déculturation*; an anderer Stelle verkündete er: »Der ärgste Feind der schöpferischen Erfindung ist sicherlich die gesellschaftliche Ordnung mit ihren impliziten Appellen zur Anpassung, zur Konformität, zur Nachahmung, die von sozialen Beziehungen ausgehen.«[22] Für ihn war Kunst kein bloßer Gegenstand, der sich nach festen Maßstäben beurteilen läßt und zur Bestätigung etablierter Werthierarchien dient, sondern vielmehr ein Vehikel experimentellen Denkens und Forschens.

1945 schrieb er:

Denken Sie insbesondere an die Künste, die keinen Namen haben – weil sie namenlos sind, haben die Menschen glücklicherweise bis heute nicht begriffen, daß sie überhaupt Künste *sind. Dank dieser Ignoranz blühen und gedeihen sie ganz ungehemmt: die Kunst des Sprechens, die Kunst, Rauch-*

kringel anmutig oder leichthin zu blasen. Die Kunst der Verführung. Die Kunst, einen Walzer zu tanzen oder ein Huhn zu braten. Die Kunst des Schenkens. Die Kunst des Empfangens.[23]

Diese Formulierung nimmt die Auffassung von Joseph Beuys vorweg, jede bewußt konzipierte Handlung könne im Prinzip als Kunstwerk gelten.

Statt nach Gegenständen zu suchen, die einer ›gehobenen‹ Schönheitsnorm entsprechen, müsse sich der Mensch bewußt machen, »daß jeder beliebige Teil der Welt für jeden Zauber und Anziehungskraft herhalten kann.« Dubuffet zufolge würde »diese Anschauung [...] das Leben weit mehr bereichern als der griechische Schönheitsbegriff. [...] Die Kunst wendet sich an den Geist, nicht an die Augen. Unter diesem Gesichtspunkt wurde sie von den ›primitiven‹ Gesellschaften immer betrachtet – und sie sind im Recht. Die Kunst ist eine Sprache: Werkzeug der Erkenntnis und der Verständigung.«[24]

Dubuffet betrachtete die Kinderkunst als Quelle von neuen und unverbrauchten Möglichkeiten zur Wahrnehmung der alltäglichen Dinge, die ihn umgaben. Die einfachen, unregelmäßigen Kreise, die zur Darstellung der Umrisse von Kopf, Augen und Mund in *Kleiner Grinsender* vom März 1944 (Abb. 7.14) dienen, evozieren jene Grausamkeit, die das Kind in dem sieht, was dem Erwachsenen als ganz normal erscheint. Sowohl durch die Inkorporierung der Arme in den Torso als auch durch die Bemalung des Hintergrunds, der als ein Gitterwerk von flächigen Mustern erscheint, spürt Dubuffet dem Prozeß des Ordnens nach, der sich im kindlichen Denken vollzieht.

Zu den Bildern von Kindern, die Dubuffet in den vierziger Jahren sammelte, gehört eine großartige Reihe von Köpfen, die in Tempera gemalt sind; da die Blätter alle die gleiche Größe haben, wurden sie wahrscheinlich von einer Schulklasse gefertigt (Abb. 7.15–7.26). Die Intensität der Farben und der Kontraste zwischen den doch sehr einfachen Mustern dieser Arbeiten ist geradezu erstaunlich. Noch frappanter ist ihre geistige Nähe zu Dubuffets eigenem Werk. Seine markanten Kopfdarstellungen aus der Zeit zwischen 1944 und den frühen sechziger Jahren zeigen mannigfache Affinitäten zu dieser Gruppe von Kindermalereien, auch wenn es sich nicht eindeutig feststellen läßt, ob diese Arbeiten die Anregung für ein spezifisches Bild lieferten.

Auch in der einzigartigen Reihe von 150 Porträts, die Dubuffet zwischen August 1946 und August 1947 schuf, werden manche bildnerischen Einfälle verwendet, die der Kinderkunst entstammen. Diese Arbeiten wurden in einer Ausstellung gezeigt, die vom August bis Oktober 1947 in der Galerie René Drouin stattfand, unter dem Titel »Porträts: Die Leute sind viel schöner als sie glauben. Es lebe ihre wahre Gestalt«.[25] Die Modelle waren alle Bekannte von Jean Paulhan, dem Herausgeber der *Nouvelle revue française*, einer der führenden Literaturzeitschriften der Vorkriegszeit.[26] Paulhan begegnete Dubuffet im Jahre 1943 und führte ihn in seinen illustren literarischen Freundeskreis ein. 1945 schuf Dubuffet mehrere Bildnisse von Paulhan, darunter die hier abgebildete Arbeit (Abb. 7.27), die den einfachen, wie ausgeschnitten wirkenden Umriß von Kopf und Schulterpartie vor einem monochromen Grund zeigt; einer Kinderzeichnung vergleichbar fehlt jede Modellierung, und die Gesichtszüge sind nur schematisch angedeutet. In einigen Porträts aus den Jahren 1946/47 sind die Köpfe stark vergrößert; die winzigen Arme, die direkt aus dem Körper wachsen, erinnern an Strichmännchen. Auch die taktilen Qualitäten der Oberfläche – so beispielsweise in *Francis Ponge* (Abb. 7.28) – verleihen diesen Werken eine deutlich sichtbare Kindlichkeit.

7.15–7.20 Kinderzeichnungen
(aus der Sammlung Jean Dubuffet)
Ohne Titel

7.21–7.26 Kinderzeichnungen
(aus der Sammlung Jean Dubuffet)
Ohne Titel

7.27 Jean Dubuffet
Porträt von Jean Paulhan
Juli 1945

7.28 Jean Dubuffet
Francis Ponge
(schwarz auf weißem Grund)
Juni 1947

Ganz offensichtlich strebt keines dieser Bildnisse eine Ähnlichkeit mit dem Modell an. Der Künstler selbst erklärte: »Diejenigen, die von meinen Porträts als einer Unternehmung sprachen, die auf psychologische Durchdringung abzielt, hatten überhaupt nichts begriffen: die Bildnisse waren antipsychologisch, antiindividualistisch.«[27] Dennoch umreißt Dubuffet bestimmte psychologische Merkmale und individuelle Eigenheiten: den charakteristisch grimmigen Gesichtsausdruck von Léautaud – der Michel Ragon zufolge »dem Humor wenig zugetan«[28] war –, Jouhandeaus Hasenscharte, die konzentrierte Intellektualität von Tapié – mit seinen eng beieinanderliegenden Augen und dunklen Brauen – und die Gebrechlichkeit des Dichters Bousquet, der seit dem Ersten Weltkrieg halbseitig gelähmt war. Statt das Modell zu beobachten und seine Psychologie oder seine äußere Erscheinung zu porträtieren, gelang es Dubuffet, »die Art wiederzugeben, in der es unsere Empfindungen berührt hat, und die Gestalt, die es in unserer Erinnerung annimmt«.
Das *Porträt von Henri Michaux,* die Serie von Bildern zum Thema *Zahnarzt, Joë Bousquet im Bett* (Abb. 7.29, 7.30) und weitere Werke vom Herbst und Winter 1946/47 sehen aus, als wären sie in eine dunkle Fläche vor weißem Grund eingeritzt, wie bei den Schabblättern, die man aus Kindertagen kennt. Hierin wird der Einfluß der von Dubuffet angelegten Sammlung von Kinderkunst ganz deutlich. Das *Porträt von Henri Michaux* ist tatsächlich auf einem industriell hergestellten Schabkarton dieser Art ausgeführt; in der Zeichnung *Joë Bousquet im Bett* erzielt Dubuffet die gleiche Wirkung mit einer Schicht aus Gouache und Tusche auf weißem Gipsgrund. Diese Werke beziehen sich direkt auf Dubuffets Mappe von Kinderarbeiten in der gleichen

7.29 Jean Dubuffet
Porträt von Henri Michaux
November 1946

7.30 Jean Dubuffet
Joë Bousquet im Bett
Januar 1947

7.31 Kinderzeichnung
(aus der Sammlung Jean Dubuffet)
Ohne Titel

Technik, etwa auf das Bild mit der Aufschrift »Prison« (Gefängnis), das einen Polizisten mit einem Knüppel hinter dem Rücken zeigt (Abb. 7.31).
Villen und Gärten von 1957 (Abb. 7.32) verrät den Einfluß kindlicher Raumbegriffe auf das Werk von Dubuffet. In einer weiteren Arbeit aus seiner Sammlung, einer Malerei in Plakatfarbe (Abb. 7.33), zeigt das Kind die Autos von der Seite, während es zugleich von oben auf die Straße herabblickt. Überdies sind die Bäume, die Häuser – und in einem Fall sogar die Inschrift – so plaziert, als wären sie von der Schwerkraft eines hypothetischen Reisenden angezogen, der sich ihnen zunächst auf der Straße, also *im Bild* befindet. In *Villen und Gärten* benutzt Dubuffet das gleiche Schema, indem er die Figuren und Gegenstände im schrägen Winkel zum unteren Bildrand darstellt. Zwei charakteristische Züge der Kinderkunst lassen sich hier beobachten: zum einen die Gewohnheit, dreidimensionale Gegenstände als in sich geschlossene Entitäten darzustellen, die keinen Bezug zu ihrer räumlichen Umgebung haben, und zum anderen der Hang des jugendlichen Künstlers, sich selbst in die Handlung des Bildes hineinzuprojizieren. Räumliche Kategorien – oben, unten, links, rechts –, die einen distanzierten Beobachterstandpunkt voraussetzen, verlieren ihre Relevanz; statt das ganze Bild gleichsam von außen zu sehen, plaziert das Kind die Motive häufig so, als befände es sich *im Bild,* in unmittelbarer Nähe des Ereignisses, dem sein Interesse gerade gilt.
Diese direkte Einbeziehung des Künstlers in die Darstellung wird zum Gegenstand erweiterter Reflexion in Dubuffets kunsttheoretischen Schriften. In einer Ausstellungsbesprechung aus dem Jahre 1966 schrieb er zum Beispiel: »Der mentale Raum hat keine Ähnlichkeit mit dem dreidimensionalen, optischen Raum und hat keine Verwendung für Begriffe wie oben und unten, vorn und hinten, nah und fern. Er präsentiert sich als ein fließendes Gewässer, wirbelnd, mäandernd; um ihn zu transkribieren, bedarf es somit ganz anderer Techniken als derjenigen, die man zur Transkription der sichtbaren Welt verwendet.«[29] Diese Idee beinhaltet auch wichtige Folgerungen für Dubuffets Metaphysik. An anderer Stelle heißt es:

Hier läßt sich unsere Vorstellung dessen, was der Begriff des Seins umfaßt […] ganz einfach auf bestimmte Elemente ausdehnen, die nicht mehr isoliert sind und klar umrissene Konturen haben, wie […] die Wellen im Ozean, der Strudel im Fluß; auf Erscheinungen, die sehr rasch hervortreten, sich verwandeln und verschwinden – rascher jedenfalls, als das Grasbüschel oder der Mensch.[30]

In den fünfziger Jahren schuf Dubuffet eine Reihe von Werken – sie erstreckt sich von den frühen *Terres radieuses,* den *Lieux momentanés* und den *Pâtes battues* bis hin zu den *Assemblages d'empreintes,* den *Topographies* und den am Ende des Jahrzehnts entstandenen *Texturologies* –, in denen sich alle greifbaren Formen, einschließlich der menschlichen Gestalt, in ein Chaos von Mustern und Materialien auflösen. Im Vergleich zu anderen Bildern aus der Serie *Assemblages d'empreintes* ist das zentrale Motiv in *Landschaft mit Hund* von 1958 (Abb. 7.34) relativ differenziert, doch gerade dies läßt den Einfluß von Kinderzeichnungen auf die Entstehung um so klarer hervortreten.
Zu den Arbeiten, denen Dubuffet seine Inspiration möglicherweise verdankt, gehört eine um 1950 entstandene Papiercollage von Annie Chaissac (Abb. 7.35).[31] In der Collage des Mädchens sind die Papierfetzen so groß und ist die Darstellungsweise so ungelenk, daß die Materialien selbst die Hauptrolle übernehmen und das

7.32 Jean Dubuffet
Villen und Gärten
17. September 1957

7.33 Kinderzeichnung
(aus der Sammlung Jean Dubuffet)
Ohne Titel

7.36 Jean Dubuffet
Andrang
22.–23. März 1961

7.37 Gruppenbild von Pariser Schulkindern (aus der Sammlung Jean Dubuffet)
Das Kino
Um 1950

7.38 Jean Dubuffet
Kochgeschirr-Bruch DG 173
7. Juni 1962

7.39 Jean Dubuffet
Mire G 43 (Kowloon)
6. April 1983

7.34 Jean Dubuffet
Landschaft mit Hund
1958

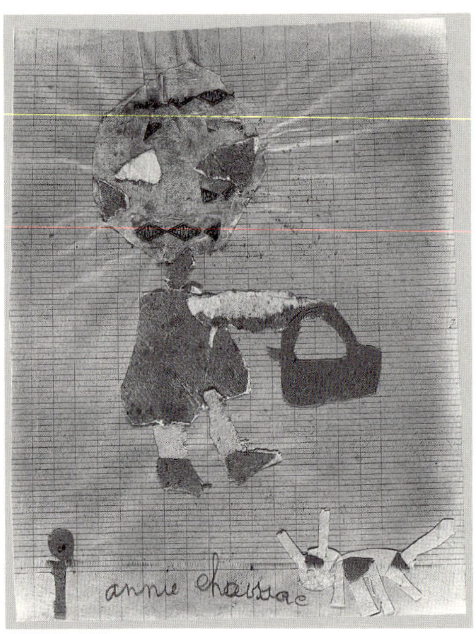

7.35 Annie Chaissac
(aus der Sammlung Jean Dubuffet)
Ohne Titel

Bildthema tendenziell verdrängen. Sowohl in einigen Werken aus der Serie *Assemblages d'empreintes* als auch in weiteren Bildern aus diesem Zeitraum löst Dubuffet das Motiv sogar ganz auf. Eine ähnliche Entwicklung, bei der die Textur wirklicher und wichtiger wird als das Motiv, vollzog sich während der vierziger Jahre im Werk des Malers Jean Fautrier. Anders als sein Zeitgenosse bezieht Dubuffet seine Anregungen jedoch zumeist aus beiden Aspekten: Die Wirkung seiner Arbeiten der fünfziger Jahre beruht gerade auf der Spannung zwischen dem *Bildthema* und der körperlichen *Beschaffenheit des Materials.* Er entwickelte, wie er sagte, »eine Vorliebe [...] für das Kleine, das Fast-Nichts, und insbesondere [...] für die Landschaften, in denen man nur das Formlose findet: endlose Niederungen, umherliegende Steine, jedes genau umrissene Element – Bäume, Straßen, Häuser und so weiter – getilgt.«[32]

In seinen Bildern der fünfziger Jahre tendierte Dubuffet immer mehr dazu, das Chaos des Unbewußten darzustellen, indem er ungeordnete Details und undifferenzierte Materie einer Sichtweise unterwarf, die durch äußerste Konzentration gekennzeichnet war. Dabei suchte er nach einer größeren Unmittelbarkeit, als die Metapher bieten kann. »Die Malerei«, so meinte er, »wirkt durch Zeichen, die nicht abstrakt und unkörperlich sind wie Worte. Die Zeichen der Malerei sind den Dingen sehr viel näher. Außerdem geht die Malerei mit Materialien um, die selbst lebendige Substanzen sind. Darum kann sie in der Annäherung an die Dinge und in ihrer Beschwörung sehr viel weiter gehen, als Worte vermögen. [...] Im übrigen ist die Malerei eine sehr viel spontanere und direktere Sprache als die der Worte: sie ist dem Schrei oder auch dem Tanz näher.«[33] Für Dubuffet wurde die Malerei in der Tat zu einer körperlichen Erfahrung, ähnlich wie das Schreiben für Roland Barthes, der schon 1953 von den »biologischen«, prälinguistischen Wurzeln des Stils sprach, in denen »das Fleisch und die äußere Wirklichkeit zur Einheit verschmelzen«.[34]

Um 1960 malte Dubuffet eine Reihe von Bildern, in denen die undifferenzierte Textur selbst das Sujet lieferte. Kurz darauf, im Jahre 1961, trat eine neue Farbigkeit und Dynamik in sein Werk. Er richtete sein Augenmerk auf die hektische Betriebsamkeit der Großstadt: auf Menschen, die in schachtelartige Autos eingesperrt sind und vom Verkehr erdrückt werden, auf die beengte visuelle Welt der Schaufenster und Passanten. Auch hier ging es um die Darstellung von Zersetzung und Chaos. Abermals bot das Auge des Kindes eine Grundlage für die unerschrockene Auseinandersetzung mit diesem Thema. Der Teppich von Gesichtern in *Andrang* aus dem Jahr 1961 (Abb. 7.36) zeigt Menschen, die in der Masse jede Individualität verloren haben. Von zentraler Bedeutung für dieses Bild war wiederum ein Stück aus Dubuffets Sammlung, das von einer Gruppe unbekannter Pariser Schulkinder stammte (Abb. 7.37).[35] In Arbeiten wie *Kochgeschirr-Bruch DG 173* von 1962 (Abb. 7.38) erscheinen die Menschen nur noch als schwache kleine Kratzspuren in einer buntgefleckten Malfläche, zusammengesetzt aus Farben von solcher Intensität, daß sie sich gegenseitig nahezu aufheben.

Im Sommer 1962 nahm Dubuffet die Arbeit an seinen *Hourloupe* betitelten Bildern auf, deren Stil er folgendermaßen charakterisierte: »Eine stete, einheitliche Linie, die auf alles angewandt wird und, darauf möchte ich bestehen, nicht nur auf das, was wir sehen, sondern auch auf die Dinge, die kein konkretes Wesen haben [...] – eine Linie, die alles auf einen gemeinsamen Nenner bringt und uns ein Universum als undifferenziertes Kontinuum wiedergibt.«[36] Der Stil dieser Serie, der wie Muster aus Puzzle-Stücken in Primärfarben anmutet, kulminiert in den Environments wie *Cabinet logologique* von 1967–1969, bei dem es sich, so Dubuffet, um eine »*geistige*

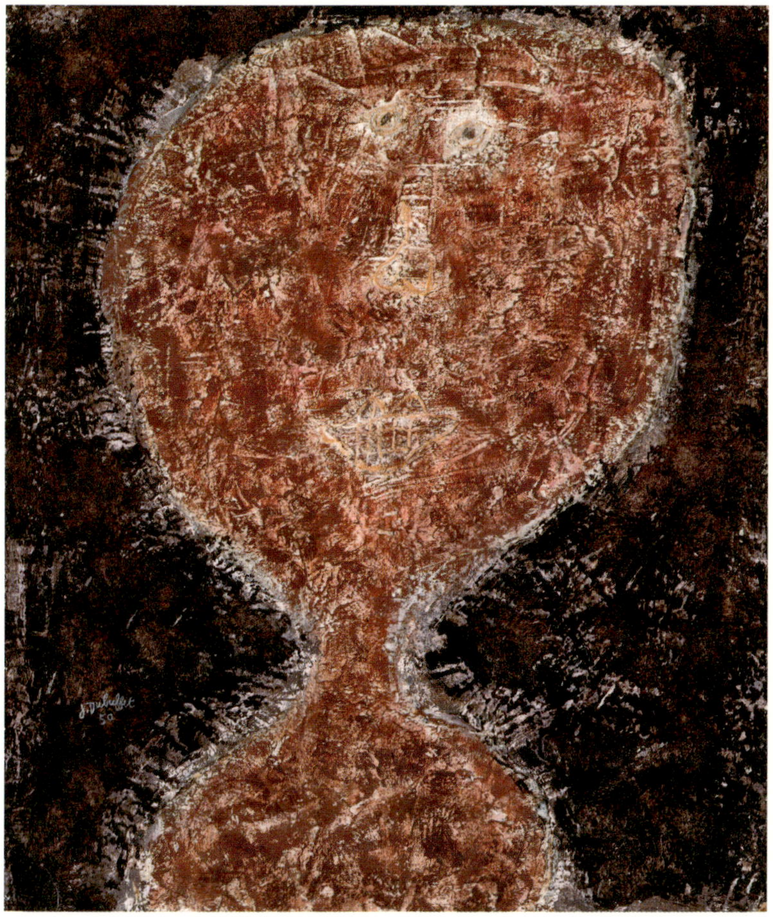

7.40 Jean Dubuffet
Julie die Ernsthafte
November 1950

7.41
Jean Dubuffet
Dreiecksbeziehung in Grau,
Ultramarin und Karminrot
April 1945

Schöpfung« handelt, »*die sich eignet, physisch bewohnt zu werden.* [...] Es ist, als ob ein Fisch anfangen würde, das Wasser zu erzeugen, in dem er lebt und seine Nahrung findet: So würden sich die Ausscheidungen seines eigenen Körpers in eine passende Umwelt und eine zuverlässige Nahrungsquelle verwandeln.«[37]
Dubuffet benutzte seine *Hourloupe*-Schrift, um Gegenstände zu zerlegen, und seine Bilder der späten siebziger und frühen achtziger Jahre heben sogar den Raum aus den Angeln. Am Ende seiner Laufbahn fand er zu einem Stil, der sich beinahe rein gestisch ausnimmt (Abb. 7.39). In den *Idéoplasmes,* seiner letzten, 1984 geschaffenen Serie, erscheint die Idee nicht mehr als Zeichen, nach dem Muster einer »Ideographie«, sondern sie schwebt gleichsam im Plasma, in der biologischen Ursubstanz. Wie Armande de Trentinian beobachtete, gleicht Dubuffets letzte Zeichnung einem Fötus: Sie kehrt – durch die Kindheit hindurch – zum Akt der Zeugung zurück.[38]
Für Dubuffet war die Kinderkunst weit mehr als ein Lexikon formaler Einfälle, derer sich der Künstler nach Belieben bedienen konnte. In den Bildern von Kindern erblickte er zum einen den ganz selbstverständlichen Ausdruck jener »Werte der Wildheit«, die die Kultur außer Sichtweite verbannt, und zum anderen eine bestimmte Art von Offenheit, eine Bereitschaft, alles und jedes wahrzunehmen, jenseits aller Werthierarchien. Seine Sammlung von Kinderzeichnungen bot ihm die Möglichkeit, die unverbrauchte Weltsicht des Kindes zu teilen, um so neue Einsichten in die Ereignisse des scheinbar banalen Alltags zu gewinnen. Der freie »mentale Raum« der Kindheit bietet einen direkteren Zugang zu jenen »affektiven Reaktionen«, die »jedes Individuum mit den Dingen verbindet, welche es umgeben«. Indem er »die wahre Regung unseres Denkens« erforschte, die er in der Kinderkunst antraf, entdeckte Dubuffet eine alles umfassende Ursprünglichkeit.«

1 Fjodor M. Dostojewskij, *Aufzeichnungen aus einem Kellerloch*, Stuttgart 1993, S. 27f.
2 Jean Dubuffet, Vorwort zu *L'hourloupe*, Ausst.-Kat. Galerie Jeanne Bucher, Paris, Dezember 1964; zit. nach Mildred Glimcher, *Jean Dubuffet: Towards an Alternative Reality,* New York 1987, S. 211.
3 Ders., »Avant-projet d'une conférence populaire sur la peinture« (1945), zit. nach Glimcher, *Jean Dubuffet* (Anm. 2), S. 48.
4 Ders., »Honneur aux valeurs sauvages«, Vortrag an der Universität Lille, 10. Januar 1951; zit. nach John M. MacGregor, *The Discovery of the Art of the Insane,* Princeton 1989, S. 298.
5 Ders., zit. nach Michael Peppiatt, »The Warring Complexities of Jean Dubuffet«, in: *Art News,* H. 76, Mai 1977, S. 60.
6 Ders., »Art brut: Vorzüge gegenüber der kulturellen Kunst«, Oktober 1949, in: *Die Malerei in der Falle: Antikulturelle Positionen,* Schriften, Bd. I, hrsg. von Andreas Franzke, Bern/Berlin 1991, S. 92.
7 Peter Selz, *The Work of Jean Dubuffet,* New York 1962, S. 19; vgl. auch Margit Rowell, *Jean Dubuffet: A Retrospective,* New York 1973, S. 17, und MacGregor, *Art of the Insane* (Anm. 4), S. 358, Anm. 3.
8 Siehe zum Beispiel MacGregor, *Art of the Insane* (Anm. 4), S. 292.
9 Hans Prinzhorn, *Bildnerei der Geisteskranken,* Berlin 1922, S. 17, Neuauflage: Heidelberg 1972.
10 Ibid., S. 41 f.
11 Jean Dubuffet, »Mémoire sur le développement de mes travaux à partir de 1952« (1957), in: ders., *Prospectus et tous écrits suivants,* Bd. II, Paris 1967, S. 103f.
12 Siehe Glimcher, *Jean Dubuffet* (Anm. 2), S. 4.
13 Siehe Jean Dubuffet, *Questionnaire à bâtons rompus;* zit. nach *Jean Dubuffet & Art Brut,* hrsg. von Thomas M. Messer und Fred Licht, Ausst.-Kat. Peggy Guggenheim Collection, Venedig 1986, S. 10.
14 James T. Demetrion vermutet, daß Dubuffets Beschäftigung mit dem Thema durch eine Ausstellung von Kinderkunst angeregt wurde, die 1942 in Paris stattfand. Siehe James T. Demetrion, *Jean Dubuffet 1943–1963,* Ausst.-Kat. Hirshhorn Museum and Sculpture Garden, Washington 1993, S. 44.
15 Georges Pillement, »Les Arts«, in: *Les Lettres françaises,* 16. Oktober 1947, S. 4; zit. nach MacGregor, *Art of the Insane* (Anm. 4), S. 297. Siehe auch Susan J. Cooke, »Jean Dubuffet's Caricature Portraits«, in: Demetrion, *Jean Dubuffet* (Anm. 14), S. 21.

16 Jean Dubuffet, »Avant-projet« (Anm. 3), S. 53.
17 Jean Dubuffet, »Anmerkungen für die Schöngeister«, in: ders., *Die Malerei in der Falle* (Anm. 6), S. 59f.
18 Jean Dubuffet, »Wider die Kultur«, Text eines in englischer Sprache gehaltenen Vortrags im Arts Club of Chicago, 20. Dezember 1951, in: *Jean Dubuffet,* Ausst.-Kat. Galerie Beyeler Basel, Basel 1965, o. S.
19 Michel Tapié, »Espaces et Expressions«, in: *Premier bilan de l'art actuel,* Le Soleil Noir, Positions, H. 3–4, 1953, S. 102; zit. nach Germain Viatte, »Aftermath, A New Generation«, in: ders.: *Aftermath: France 1945–54, New Images of Man,* Ausst.-Kat. Barbican Art Gallery London, London 1982, S. 13.
20 Henri Michaux, zit. in: Peter Broome, *Henri Michaux,* London 1977, S. 128. Das Originalzitat lautet: »Né, élevé, instruit dans un milieu et une culture uniquement du ›verbal‹ [...] je peins *pour me déconditionner.*«
21 Siehe Jean Dubuffet, *Asphyxiante culture* (Vergiftete Kultur), Schriften, Bd. II, hrsg. von Andreas Franzke, Bern/Berlin 1992.
22 Jean Dubuffet, »Les Publications De L'Art Brut: Simone Marye«, in: ders., *Prospectus* (Anm. 11), Bd. I, S. 368.
23 Ders., »Avant-projet« (Anm. 3), S. 46.
24 Ders., »Wider die Kultur« (Anm. 18).
25 Siehe das Faksimile des Katalogs in: *Catalogue des travaux de Jean Dubuffet,* bearbeitet von Max Loreau, Bd. III: *Plus beaux qu'ils croient (portraits),* 38 Bände, Paris/Lausanne 1964–1991, S. 13–16.
26 Siehe Cooke, »Jean Dubuffet's Caricature Portraits« (Anm. 15), S. 20–33.
27 Jean Dubuffet, »Note (Portraits)«, in: ders., *Prospectus,* Bd. II (Anm. 11), S. 429.
28 Michel Ragon, *Dubuffet,* New York 1959, S. 24.
29 Jean Dubuffet, »Pièces d'arbres historiées de Bogosav Zivkovič«, in: *Prospectus,* Bd. I (Anm. 11) S. 448.
30 Ders., »Empreintes«, in: *Les Lettres Nouvelles,* Bd. 48, April 1957, S. 507–527; zit. nach Herschel B. Chipp, *Theories of Modern Art,* Berkeley 1968, S. 614.
31 Annie (geb. 1943) war die Tochter des Malers Gaston Chaissac, der seit 1945 mit Dubuffet befreundet war. Nach dem Stil und dem Alter zu urteilen, dürfte diese Arbeit um 1950 entstanden sein, als das Mädchen etwa sieben Jahre alt war.
32 Jean Dubuffet, »Tables paysagées, paysages du mental, pierres philosophiques«, in: Dubuffet (Anm. 11), S. 79f.
33 Jean Dubuffet, »Wider die Kultur« (Anm. 18).
34 Roland Barthes, *L'obvie et l'obtus,* Paris 1982, S. 17.
35 Diesen Hinweis verdanke ich Michel Thévoz.
36 Jean Dubuffet, Brief an Arnold Glimcher, 15. September 1969; zit. nach Glimcher, *Jean Dubuffet* (Anm. 2), S. 223.
37 Ders., Notizen für einen Ausstellungskatalog (1978), in: Glimcher, *Jean Dubuffet* (Anm. 2), S. 249f.
38 Armande de Trentinian, Assistentin und Vertraute des Künstlers, in einem Gespräch mit dem Verfasser, 31. Mai 1991.

8 Cobra und das Kind in uns

Cobra, ein Akronym aus den Städtenamen Copenhagen, Brüssel und Amsterdam, fand sich Ende 1948 als künstlerische Bewegung zusammen, die für kurze Zeit eine Gemeinschaft von Künstlern aus diesen drei Metropolen bildete. Die bekanntesten Künstler der Gruppe waren Asger Jorn und Carl-Henning Pedersen aus Dänemark, Karel Appel, Constant und Corneille aus Amsterdam und Pierre Alechinsky aus Brüssel. Während der drei Jahre, in denen *Cobra* bestand, gab die Gruppe zehn Hefte einer gleichnamigen Zeitschrift heraus, hauptsächlich unter der Leitung des belgischen Dichters Christian Dotremont, sie veröffentlichte kleine Monographien und Plakate, organisierte mehrere Ausstellungen und ermöglichte innerhalb mancher Untergruppierungen der *Cobra*-Künstler einen engen, ja bisweilen geradezu familiären Austausch.

Das verbindende Merkmal der *Cobra*-Künstler war ihr Bestreben nach einem befreiten Ausdruck des Selbst durch einen direkten sinnlichen Austausch mit der Wirklichkeit; die physische Unmittelbarkeit drückte sich sowohl in der Behandlung der Farbe aus als auch im Umgang mit den Materialien, die sie in ihren Assemblagen benutzten.

»Die wahre Quelle der Kunst finden wir ausschließlich im Material«, schrieben einige der niederländischen *Cobra*-Mitglieder im zweiten Heft der Zeitschrift *Cobra.* »Wir sind Maler, und der Materialismus ist für uns die Erfahrung der Welt.«[1] Diese Vorliebe für eine elementare Expressivität – ebenso wie die prinzipielle Rebellion der Gruppenmitglieder gegen die Beschränkungen der Konvention – sind zum Teil als eine Reaktion auf die grausamen Jahre des Krieges und der deutschen Besetzung zu verstehen. »Cobra trat auf den Plan, weil es eine dringende Notwendigkeit war«, bemerkte Corneille später.[2]

Im Untertitel ihrer Zeitschrift bezeichnete sich *Cobra* als »eine lockere Verbindung von experimentellen Gruppen«. Die älteste dieser Gruppen datierte bereits eineinhalb Jahrzehnte zurück: auf 1933, das Jahr der Gründung der dänischen Zeitschrift *Linien* durch Vilhelm Bjerke-Petersen, einem ehemaligen Studenten Kandinskys, und Ejler Bille. Bjerke-Petersen trat um 1937 zum Surrealismus über, doch inzwischen hatte sich der *Linien*-Kreis erheblich erweitert; zu seinen Mitgliedern zählten Richard Mortensen, Henry Heerup, Egill Jacobsen, Carl Henning-Pedersen und Asger Jørgensen, der 1945 seinen Nachnamen in Jorn änderte. *Linien* löste sich 1939 auf und wurde durch die Gruppe *Høst* und die Zeitschrift *Helhesten* ersetzt, deren führender Kopf im Jahr 1941 Asger Jorn wurde.

Nach dem Krieg formierte sich die niederländische *Experimentelle Gruppe* um die Zeitschrift *Reflex,* die im Jahre 1948, nur wenige Monate vor dem Zusammenschluß von *Cobra,* von Constant, Corneille und Appel gegründet wurde. Diese Gruppe, die dann in der Vereinigung *Cobra* aufging, schloß außer den Gründern der Zeitschrift noch einige weitere Mitglieder ein, insbesondere Anton Rooskens, Theo Wolvecamp und Eugène Brands. Der Dichter Christian Dotremont gründete das *Bureau*

International du Surréalisme Révolutionnaire in Brüssel, zu dem 1949 der junge Maler Pierre Alechinsky stieß. Damit war der Kern der belgischen *Cobra*-Gruppe konstituiert.
Der Surrealismus hatte einen prägenden Einfluß auf alle Künstler von *Cobra*. Vor allem lenkte er ihre Aufmerksamkeit auf die Kräfte des Unbewußten. In diesem Sinne schrieb der Veteran des Surrealismus, Max Ernst, 1949 in der März-Ausgabe der Zeitschrift *Cobra:* »Dank der *écriture automatique,* der Collage, der Frottage und all der Prozesse, die den Automatismus und die irrationale Erkenntnis begünstigen, haben die Surrealisten die Tiefen dieses unsichtbaren, wunderbaren Universums, des ›Unterbewußten‹ berührt und haben sie in ihrer ganzen Wirklichkeit beschrieben.«[3]
Cobra wies allerdings André Bretons idealistische Forderung nach einem »rein psychischen Automatismus« zurück, wie er im ersten *Surrealistischen Manifest* beschrieben wurde. Asger Jorn zufolge enthielt Bretons Formulierung »einen unlösbaren Widerspruch. Man kann nicht auf rein psychischem Wege sich selbst zum Ausdruck bringen. Der reine Akt des Ausdrucks ist physisch.«[4] Zudem wollten die *Cobra*-Mitglieder die lebendige Erfahrung des Alltags nicht aus ihrer Kunst verbannen: »Wir wollen Schönheit und Leben nicht trennen«, insistierten Appel, Constant und Corneille in einer gemeinsamen Stellungnahme für das erste Heft der Zeitschrift *Cobra* von 1948.[5]
Statt eines »rein psychischen Automatismus« strebte *Cobra* eine unreglementierte und »unreine« Begegnung mit der Realität an, in der die irrationalen Kräfte des Unbewußten ihren Platz haben, um die Vielfalt des Lebens noch vollständiger einfangen zu können. Ähnlich wie bei ihrem französischen Zeitgenossen Jean Dubuffet beinhaltete die Forderung der *Cobra*-Künstler nach »Spontaneität« eine Anerkennung des gesamten Spektrums menschlicher Erfahrungen, die – bewußt oder unbewußt – den Erkenntnisprozeß beeinflussen können. Insbesondere sahen sie die Vorstellungskraft als einen Mechanismus an, der die durch die Wahrnehmung empfangenen Bilder stets umwandelt und neu formt – ein Gedanke, den sie der Psychoanalyse und der Phänomenologie entlehnten.
Diese direkte Einbeziehung der Imagination in die Wahrnehmung von Ereignissen aller Art hatte für manche Künstler der Gruppe auch eine ausdrücklich politische Implikation. So erklärte Constant in einem Manifest, das er 1948 für das erste Heft der Zeitschrift *Reflex* verfaßte: »Die allgemeine gesellschaftliche Ohnmacht und die Passivität der Massen sind Anzeichen dafür, wie die Normen der Kultur die natürlichen Äußerungen der Lebenskraft hemmen [...]. Die Kunst [...] erkennt nur die Ausdrucksnormen an, die ihrer eigenen Intuition spontan entspringen.«[6]
Nach Auffassung Constants setzen diese unbewußten oder inneren Normen die von außen auferlegten Konventionen außer Kraft und befreien dadurch das Individuum vom konventionellen Denken. Deshalb kann für Constant »die Rolle des Künstlers nur die des Revolutionärs sein: es ist seine Pflicht, die letzten Überbleibsel einer toten, lästigen Ästhetik beiseite zu schaffen und auf diese Weise die kreativen Instinkte zu wecken, die im Unbewußten des menschlichen Geistes schlummern. Die Massen, im Sinne der von außen aufgezwungenen ästhetischen Normen erzogen, ahnen noch nichts von ihrem kreativen Potential.« Dieser Wunsch, in jedem Menschen den Künstler zu erwecken und damit, gegen den Widerstand herkömmlicher Normen, ein Individuum, ist ein immer wiederkehrendes Thema der nördlichen Tradition der Romantik von Novalis bis Joseph Beuys. »Für uns«, so Constant, »ist [...] die Belebung des Schaffensdrangs die wichtigste Aufgabe der Kunst«.[7]

8.3 Cobra 4, Seite 7
Amsterdam, November 1949

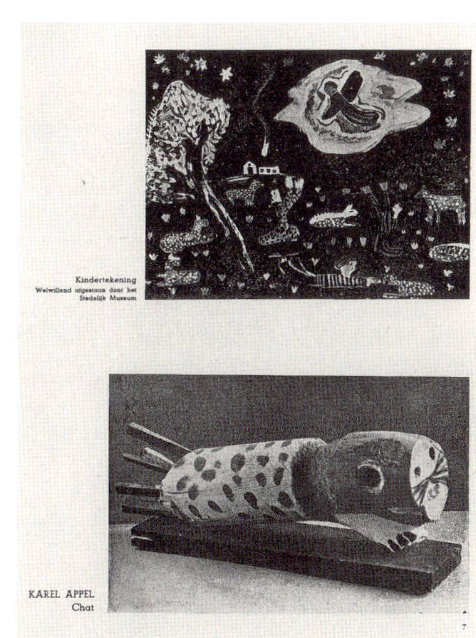

8.1 Cobra 4, Seite 11
und eine unpaginierte Seite
Amsterdam, November 1949

8.2 Cobra 4, Seite 19
und eine unpaginierte Seite
Amsterdam, November 1949

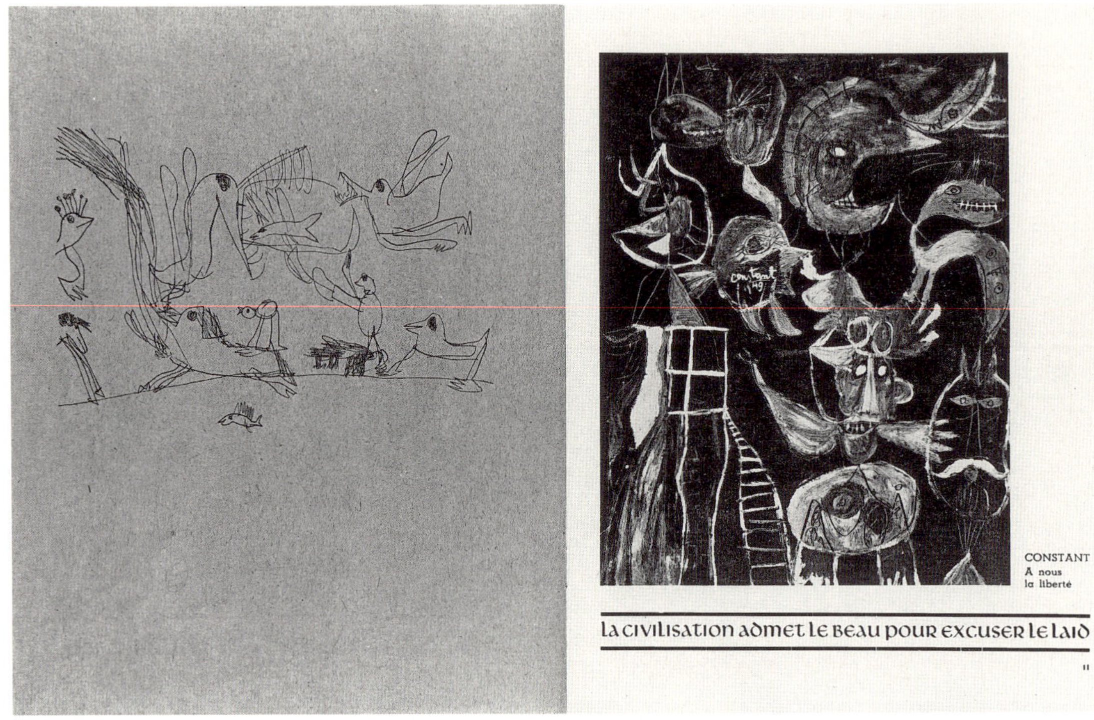

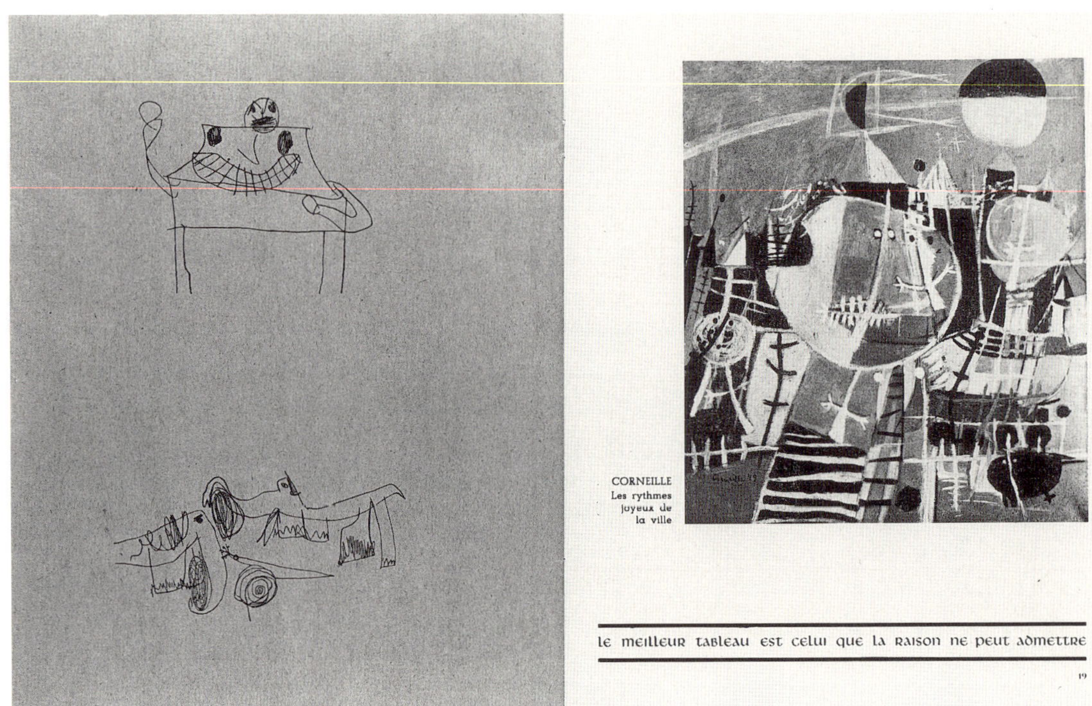

8.5 Pierre Alechinsky (mit Nicolas, 11 Jahre)
Post Hieronymous
1969

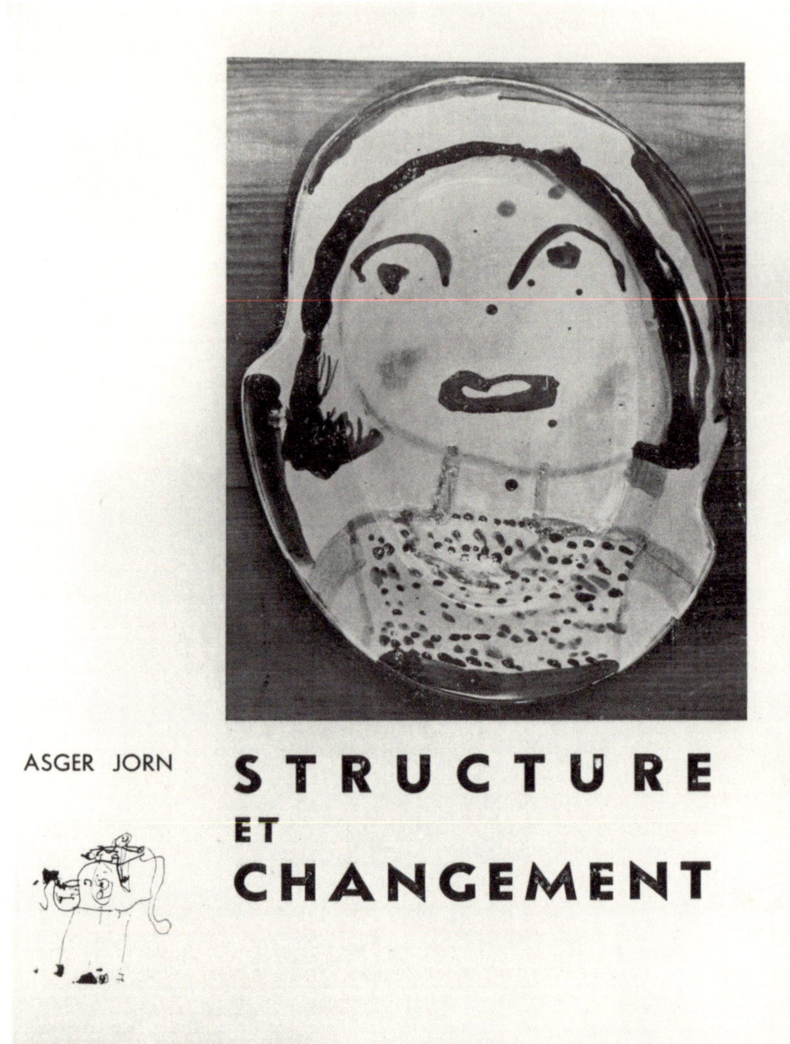

8.7 Asger Jorn
Ohne Titel
1943

8.8 Asger Jorn
Titelblatt von »Structure et Changement«
Paris 1956

Um dieses aktive Einbeziehen des Betrachters zu erreichen, muß, wie Constant argumentierte, der Künstler den Betrachter am Prozeß der Aufdeckung und Beschreibung von Bedeutungen im Kunstwerk beteiligen. Demnach muß er den expressiven Gehalt des Werkes mit der größtmöglichen Lebendigkeit präsentieren, ohne gleichzeitig seine Form exakt zu präzisieren. Die daraus resultierende Offenheit gegenüber jeder Art von Erfahrung führte die *Cobra*-Künstler zur Beschäftigung mit der Kinderkunst, in der das Unbewußte viel weniger modifiziert und leichter zugänglich ist als in den Arbeiten eines professionellen Künstlers. Constant beobachtete, daß in der »Ausdrucksform der Ungeschulten [...] dem Unbewußten der größtmögliche Raum gelassen ist.« Er ging so weit zu behaupten: »Das Kind kennt kein anderes Gesetz als das seines ursprünglichen Lebensgefühls und will nur diesem Ausdruck verleihen.«[8]

Die *Cobra*-Künstler strebten eine ungezügelte, lebendige Expressivität in der Behandlung der Farbe an und bemühten sich um eine Bildkraft, die auf der individuellen Phantasie beruhte, wie sie diese im Spiel von Kindern zu entdecken meinten, um mit den Worten Karel Appels zu sprechen: »Wir wollten wieder wie die Kinder beginnen.«[9] Anders daher als der nüchterne Akt der existentiellen Selbstver-

8.6 Asger Jorn
Ohne Titel
1939

8.4 Asger Jorn
Kinderspiele
1960

wirklichung im zeitgenössischen abstrakten Expressionismus oder in der morbiden Metaphysik von Jean Dubuffet war das Werk der *Cobra*-Künstler überschwenglich optimistisch. »Kein gutes Bild ohne großes Vergnügen«, so die Devise von Corneille.[10]

Im Dezember 1948 veranstaltete Willem Sandberg, der Direktor des Stedelijk Museums in Amsterdam, eine Ausstellung von Kinderzeichnungen unter dem Titel »Kunst en kind« (Kunst und Kind), die die *Cobra*-Gruppe tief beeindruckte. Das mag die Künstler dazu bewogen haben, eine Anzahl von Kinderzeichnungen in das vierte Heft von *Cobra* aufzunehmen, das der großen Jubiläumsausstellung der Gruppe im Jahre 1949 als Katalog diente. Corneille publizierte dieses Heft in Amsterdam, während *Cobra* sonst von Dotremont in Brüssel herausgegeben wurde. Er inszenierte darin einige Gegenüberstellungen von Kinderzeichnungen mit eigenen Arbeiten sowie mit Werken von Appel und Constant (Abb. 8.1.–8.3). Die Bewunderung der *Cobra*-Gruppe für die Unvoreingenommenheit der kindlichen Sichtweise führte sogar mehrfach zu einer direkten Zusammenarbeit dieser Künstler mit ihren eigenen Kindern. So entstanden beispielsweise die berühmten Wandmalereien, die sie auf den Wänden und Decken des Hauses in Bregneröd nahe Kopenhagen schufen und das sie im Sommer 1949 einen Monat lang bewohnten, aber auch einzelne Werke wie Jorns *Kinderspiele* von 1960 und Alechinskys *Post Hieronymous* von 1969 (Abb. 8.4, 8.5).

Bei den Mitgliedern der dänischen Gruppe galt die Kinderkunst schon seit längerer Zeit als vorbildlich für den zeitgenössischen Künstler. Ejler Bille schrieb 1942 in *Helhesten:* »Während das Kleinkind noch im Besitz jener Rhythmen des Lebens ist, denen die Kunst entspringt, ist das beim Erwachsenen nicht mehr der Fall. Nur den wenigsten gelingt es, mit ihrer Kindheit in Verbindung zu bleiben und ihre Entwicklung, gegen den Druck der sozialen Konvention, im Fluß zu halten.«[11] Im vorangegangenen Jahr hatte Jens Sigsgaard in *Helhesten* einen Beitrag über Kinderkunst veröffentlicht, in dem einige Werke von Kindern abgebildet waren. Asger Jorn kaufte viele von ihnen und bewahrte sie bis zu seinem Tod auf. Sigsgaard bescheinigte den Kinderzeichnungen einen eigenständigen, kraftvollen Zugriff auf die Realität,[12] womit genau jener Aspekt gekennzeichnet ist, der die *Cobra*-Künstler am meisten anzog.

Im Jahr 1937 wurde Jorn von Le Corbusier engagiert, um zwei Zeichnungen eines zwölfjährigen Jungen als Fresken auf einer Fläche von 50 Quadratmetern vergrößert zu übertragen, die für seinen *Pavillon der neuen Zeiten* der Pariser Weltausstellung bestimmt waren (Abb. 1.16). Offensichtlich aber interessierte sich Jorn auch unabhängig von diesem Auftrag für Kinderkunst. Bereits in den ersten Werken seiner reifen Phase ist der Einfluß der Kinderzeichnung sichtbar, so zum Beispiel in dem quadratischen Bild *Ohne Titel* von 1939 (Abb. 8.6), das auch als *Pige* bekannt ist. Doch bemerkt Graham Birtwistle zu Recht, daß Jorn in seinen in den vierziger Jahren entstandenen theoretischen Überlegungen der »natürlichen« Kunst von Kindern keinen höheren Stellenwert einräumte als der nichtwestlichen, prähistorischen und volkstümlichen Kunst,[13] auch wenn der Künstler in mehreren Arbeiten von 1945 eine eher ›kindliche‹ Freiheit der Gestik und Formgebung entfaltete.

Seit dem Jahr 1949 macht sich jene typische Auflockerung in Jorns Stil bemerkbar, die durch die Kunst von Kindern direkt inspiriert zu sein scheint. Die von 1956–1959 und von 1970–1972 entstandenen Bilder, die Guy Atkins als die besten in Jorns Œuvre bezeichnet hat,[14] sind auch diejenigen, die am eindeutigsten und konsequentesten von der Freiheit der Darstellung und der Gestik der kindlichen Kunst

8.11 Asger Jorn
Porträt Balzac
1956

Gebrauch machen (Abb. 8.8, 8.11–8.17). Tatsächlich scheint Jorn seinen eigenen Ausdruck als Maler durch seine Auseinandersetzung mit der Kinderkunst gefunden zu haben. Als Jorn 1956/57 das Bild *Brief an meinen Sohn* (Abb. 8.12) malte, war sein Sohn Ole sechs Jahre alt, seine Tochter Bodil ein Jahr jünger. Viele der Motive dieses Bildes, wie der weiße Vogel mit schwarzen Punkten und das Gesicht mit den nah beieinanderliegenden Augen in der oberen rechten Ecke, erwecken den Eindruck, als entstammten sie den Zeichnungen eines Fünf- oder Sechsjährigen. Die Bemalungen von Jorns Keramikarbeiten – seine ernsthafte Beschäftigung mit diesem Medium begann 1953[15] – haben ebenfalls einen unmittelbaren Bezug zum Vokabular der Kinderkunst. Jorn verwendete ein frappantes Beispiel dieser Art als Umschlagfoto für seine Schrift *Structure et Changement* von 1956 (Abb. 8.8).

8.12 Asger Jorn
Brief an meinen Sohn
1956–1957

8.13 Asger Jorn
Die Hängung
1958

8.14 Asger Jorn
Mauerblümchen
1958

Die Kinderzeichnungen, die Corneille auswählte, um sie im vierten Heft der Zeitschrift *Cobra* seinem Werk *Die fröhlichen Rhythmen der Stadt* von 1949 (Abb. 8.2, 8.20) gegenüberzustellen, weisen in der Überlagerung zweier verschiedener Bezugsrahmen in ein und derselben Darstellung eine prinzipielle Gemeinsamkeit mit seinem eigenen Bild auf. So zeigt beispielsweise die obere Kinderzeichnung eine vollständige menschliche Figur, deren Körper zugleich ein Gesicht darstellt. Corneille verwendet diese Idee beim mittleren Gesicht seiner Komposition, das gleichfalls ein weiteres Gesicht und eine Figur enthält. Die leuchtenden Farben, die Flächigkeit der Formen und die freie Gestik der Linienführung erinnern ebenfalls an die Kinderkunst; sichtbar sind allerdings auch Einflüsse aus einer anderen Quelle – insbesondere dem Werk Paul Klees.

Die Kinderzeichnung, die in *Cobra* Nr. 4 neben Constants Bild *Uns gehört die Freiheit* abgebildet ist (Abb. 8.1, 8.24), kommt dem Stil des Gemäldes derart nahe, daß man

8.15 Asger Jorn
Wiedersehen am Todesufer
1958

8.16 Asger Jorn
Das böse Jahr
1963

8.17 Asger Jorn
Man spricht so viel (Dort läuft einer)
1967–1968

sie auf den ersten Blick für eine von Constant selbst gefertigte Zeichnung halten könnte. Die phantastischen Tiergestalten, die Fragmentierung der Komposition und der Mangel an räumlicher Tiefe sind auffallend ähnlich. Dagegen hat Constant eine Fläche eliminiert, die in der Kinderzeichnung noch vorhanden ist, und während die Figuren der Kinderzeichnung so miteinander umzugehen scheinen, daß ein narrativer Zusammenhang entsteht, erinnern die statischen Gestalten in Constants Bild eher an Masken oder Götzendarstellungen. Doch enthält die Komposition Constants ein Haus und eine Leiter, die wiederum im flächig-linearen Stil eines Kindes gezeichnet sind.

In Constants Arbeiten der Jahre 1948 und 1949 (Abb. 8.24–8.26) ist die Beziehung zur Kinderkunst ausgeprägter als im Werk jedes anderen *Cobra*-Künstlers. Zugleich handelt es sich dabei nicht nur um die bedeutendsten Bilder dieses Malers, sondern sie zählen auch zu den wichtigsten Arbeiten der gesamten Bewegung. Der Einfluß der Kinderkunst auf das Werk Karel Appels datiert ebenfalls aus der *Cobra*-Zeit (1948–1950) und blieb seitdem bestehen (Abb. 8.29–8.38). Appels *Fragende Kinder,* ein Wandbild, das er 1949 für die Kantine des Amsterdamer Rathauses entwarf, war eine Reminiszenz an die Gesichter der hungernden Kinder im Deutschland der Nachkriegszeit: unschuldige Opfer, die ihrem Leiden ausgeliefert waren, ohne es zu verstehen. Die Öffentlichkeit war empört über das Bild, und der Amsterdamer Stadtrat mußte es übermalen lassen. Doch die Gruppe von Reliefstudien, die Appel 1948 und 1949 zu diesem Thema schuf, gehört zu seinen herausragenden Leistungen (Abb. 8.31–8.33). Appel konstruierte diese Studien zu *Fragende Kinder* mit Fundstücken aus Holz und montierte sie auf flache Bretter. Diese Arbeiten stehen bewußt in der Tradition der Holzkonstruktionen von Picasso, Schwitters, Arp und Miró, aber sie zeigen auch eine Verwandtschaft mit den grob bemalten Spielfiguren, die Kinder aus Holzresten herstellen. Ähnlich wie die *Hölzerne Katze* von Appel, abgebildet in *Cobra* Nr. 4 (Abb. 8.3, 8.29), sind diese Plastiken in den einfachen, hellen Farben der kindlichen Palette bemalt und die Gesichtszüge mit breiten, betont vergröbernden Pinselstrichen gezeichnet. Die schematischen Gesichter und Figuren, ebenfalls von Zeichnungen der frühen Kindheit abgeleitet, sind frontal ausgerichtet und in der Fläche aufgereiht.

Kurz nachdem er *Fragende Kinder* gemalt hatte, befand sich Appel auf einer Wanderung in den Bergen Südfrankreichs, wo es, wie er sich erinnert, »plötzlich zu

8.21 Corneille
Der kleine Elefant
1950

8.22 Corneille
Ohne Titel
1950

8.23 Corneille
Der Mensch, der die erste Blume auf dem Mond anpflanzte
1950

8.20 Corneille
Die fröhlichen Rhythmen der Stadt
1949

schneien begann«. Hunderte von kleinen Papierblättern regneten vom Himmel herab. Auf diesen Blättern befanden sich Kinderzeichnungen, von denen er so viele wie möglich einsammelte. Er sah sich in alle Richtungen nach einem Schulbus oder einer Gruppe von Kindern um, aber es war niemand zu sehen, und er fand nie heraus, woher die Blätter gekommen waren. Diese Kinderzeichnungen dienten ihm einige Jahre lang als Quelle der Inspiration (Abb. 8.39, 8.40).[16]
Allgemein scheinen die besten Arbeiten der niederländischen *Cobra*-Künstler diejenigen zu sein, die aus der Kinderkunst Anregungen schöpften. Ein weiteres Beispiel bietet Lucebert (Lubertus J. Swaanswijk), ein Dichter aus dem *Cobra*-Zirkel, der erst zu malen begann, als die Gruppe sich offiziell bereits aufgelöst hatte. Sein 1962 entstandenes Bild *In Ägypten* (Abb. 8.57) weist eine taktil anmutende Palette satter Farben auf, eine zweidimensionale Behandlung des Raums und eine mit betont einfachen Mitteln dargestellte Bilderwelt von Fabelwesen, die an die formalen Einfälle von Kindern erinnert. Eugène Brands, ein weiteres Mitglied der niederlän-

Seite 210 →

8.25 Constant
Faun
1949

8.26 Constant
Festival der Traurigkeit
1949

8.24 Constant
Uns gehört die Freiheit
1949

8.29 Karel Appel
Hölzerne Katze
1947

8.30 Karel Appel
Totem-Pfahl
1948

8.31 Karel Appel
Fragende Kinder
1949

8.32 Karel Appel
Fragende Kinder
1949

8.33
Karel Appel
Fragendes Kind
1950

8.34 Karel Appel
Kind mit einem Esel
1949

8.35 Karel Appel
Frau und Mann
1952

8.36 Karel Appel
Frau und Pferd
1952

dischen *Cobra*-Gruppe, verwendete in den Jahren 1950 und 1951 ein auffallend kindliches Vokabular – um diese Zeit dürfte seine 1947 geborene Tochter zu zeichnen begonnen haben. Diese Bilder, die stärksten seiner Laufbahn, fangen die emotionale Offenheit der kindlichen Malerei ein (Abb. 8.43–8.45, 8.50, 8.54).

Für Pierre Alechinsky stellte *Cobra* eher den Ausgangspunkt als den Gipfel seiner künstlerischen Entwicklung dar. Ähnlich wie Jorn erlebte er eine Befreiung des Ausdrucksvermögens durch die emotionale Direktheit der Kinderkunst und durch die physische Unmittelbarkeit des Malens. Doch während Jorn sich beides auf eine ganz und gar intuitive Weise aneignete, ging Alechinsky – beeinflußt durch die Psychoanalyse und den Materialismus des französischen Philosophen Gaston Bachelard – mit höherer analytischer Bewußtheit vor, und der Einfluß bestimmter Arbeiten von Kindern scheint für seine Entwicklung weniger wichtig gewesen zu sein. Alechinsky begegnete der *Cobra*-Gruppe zum ersten Mal bei der Ausstellung »Le Groupe Surréaliste-Révolutionnaire« vom März 1949 in Brüssel und ließ sich sofort engagieren, um Dotremont als Herausgeber der Zeitschrift *Cobra* zu helfen. Als die Gruppe sich konstituierte, war er erst 21, doch er fand beinahe sofort zu einem ausgereiften Stil, der eine surrealistische Metamorphose der menschlichen Gestalt mit der malerischen Tradition des Expressionismus verband. Alechinskys umfassende Intellektualität hat auch seine Malerei zu einer wohldurchdachten stilistischen Entwicklung und einer experimentellen Vorgehensweise vorangetrieben, die die Zusammenarbeit mit Dichtern, anderen Künstlern und in einem Fall mit seinem eigenen Sohn einschloß: Pierre Alechinsky malte nur die oberen drei Viertel von *Post Hieronymous* (Abb. 8.5), die »Predella« aus Buchstaben im unteren Teil des Bildes wurde von Alechinskys damals elfjährigem Sohn Nicolas nach Hieronymus Bosch gezeichnet. Bei dieser Gemeinschaftsarbeit versuchte der Vater die kindliche Direktheit des Ausdrucks – sowohl in den Motiven als auch im Stil – zu erreichen, während der Elfjährige mit der hochentwickelten Meisterschaft des Erwachsenen wetteiferte.

8.35

8.36

8.38 Karel Appel
Kind auf einem Spielzeugpferd
1949

8.39 Kinderzeichnung
(aus der Sammlung
Karel Appel)

8.40 Kinderzeichnung
(aus der Sammlung
Karel Appel)

Die Vorläufer, deren Stil die größte Bedeutung für die *Cobra*-Künstler hatte, waren – neben dem starken Einfluß der surrealistischen Theorie – Kandinsky, Klee, Picasso und Miró. Es überrascht nicht, daß diese Liste die Geschichte widerspiegelt, die von dieser Ausstellung nachgezeichnet wird. Daß Larionow fehlt, liegt vielleicht daran, daß sein Werk im Westen noch weitgehend unbekannt war, und Dubuffet, den die *Cobra*-Künstler bewunderten, war ein unmittelbarer Zeitgenosse. Aus der Sicht der *Cobra*-Gruppe war die Kinderkunst ein Paradigma dessen, wie man mit der Welt umzugehen hatte – auf eine Weise nämlich, die sowohl ungehemmt als auch erfüllt ist von der freudigen Aussicht auf Genuß und Anregung. »Es dauert Jahre, bis man das Kind in sich selbst findet«, erklärte Alechinsky in bezug auf sich und die anderen Künstler der Gruppe. Es war durchaus nicht so, daß die *Cobra*-Künstler naiv *sein* wollten, aber der unmittelbare Zugang des Kindes zu den lebendigen Gefühlen des Unbewußten zog sie an. »Cobra«, so bemerkte Alechinsky, »ist eine Kunstform, die die Kindheit anstrebt [...] mit den Mitteln, die Erwachsenen zur Verfügung stehen.«[17]

8.37 Karel Appel
Tiere der Nacht
1948

8.43

8.50

8.44

8.45

8.54

8.57 Lucebert
In Ägypten
1962

8.43 Eugénie Brands
Kinderzeichnung

8.44 Eugénie Brands
Kinderzeichnung

8.45 Eugénie Brands
Kinderzeichnung

8.50 Eugène Brands
Zwei Vögel
29. Juni 1954

8.54 Eugène Brands
Die gelbe Tafel 2
Januar 1954

1 Groupe Expérimental Hollandais, *Cobra,* H. 2, Brüssel, 21. März 1949, S. 6; faksimilierter Nachdruck in: *Cobra 1948–51,* Paris 1980.
2 Corneille, zit. in: André Laude, *Corneille Le Roi-Image,* Paris 1973, S. 25; zit. nach Eleanor Flomenhaft, *The Roots and Development of Cobra Art,* Ausst.-Kat. Fine Art Museum of Long Island, Hempstead, New York 1985, S. 33.
3 Max Ernst, »Comment Ils [...] S'Encadrent«, in: *Cobra,* H. 2 (Anm. 1), S. 5.
4 Asger Jorn, zit. nach Flomenhaft, *Roots and Development of Cobra Art* (Anm. 2), S. 17.
5 »Erklärung von Appel, Constant, and Corneille«, in: *Land og Folk,* 3. Dezember 1948, sowie in: *Cobra,* H. 1, Brüssel, Dezember 1948, S. 24, siehe auch Anm. 1.
6 Constant Nieuwenhuys, »Manifest«, in: *Reflex,* H. 1, Amsterdam, September/Oktober 1948; Nachdruck in: Willemijn Stokvis, *COBRA: Eine internationale Bewegung in der Kunst nach dem zweiten Weltkrieg,* Braunschweig 1989, S. 29f.
7 Ibid.
8 Ibid.
9 Karel Appel, Gespräch mit Eleanor Flomenhaft vom 16. Oktober 1975, zit. nach Flomenhaft, *Roots and Development of Cobra Art* (Anm. 2), S. 33.
10 Corneille, zit. nach Jean-Clarence Lambert, *Cobra,* New York 1984, S. 137.
11 Ejler Bille, *Helhesten,* 2. Jg., H. 1, Oktober 1942; zit. nach Graham Birtwistle, »Primitivism of the Left: Helhesten, Cobra and Beyond«, in: *Cobra 40 years after,* hrsg. von der Foundation Cobra und dem National Fund De Nieuwe Kerk, Amsterdam 1988, S. 39.
12 Jens Sigsgaard, »Wenn Kinder zeichnen«, in: *Helhesten I,* H. 4, 1941, S. 117ff.; besprochen bei Graham Birtwistle, *Living Art: Asger Jorn's comprehensive theory of art between Helhesten and Cobra, 1946–1949,* Utrecht 1986, S. 24.
13 Graham Birtwistle, *Living Art* (Anm. 12), S. 178–183.
14 Guy Atkins, *Asger Jorn, The Crucial Years: 1954–1964,* London 1977, S. 25.
15 Im Frühjahr 1954 zog Jorn nach Albisola in Italien und arbeitete in einer Töpferwerkstatt mit einer Reihe weiterer Künstler, zu denen Appel, Baj, Corneille, Fontana und Matta gehörten. Von 1955 bis zu seinem Tod verbrachte Jorn seine Zeit abwechselnd in Paris und in Albisola.
16 Gespräch zwischen Karel Appel und Jonathan Fineberg, Amsterdam, 2. Oktober 1994.
17 Pierre Alechinsky, zit. nach Jean-Clarence Lambert, *Cobra* (Anm. 10), S. 183. Da das Buch keine Anmerkungen enthält, lassen sich der ursprüngliche Fundort und das Datum des Zitats leider nicht angeben.

9 Von der Peripherie ins Zentrum: Das Kind in der Gegenwartskunst

Die jungen amerikanischen Künstler der vierziger Jahre, so beispielsweise Jackson Pollock und Mark Rothko, sahen den Akt des Malens aus einem existentialistischen Blickwinkel und machten die Erforschung des eigenen Innenlebens zur Quelle ihrer künstlerischen Aussage.[1] Damit ging zwangsläufig der Versuch einher, die Entwicklung des Denkens bis in die Kindheit zurückzuverfolgen. So erinnert im Werk von Pollock zum einen die chaotische Flut von Bildern aus dem Unbewußten und zum anderen, seit Ende 1946, das freie gestische Zeichnen an das Gekritzel von Kindern. Tatsächlich war der Künstler bestrebt, sich von den Lügen und Ausflüchten des erwachsenen Bewußtseins zu befreien und durch die Malerei zur eigenen Kindheit zurückzufinden.

Pollock und seine Freunde trennten die Inszenierung der Freudschen »Primärprozesse« – der verborgenen Spuren kindlichen Denkens, die beim Erwachsenen fortdauern – von anderen Formen des Umgangs mit diesem Themenkreis: so beispielsweise vom Gebrauch der Kindheit als Symbol des Primitiven bei Larionow oder als Chiffre des Universellen bei Kandinsky, von der Untersuchung der Bildstruktur und der Ikonographie der Kinderzeichnung als Weg zum eigenen Selbst im Œuvre von Münter und Klee oder von der epistemologischen Erkundung kindlicher Denkprozesse bei Dubuffet. Sie suchten nach einem direkteren Zugang zur Kindheit, nach einer unmittelbaren Erfahrung jener Art, um die sich auch ihre europäischen Zeitgenossen aus der Gruppe *Cobra* bemühten. Pollock griff auf die surrealistische Technik des automatischen Zeichnens zurück, um sich beim Zeichnen wieder in die *Gefühle* des Kindes hineinzuversetzen. Diese bewußte Regression führte gelegentlich ins unmittelbare taktile Erleben zurück, etwa als Pollock in *Number One, 1948* des Museum of Modern Art, New York, die Farbe mit den bloßen Händen auftrug.

Es gibt zwar keinen Beleg dafür, daß Pollock bewußt auf Kinderkunst anspielte, aber die Verankerung seines Œuvres in den Werken von Picasso, Kandinsky, Klee, Miró und Matisse stellt es in einen Kontext, der die Kinderkunst stets einschließt. Dasselbe gilt für Robert Motherwell, der die Kinderkunst nie als Bildquelle ansah, sich aber mit den Künstlern eingehend auseinandersetzte, für die das Kindliche eine zentrale Bedeutung einnahm. In mehr oder weniger offener Weise wurde die Beschäftigung mit der Kindheit zu einem Hauptthema jener gesamten Richtung in der Malerei der Nachkriegszeit. Die unterschwelligen Themen der bedeutendsten Werke von Arshile Gorky, so seiner Bilder der vierziger Jahre, lassen sich nahezu ausschließlich auf seine stark emotional gefärbten Familien- und Kindheitserinnerungen an das armenische Dorf Khorkom zurückführen. Franz Kline benannte viele seiner größten Abstraktionen nach den Eisenbahnzügen, an die er sich noch aus seiner Kindheit in Lehigh Valley erinnerte. Barnett Newman kehrte zu Ideen zurück, die er erstmals als Knabe im Religionsunterricht vernommen hatte, wo es hauptsächlich um Fragen nach dem Ursprung ging. Monumentale Mutterfiguren stellen das wichtigste der

Bildmotive dar, mit denen sich Willem de Kooning während seiner ganzen Laufbahn befaßte. Alle diese Künstler verließen sich auf Kindheitserinnerungen als Repertoire ursprünglicher Themen.

Von allen Vertretern des Abstrakten Expressionismus war Rothko derjenige, der den direktesten und bewußtesten Gebrauch von Kinderkunst machte. Aus theoretischer Sicht betrachtete er die Kindheit als Ort der naiven Begegnung mit jener Tragödie des menschlichen Seins, die das Hauptthema seiner Kunst bildete. Von 1929 bis 1952 erteilte er Kindern Kunstunterricht an der Center Academy of the Brooklyn Jewish Center. Als er 1933 seine erste Einzelausstellung hatte, zeigte er einige Zeichnungen seiner Schüler neben eigenen Bildern.[2] Ferner machte er zahlreiche Notizen und Aufzeichnungen zur Kinderkunst – insbesondere befaßte er sich mit den Theorien des Wiener Kunstpädagogen Franz Cižek –, und er war von der Vorstellung fasziniert, daß die Kunst von Kindern einem ewigen, unbewußten Formgesetz folge und insofern ahistorisch sei.[3]

Rothkos Interesse an der Kinderkunst wurde bereits um 1940 von einigen Kritikern klar erkannt. In jenem Jahr bemerkte beispielsweise der Verfasser einer Ausstellungsbesprechung in der Zeitschrift *Art News*: »Seit vielen Jahren erteilt der Künstler Kindern Unterricht, und man hat den Eindruck, als hätten sie ihm wiederum geholfen zu sehen und zu fühlen dank ihrer Einfachheit und ihres instinktiven Gespürs für die Wahrheit. *Das Fest* [eines der Bilder, die in der Ausstellung gezeigt wurden] verdichtet die Fröhlichkeit und Ausgelassenheit eines Kinderfests zu einem Entwurf von echter struktureller Schönheit.«[4]

Um das zu erreichen, wovon er in seinem berühmtgewordenen Brief von 1943 an die *New York Times* sprach – »der einfache Ausdruck des komplexen Gedankens [...], der Eindruck des Unzweideutigen« –, erzeugte Rothko in seinem Spätwerk mittels der Größe seiner Farbblöcke eine überwältigende materielle Präsenz – eine Präsenz, die sich der Definition entzieht. In einer Aufzeichnung aus den späten dreißiger Jahren bemerkte er: »Bei der Frage der Größenverhältnisse geht es um die Beziehung zwischen dem Gegenstand und seiner Umgebung, um die Betonung der Dinge *oder* des Raumes. Auf jeden Fall geht es um ein Gefühl von *Raum*. Ein Kind kann den Raum willkürlich eingrenzen und seine Gegenstände dann heroisieren. Oder es kann den Raum ins Unendliche dehnen, so daß die Gegenstände an Bedeutung verlieren, daß sie verschmelzen und in den Raum der Welt aufgehen.«[5]

In seinem Spätwerk übersteigert Rothko die zentralen farbigen Formen. Doch das Fehlen einer spezifischen Form erzeugt eine Unmittelbarkeit, die von den sekundären Einflüssen der narrativen und kulturellen Interpretation befreit ist. Ähnlich wie in den Schriften Sartres wird dem Sein der Vorrang vor dem Gedanken eingeräumt. Die subjektive Erfahrung des Betrachters bildet in der Begegnung mit dem gemalten Objekt den Ausgangspunkt für die Identifizierung dieses Objekts sowie des eigenen Selbst.

Während der fünfziger Jahre wurde die Freudsche Psychologie zum Gemeingut. Daß Einflüsse aus der Kindheit nicht nur bis ins Erwachsenenalter fortwirken, sondern in hohem Maße prägend sind, galt nunmehr als selbstverständlich. Zudem waren die fünfziger Jahre die Dekade des ›Babyboom‹, und auch dies trug dazu bei, das Interesse an der Kindheit zu verstärken. So wurde die Kinderkunst zu einem Bestandteil des Allgemeinwissens über visuelle Erfahrungen, auf den viele Künstler seitdem zurückgreifen. Der Einfluß von Kindern und ihrer ästhetischen Sensibilität auf die Kunst seit 1950 ist so weit verbreitet und in seinen Ausprägungen so vielgestaltig, daß dieser Aspekt des Themas nach einer eigenen, selbständigen Untersuchung

9.2 Elizabeth Murray
Joanne in den Cañons
Herbst/Winter 1990/91

9.3 Daisy Murray-Holman
(im Alter von 11 Jahren)
Empire State Building
1990

verlangt. Im folgenden lassen sich lediglich einige der Richtungen andeuten, wie zeitgenössische Künstler dieses Thema aufgegriffen haben.
Mit dem Ziel, die Unmittelbarkeit der kindlichen Erfahrung nutzbar zu machen, bedienten sich zahllose Künstler der Bildsprache der Kinderzeichnung; in manchen Fällen wurden sogar die Zeichnungen selbst direkt übernommen. In einem aufsehenerregenden Pastellbild von 1985 ›verschluckte‹ Francesco Clemente eine Zeichnung, die von seinem eigenen Kind stammte (Abb. 9.1). In der Mitte der unteren Hälfte des im Dezember 1990 entstandenen Gemäldes *Joanne in den Cañons* von Elizabeth Murray befindet sich eine blockartige in Rot gemalte Darstellung des Empire State Building: das Werk ihrer Tochter Daisy, die zum Zeitpunkt der Entstehung des Bildes viereinhalb Jahre alt war (Abb. 9.2, 9.3).[6] Donald Baechler entdeckte eine anonyme Kinderzeichnung in einem Abfallkorb und kombinierte sie mit Motiven aus einer indianischen Rechenfibel und einer weiteren, kindlich wirkenden Zeichnung, die von seiner achtzigjährigen Großmutter geschaffen wurde. Aus diesen unterschiedlichen Quellen entstand *Balzac* (Abb. 9.4–9.7). Im Zuge seiner Erforschung der Wahrnehmung und des Denkens bezog Robert Wilson einen geistig behinderten Jugendlichen in seine Arbeit ein. Um der Strenge seiner eigenen, im wesentlichen minimalistischen Formen zu entkommen, hat der Bildhauer Joel Shapiro mit Größenordnungen und Motiven experimentiert, die an Kinderspielzeug erinnern.
Erinnerungen an die Kindheit lieferten ein Sprungbrett für viele Künstler der Nachkriegszeit. Auf den Einfällen der kindlichen Phantasie beruhen viele der Geschichten, die den Installationen und Maschinenskulpturen von Alice Aycock zugrunde liegen: Beispiele hierfür sind *Die Maschine, die die Welt erschuf* und *Wie man Geister fängt*, beide aus dem Jahr 1979. Auch die Installationen und Aktionen von Joseph Beuys beruhen zu einem großen Teil auf dem eindringlichen Widerhall seiner Kindheitserin-

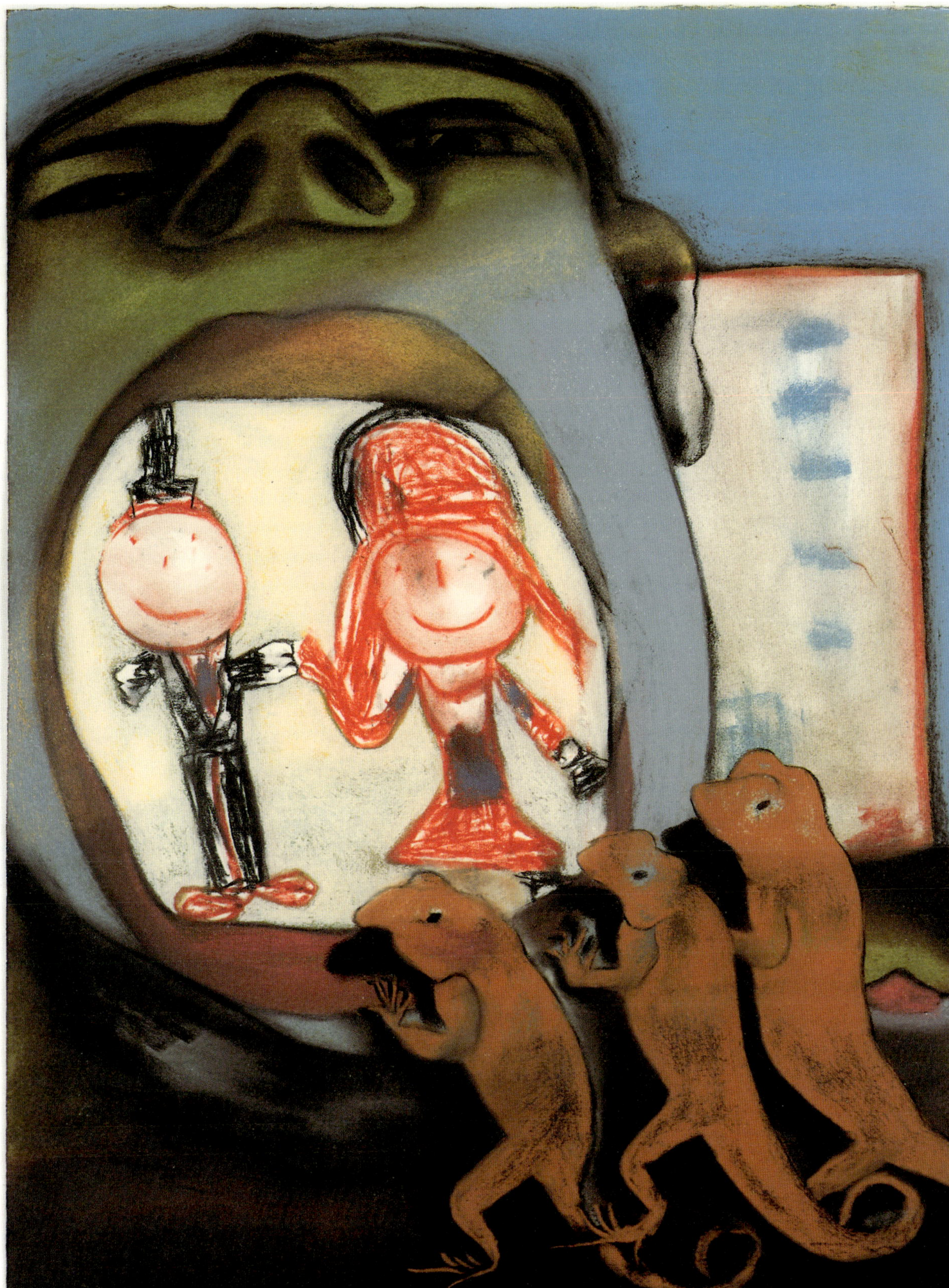

9.1 Francesco Clemente
Ohne Titel
1985

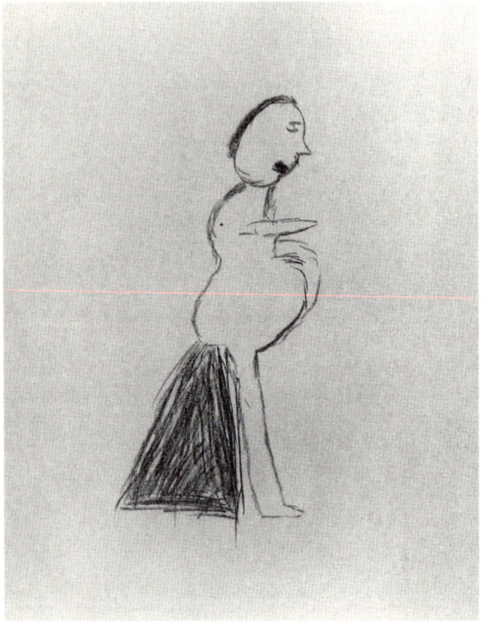

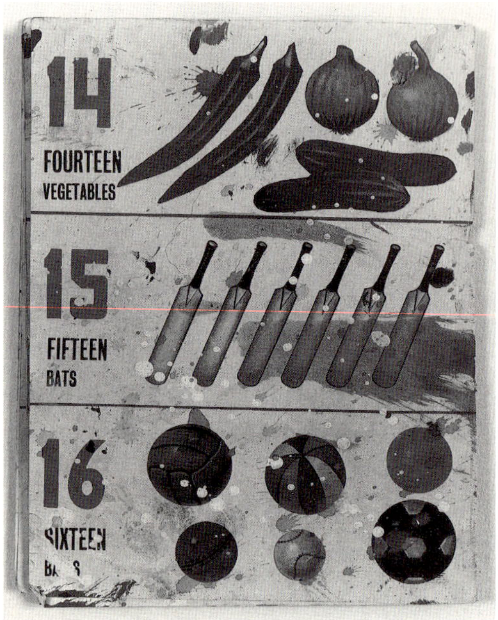

9.5 Kinderzeichnung (anonym)
Ohne Titel

9.6 Elsie Dolliver
Ohne Titel

9.7 Anonym
Ruchy Number Book (Einzelseite)
Veröffentlicht von Indian Book
Depot Delhi

nerungen. In *Eurasia* von 1966 etwa kehrte der Künstler zu seinen frühen Fantasien zurück, in denen Hase und Hirsch sich frei über jede Grenze bewegen, tief in die Steppen Asiens vordringen und seine Heimatstadt Kleve mit den entferntesten Regionen Chinas verbinden. Sein *Opus I* von 1960, die Blechwanne, in der Beuys als Kind gebadet wurde, galt, wie er sagt, dem Versuch, »meinen Ausgangspunkt in Erinnerung zu rufen, und somit auch die Erfahrung und die Empfindung meiner Kindheit. Es [das Werk] dient als eine Art autobiographischer Schlüssel: ein Gegenstand aus der Außenwelt, ein festes, materielles Ding, das mit spiritueller Energie aufgeladen ist.«[7]

Viele der Themen im Werk von Claes Oldenburg gehen auf die Zeichnungen und Einfälle seiner Kindheit zurück (Abb. 9.8, 9.9), insbesondere auf die bis ins Detail gehenden Geschichten über das fiktive Land Neubern, das er und sein Bruder im Kindesalter erfanden. Im Jahre 1966 erklärte er: »Alles, was ich mache, ist vollkommen originär – ich habe es erfunden, als ich klein war.«[8] Den Erfahrungen der Kindheit entstammen tatsächlich seine revolutionären weichen Skulpturen der sechziger Jahre, wie beispielsweise die drei Meter hohe Eiswaffel, und die monumentalen Skulpturen der letzten beiden Jahrzehnte, so etwa *Wäscheklammer* von 1976, die vierzehn Meter hoch ist und auf einem Platz in Philadelphia steht. »Es ist etwas, was ich gar nicht leugne«, erklärte er. »Ich glaube daran, und ich versuche es zu bewahren. Es ist schwierig, sich daran zu erinnern, daß ein Kind kleiner ist als ein Gegenstand, aber die Erfahrung bleibt wahrscheinlich dennoch im Gedächtnis haften. Für das Kind gibt es einen Zeitpunkt, zu dem die Dinge ihm sehr groß vorkommen.«[9]

Mit seiner Serie von *Lidl*-Aktionen von 1968–1970 ging es dem Düsseldorfer Künstler Jörg Immendorf nicht darum, an die eigene Kindheit anzuknüpfen, sondern vielmehr um den Versuch, die Symbolik der Kindheit für bestimmte politische Zwecke zu nutzen. Das Wort »Lidl« rührt vom Geräusch einer Kinderrassel her und ist beeinflußt von Rimbauds Vorstellung des Künstlers vom Kind, das die revolutionären Kräfte des Irrationalen in die Gesellschaft hineinträgt. Bei Immendorf verbindet sich die Welt des Kindes mit der symbolischen Vorstellung des Anfangs, mit dem Bemühen um

9.4 Donald Baechler
Balzac
1989

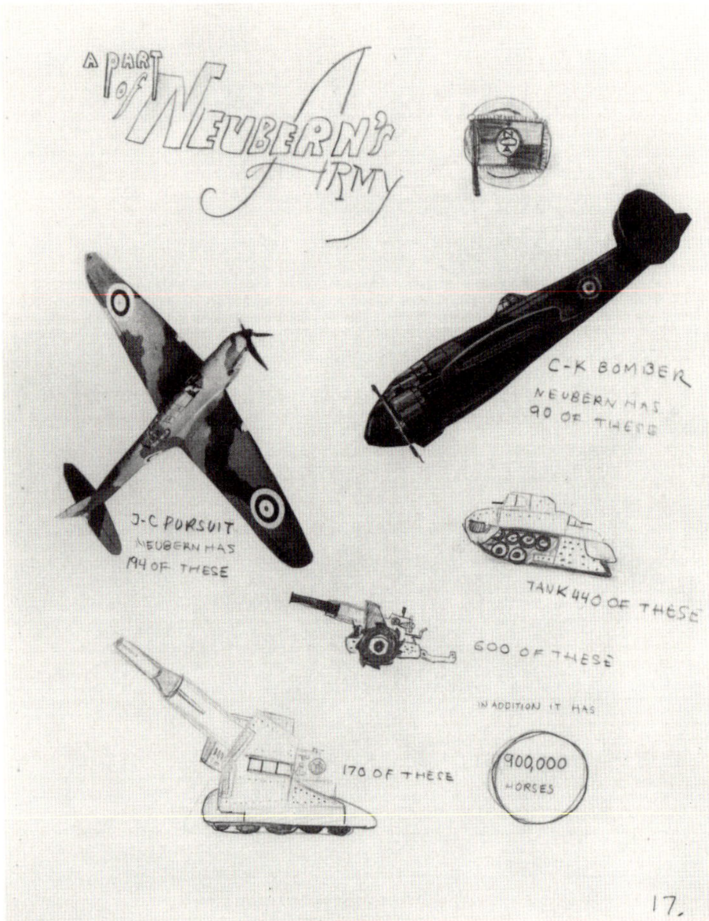

9.8 Claes Oldenburg
(im Alter von 11 Jahren)
Kindheitscollage von
einem Flugzeug

9.9 Claes Oldenburg
Ray Gun Poster (Flugzeug)
1959

einen Neubeginn nach den geistigen und materiellen Verwüstungen, die der Faschismus in Deutschland angerichtet hatte. In einigen mündlich vorgetragenen Manifesten und Aktionen schuf der Künstler sogar eine Babysprache als Hinweis auf jene ›bürgerliche‹ Interpretation des Verhältnisses von Kinderkunst und Moderne, die den Nazis als Mittel zur Bekämpfung von fortschrittlichen Bestrebungen in der Kunst gedient hatte.[10]

Andere Künstler haben sich eher mit Kindheitserinnerungen an die eigenen ersten Malversuche und mit anderen frühen taktilen Erfahrungen befaßt. In diesem Zusammenhang verwies der New Yorker Maler Terry Winters ausdrücklich auf das Werk von Pollock als Vorbild für die bewußte Rückwendung zu einem früheren geistigen Zustand und zum Erlebnis der kindlichen Gestik.[11] Als Winters dies bemerkte, hatte er kurz zuvor eine Zeichnung wiederentdeckt, die er als Achtjähriger gemacht hatte. Daraufhin stellte er mit Verblüffung fest, daß viele Aspekte seines späteren Werkes – die Behandlung des Raumes, die Anspielungen auf das Taktile, die ungewöhnliche Komposition und sogar die Darstellung der organischen Formen – bereits durch die Ästhetik seiner Kindheit vorweggenommen waren (Abb. 9.10, 9.11).

Auch die an Graffiti erinnernden Gebilde des deutschen Künstlers A.R. Penck schöpfen aus Erinnerungen an die Empfindungen des Kindes beim Zeichnen und Malen, so etwa in seinem Bild *Ralf* von 1962, das einige autobiographische Züge aufweist (Abb. 9.12). Etwa zum gleichen Zeitpunkt schuf der kalifornische Künstler

9.10 Terry Winters
(im Alter von 8 Jahren)
Kinderzeichnung
1957

9.11 Terry Winters
Numeral
1985

9.12 A. R. Penck
Ralf
1962

Peter Saul eine Reihe von Bildern auf der Grundlage eines Kompositionsprinzips, das an die Kritzeleien von Jugendlichen erinnert. Statt das Bild als ein einheitliches, planvolles Ganzes zu konzipieren, arbeitete sich der Künstler allmählich von einem Bereich zum anderen fort und reihte einzelne Vignetten locker aneinander. Mit dieser Technik knüpft Saul gewissermaßen an den Automatismus und die freie Assoziation bei Jackson Pollock an, doch die Motive und die narrative Handlung, die den Aufbau des Bildes mitbestimmen, sind aus Comics entlehnt. Der Stil dieses Künstlers, der die Komposition aus sich heraus entstehen läßt, indem sie von einem Ereignis zum nächsten mäandert, führt die Denkmuster jener kommerziell geprägten Jugendkultur vor, die als relativ neuartige Erscheinung in den Nachkriegsjahren aufblühte. Das Werk von Julian Schnabel wurzelt ebenfalls in der Tradition der gestischen Malerei und der freien Assoziation und erinnert an die *drip paintings* von Jackson Pollock. Seine Bilder beschwören eine ursprüngliche Körperlichkeit, die den Betrachter in einen Bereich der prälinguistischen Erfahrung zurückversetzt. Schnabel benutzt – besser gesagt, er verschlingt – Stoffe und Themen der verschiedensten Art: »Ich schaue alles an«,[12] erklärte er einmal. Für ihn ist die Kunst von Kindern folglich nur eine Quelle unter vielen. Was ihn hauptsächlich interessiert, ist nicht die Kinderzeichnung an sich, sondern die Intensität der Gefühle, die sie auslöst. In *Matador am Stock* von 1983, einem Bild von hinreißender Sinnlichkeit, verbinden sich Motive aus einer Zeichnung, die Schnabels Ehefrau Jacqueline während ihrer Kindheit anfertigte, mit motivischen Anleihen aus anderen Quellen, die der Künstler intuitiv aufnahm. Dieses

9.13 Julian Schnabel
Matador am Stock
1983

9.14 Jacqueline Beaurang Schnabel
Ich betrachte einen Frosch
29. Oktober 1962

9.15 Jonathan Borofsky
Mama, ich verlor die Wahlen bei 1,933,095
1972

Werk bietet ein anschauliches Beispiel dafür, wie Schnabel die Kinderkunst in seine eigenen kreativen Prozesse integriert (Abb. 9.13, 9.14).
Der ehemalige Lehrer John Baldessari erinnerte sich an den Anblick von kleinen Kindern, die beim Spielen mit Bauklötzen immer wieder neue Anordnungen ausprobieren: »Hätte man sie gefragt, ob sie Kunst machten, so hätten sie mit Nein geantwortet. Aber mir erschien das wie eine sehr natürliche Form von Kunst; die Abgeklärtheit hatte noch nicht eingesetzt.«[13] In den sechziger Jahren begann Baldessari Kinderzeichnungen zu sammeln. Er betrachtete sie unter einem recht distanzierten, semiotischen Blickwinkel, entsprechend dem allgemeinen Einstellungswandel am Ende der fünfziger Jahre, als Vertreter der Pop Art wie Andy Warhol und David Hockney sich von der Psychologie und der Erforschung der eigenen seelischen Motive verabschiedeten und die Frage, warum der Mensch bestimmte Dinge wahrnimmt, durch die Frage nach dem »Wie« ersetzten. Diese Künstler setzten sich explizit mit der Art und Weise auseinander, in der die Alltagskultur und die Medien den wichtigsten Bezugspunkt unseres Denkens verlagert hatten; von der Natur – als objektiv meßbare Größe verstanden – zur Kultur als Schnittstelle, die die Erfahrung schon im Augenblick der Wahrnehmung überformt.
Ähnlich wie die Kritzelzeichnung eines Jugendlichen scheint sich Hockneys *Grausamer Elefant* aus dem Jahre 1962 aus einer fortlaufenden Geschichte heraus zu entfalten, statt auf einem vorgefaßten Kompositionsschema klassischen Typs aufzubauen (Abb. 9.20). Zudem bezieht sich das Motiv nicht auf einen wirklichen Elefanten, wie man ihn in der Natur vorfinden könnte, sondern auf *Bilder* von Elefanten, etwa aus Kinderbüchern oder Karikaturen.[14] In der Tat ist seit der Mitte der fünfziger Jahre die *Erfahrung* der Kindheit in einem grundlegenden Wandel begriffen: infolge der allgegenwärtigen *Interpretationen* des Kindlichen, die durch Werbung, Cartoons und populäre Bücher zur ›Kinderpsychologie‹ vermittelt werden und auf das kindliche Denken zurückwirken. Sogar die Freudsche Psychoanalyse ist seit den fünfziger Jahren in solchem Maße zum Gemeingut geworden, daß ihr theoretisches Konzept die Erscheinungen bereits im Augenblick der Wahrnehmung strukturiert und die Erfahrung somit aktiv gestaltet, statt als ein bloßes Untersuchungsinstrument zu dienen.
Seit Mitte der sechziger Jahre hatte sich eine wachsende Anzahl von Künstlern den Denkmustern der Kindheit als Mittel der Erfahrung zugewandt, um die Unmittelbarkeit der eigenen Wahrnehmung zu steigern. In einem Bild von 1972 mit dem Titel *Psychologisches Bild bei 1,999,095 (Ich fürchte mich, wenn ich allein im Haus schlafe)* benutzt Jonathan Borofsky die Kindheit als Vehikel zur Vermittlung gegenwärtiger Erfahrungen. Während der achtziger Jahre arbeitete Keith Haring öfter mit Kindern zusammen. Er malte zum Beispiel einige seiner großformatigen Transparente mit der Hilfe eines Jugendlichen namens LA2, und eine seiner letzten Folgen von Radierungen – sie umfaßt elf Blätter und entstand 1989 – war ein Gemeinschaftswerk mit dem achtjährigen Sean Kalish (Abb. 9.16).
Jean-Michel Basquiat empfand die Zusammenarbeit mit Kindern als derart selbstverständlich, daß er einen achtjährigen Jungen als Assistenten *anstellte* und ihm zwanzig Dollar pro Zeichnung gab, um Motive wie die Angel in *Revidiertes Unentdecktes Genie vom Mississippi Delta* und das Empire State Building in seinem Gemälde *Empire* von 1980 zu skizzieren (Abb. 9.17, 9.18).[15] Bei der Eröffnung seiner Ausstellung im Jahre 1986 in der Mary Boone Gallery in New York stellte Basquiat den Jungen, der diese Motive zeichnete, Jasper Lack, seinem Kollegen Andy Warhol mit den Worten vor, er sei »der beste Maler in ganz New York«.[16] Als sein Schweizer

9.16 Keith Haring und
Sean Kalish (im Alter von 9 Jahren)
Ohne Titel
1989

Galerist Bruno Bischofberger ihn 1982 fragte, welchen zeitgenössischen Maler er am meisten bewundere, antwortete Basquiat, ohne zu zögern, er ziehe die Kunst eines Drei- oder Vierjährigen jedem Werk eines Zeitgenossen vor.[17]

Eines der abseitigsten und zugleich faszinierendsten Beispiele für das Interesse heutiger Künstler an der Kinderkunst liefert Jasper Johns, der die Zeichnung eines autistischen Kindes aufgriff. Diese war in einem Artikel des Psychoanalytikers Bruno Bettelheim abgebildet, der 1952 in der Zeitschrift *Scientific American* erschien. Im Jahre 1991 begann Johns an einer Reihe von Bildern zu arbeiten, denen eine schematisch wiedergegebene Version dieser Kinderzeichnung als Grundlage diente (Abb. 9.21–9.23). Bereits 1988 benutzte Johns ein sehr ähnliches Kompositionsschema im Mittelteil von *Skizze für singende Montez*. Dort findet sich allerdings unten links noch ein kleiner Schnurrbart – möglicherweise handelt es sich hier um eine Anleihe aus Mirós Gemälde *Holländisches Interieur (I)* von 1928, das im Museum of Modern Art, New York, hängt –, während der Mund und die Augen an den Rand gerückt sind. Auch diese Motive beruhen sicherlich auf einer Darstellung, die der Künstler an anderer Stelle gesehen hatte. Im oberen Mittelteil von *Skizze für singende Montez* hängt ein leeres Bild an einem Draht, der mit einem Nagel an der Leinwand befestigt ist. In *Ohne Titel* von 1991 wird das kleine Bild durch eine etwas größere und tiefer gehängte Kopie der erwähnten Kinderzeichnung ersetzt.

Als Johns sich mit diesen Bildideen beschäftigte, ging es ihm nach eigenem Bekunden darum, eine bestimmte »Qualität des Kindlichen« zu erfassen: »Ich glaube, es hat mit der Art zu tun, wie Kinder zum ersten Mal Augen, Münder, Motive und Formen erkennen. Ich erinnere mich, so etwas einmal bei Kinderzeichnungen

9.17 Jean-Michel Basquiat
Revidiertes Unentdecktes Genie vom Mississippi Delta
1983

9.19 Jean-Michel Basquiat
zusammen mit Cora Bischofberger
Ohne Titel
1984

9.18 Jean-Michel Basquiat
Empire
Um 1980

9.20 David Hockney
Grausamer Elefant
1962

9.21 Jasper Johns
Ohne Titel
1991 (AO 10043)

9.22 Jasper Johns
Ohne Titel
1991 (AO 11240)

9.23 Jasper Johns
Ohne Titel
1991–1992 (AO 11042)

gesehen zu haben.«[18] Möglicherweise dachte er an die Kinderzeichnung aus Bettelheims Aufsatz, den er 1952 vor seiner Entlassung aus der Armee gelesen hatte (Abb. 9.24). Sicher ist, daß er zum betreffenden Zeitpunkt jemanden beauftragte, den Artikel zu suchen. »Spätestens 1988, vielleicht sogar schon 1984, verband ich meine Erinnerung an die Kinderzeichnung mit den Bildern, die Augen, Nase und Mund am Rand eines Rechtecks zeigen.«[19]

Einer weiteren Selbstauskunft des Malers zufolge verweist *Skizze für singende Montez* auch auf das Kindermädchen – es spielte Klavier und sang –, das nach der Scheidung seiner Eltern ins Haus kam. Im Gespräch mit dem Kritiker Peter Fuller im Jahre 1978 meinte Johns sogar: »Alles, was ich mache, ist mit meiner Kindheit verbunden«.[20] Dabei betonte er allerdings, daß seine Kunst gerade *nicht* der Versuch sei, zur Intensität des frühkindlichen Erlebens zurückzufinden. Das Thema seiner Arbeit sei vielmehr »die reiche Vielfalt und die Ungewißheit der visuellen Erfahrung«.[21]

In der Kinderkunst, zumal in den Zeichnungen des Kleinkindes, spielen unbewußte, entwicklungsbedingte ›Konventionen‹ eine maßgebliche Rolle. Ein Erwachsener

kann nur auf bewußte Weise zu ihnen zurückkehren. Diese Konventionen sind es anscheinend, die das Interesse von Johns an der Kinderkunst begründen. In diesem Sinne gleicht die Zeichnung des autistischen Kindes all den anderen Bildthemen, mit denen sich dieser Maler im Laufe seiner Karriere befaßt hat, angefangen bei den *Flags* und *Numbers* der fünfziger Jahre. Bei diesen und anderen Motiven entdeckte Johns – gerade *durch* den Gebrauch von Konventionen und ›vorgefertigten‹ Formen – neue Möglichkeiten des persönlichen Ausdrucks und der emotionalen Selbstbestätigung.
Die Aneignung und Umformung des Ausdrucks im Werk von Jasper Johns bildet einen sehr deutlichen Kontrast zum existentiellen Modell des Abstrakten Expressionismus. Es verweist auf ein neues Konzept von Individualität, das einen Bezug zur Welt der Videorecorder, der CD-ROMs und der sogenannten virtuellen Realität hat. Im Bewußtsein, daß die Kindheit – wie allgemein bekannt – stets im Erwachsenen fortlebt, suchen viele zeitgenössische Künstler das Kind in sich und streben nach Ruskins »Zustand der Kindheit«,[22] um die eigene Auseinandersetzung mit der Gegenwart authentischer zu gestalten.

9.24 Fotografie von einer Kinderzeichnung
aus einem Aufsatz von Bruno Bettelheim

1 Eine ausführlichere Diskussion der Zielsetzungen dieser Künstler im Kontext des Existentialismus findet sich in Jonathan Fineberg, *Art Since 1940: Strategies of Being,* London 1994/New York 1995.

2 Siehe Dore Ashton, *About Rothko,* New York 1983, S. 20, 26. Ashton zufolge stammten einige dieser Zeichnungen aus der Sammlung von Mrs. J.B. Neumann, der Ehefrau des New Yorker Galeristen, der Rothko mit dem deutschen Expressionismus bekanntmachte.

3 Bonnie Clearwater, *Mark Rothko: Works on Paper,* New York 1984, S. 22. Clearwater weist darauf hin, daß Rothko in seinen persönlichen Aufzeichnungen gelegentlich aus den Schriften Cižeks zitiert. Zudem machte er ausführliche Exzerpte aus einer Untersuchung von L.W. Rochanowski mit dem Titel *Die Wiener Jugendkunst: Franz Cižek und seine Pflegestätte,* Wien 1946, die sich in seinem Besitz befand. Im englischsprachigen Raum wurden Cižeks Ideen von Wilhelm Viola verbreitet; siehe zum Beispiel dessen Studie *Child Art and Franz Cižek,* Wien 1936.

4 James Lane, »Three Moderns: Rothko, Gromaire, Solman«, in: *Art News,* Bd. 38, H. 16, 20. Januar 1940, S. 12.

5 Mark Rothko, zit. nach Clearwater, *Works on Paper* (Anm. 3), S. 36. Die Bemerkung über Kunsterziehung entstammt einem unveröffentlichten Notizbuch aus den späten dreißiger Jahren, das sich in der Sammlung der Familie George C. Carson befindet.

6 In einem Gespräch mit dem Verfasser am 5. Dezember 1990 bemerkte Murray, es sei ihr inzwischen klar geworden, daß die Kindheit in jeder Hinsicht eine zentrale Rolle spiele und daß die Werke von Klee und Dubuffet, mit denen sie schon lange vertraut war, über Jahre hinweg eine wohl sehr wichtige, aber unbewußte Funktion für sie hatten.

7 Joseph Beuys, zit. nach John Russell, »The Shaman as Artist«, in: *The New York Times Magazine,* 28. Oktober 1979, S. 40.

8 Claes Oldenburg, Zitat auf der Rückseite des Titelblatts, in: *Claes Oldenburg: Sculpture and Drawings,* Ausst.-Kat. Moderna Museet Stockholm, Stockholm 1966, o. S.

9 Ders., zit. in: Martin Friedman, *Oldenburg: Six Themes,* Ausst.-Kat. Walker Art Center, Minneapolis 1975, S. 11.

10 Siehe Pamela Kort, *Jörg Immendorff: Early Works and Lidl,* Michael Werner Gallery, New York 1991, o.S.

11 Terry Winters, Gespräch mit dem Verfasser, 8. Mai 1991.

12 Julian Schnabel, Telefongespräch mit dem Verfasser, 6. Dezember 1990. Der Künstler sprach über die Verwendung der Kinderzeichnungen von Jacqueline und seinen Kindern Lola (geb. 1981), Stella (geb. 1983) und Vito (geb. 1986). Er verriet ferner, daß sein Bild *Tod eines Bergführers* (1986, Öl/Tempera auf Nesselstoff, 376x523 cm) auf eine Kinderzeichnung von Vincent Taylor zurückgeht und er einmal mit der damals siebenjährigen Lola an einem Buch für Vito zusammenarbeitete. Sein Gemälde *Für Stella* basiert auf einer Zeichnung aus der Hand seiner Tochter. Zudem erwähnte er eine Zeichnung, die er um 1983 gemeinsam mit Lola schuf.

13 Siehe Coosje van Bruggen, *John Baldessari,* New York 1990, S. 53.

14 Eines von Hockneys späteren Bühnenbildern für die Metropolitan Opera basierte auf den Vorstellungen des Künstlers darüber, wie ein Kind die Welt sieht. Hierzu: Martin Friedman, *Hockney Paints the Stage,* Ausst.-Kat. Walker Art Center Minneapolis, New York 1983, S. 168–171.

15 Mindestens eines von Basquiats Bildern entstand in Zusammenarbeit mit Cora, der Tochter seines Schweizer Galeristen Bruno Bischofberger. Sein achtjähriger Mitarbeiter Jasper Lack – auf ihn verweist Basquiats Bild *Jaspers Arm* – war der Sohn eines Malers namens Stephen Lack. In den frühen achtziger Jahren schufen auch andere Kinder für Basquiat eine große Anzahl Zeichnungen. Alle Angaben wurden in einem Telefongespräch mit Stephen Lack am 3. Dezember 1990 bestätigt.

16 Gemäß Stephen Lack, Telefonat vom 3. Dezember 1990.

17 Bruno Bischofberger, Telefongespräch aus St. Moritz mit dem Verfasser, 7. Januar 1991.

18 Jasper Johns, zit. in: Amei Wallach, »Jasper Johns and His Visual Guessing Game«, in: *New York Newsday,* 28. Februar 1991; Nachdruck in: *Jasper Johns: 35 Years, Leo Castelli,* o.S.

19 Jasper Johns, Brief an den Verfasser vom 20. September 1994.

20 Peter Fuller, »Jasper Johns Interviewed.« (II. Teil), in: *Art Monthly,* Bd. 19, September 1978, S. 7; zit. nach Richard Francis, *Jasper Johns,* New York 1984, S. 16.

21 Jasper Johns, zit. nach Roberta Bernstein, *Jasper Johns,* New York 1992, S. 4.

22 Siehe John Ruskin, *The Seven Lamps of Architecture* (1849), in: *The Works of John Ruskin,* hrsg. von E.T. Cook und Alexander Wedderburn, Bd. 8, London 1903–1912, S. 194.

Abbildungs- und Ausstellungsverzeichnis

Bearbeitet von Anja Chávez
Die mit * bezeichneten Werke befinden sich nicht in der Ausstellung

1 »Es war der Briefträger…«

1.1 *
Hans Hofmann
Cover für »Art News«
Nummer 3, Dezember 1954

1.2 *
Giovanni Francesco Caroto
Knabe mit einer Zeichnung (Knabe mit Puppe)
Fanciullo con disegno (Fanciullo con pupazzetto)
1520
Öl auf Holz
37x29 cm
Museo di Castelvecchio, Verona

1.3 *
Rembrandt Harmensz. van Rijn
Christus bei der Predigt (La Petite Tombe)
Um 1652
Radierung
15,5x20,7 cm
The Pierpont Morgan Library, New York

1.4 *
Gustave Courbet
Das Atelier des Malers
L'Atelier du Peintre, allégorie réelle déterminant une phase de sept années de ma vie artistique
1855
Öl auf Leinwand
361x598 cm
Signiert und datiert u. l.: »55. G. Courbet«
Musée d'Orsay, Paris

1.5 *
Thomas Cole
Der Weg des Reiches
The Course of Empire: The Arcadian Pastoral
1836
Öl auf Leinwand
100x161 cm
Collection of The New-York Historical Society, New York

1.6 *
Pieter Janszoon Saenredam
Inneres der Buurkerk in Utrecht (Detail)
1644
Öl auf Holz
60x50 cm
Signiert, datiert und bezeichnet u. r. : »de buer kerck binnen utrechtaldus geschildert int Jaer 1644 van Pieter Saenredam«
The National Gallery, London

1.7 *
Sir David Wilkie
Der blinde Geiger
The Blind Fiddler
1806
Öl auf Holz, 57,8x79,4 cm
Tate Gallery, London

1.8 *
Ernest Meissonier
Das Porträt des Sergeanten
Le portrait du sergent
1874
Öl auf Leinwand
73x62 cm
Signiert und datiert u. r.: »E. Meissonier 1874«, beschriftet Mitte r.: »Oppenheim«, »Viva Pauline«
Hamburger Kunsthalle, Hamburg

1.9 *
Detail von Abb. 1.8 (Graffiti)

1.10 *
Henri Matisse
Frau auf dem Hocker
Femme au tabouret (Femme au tabouret. Germaine Raynal)
Um 1914
Öl auf Leinwand
147x95,5 cm
Signiert u. l.: »Henri Matisse«
The Museum of Modern Art, New York
Gift of Florene M. Schoenborn and Samuel A. Marx (the former retaining a life interest)

1.11 *
Henri Matisse
Der junge Matrose, II
Le jeune marin, II
Collioure, Sommer 1906
101,5x83 cm
Signiert und datiert u. l.: »Henri Matisse 1906«
The Metropolitan Museum of Art, New York
The Jacques & Natasha Gelman Collection

1.12 *
Henri Matisse
Die Zwiebeln
Les oignons roses
Collioure, Sommer 1906
46x55 cm
Signiert u. l.: »Henri Matisse«
Statens Museum for Kunst, Kopenhagen

1.13
Henri Matisse
Marguerite
1907
Öl auf Leinwand
65x54 cm
Bezeichnet o. l.: »MARGUERITE«
Musée Picasso, Paris
Ehemals Sammlung Pablo Picasso

1.14 *
Ernst-Ludwig Kirchner
Kinderzeichnung (Eisenbahnzug)
21. Januar 1884
Bleistift auf Papier
16,7x22,7 cm

Von fremder Hand o. r. hinzugefügt:
»Ernst alleine gezeichnet 21. Januar 1884«
Privatbesitz, Schweiz

1.15*
Ernst-Ludwig Kirchner
Eisenbahn
1926–1927
Holzschnitt
8,3x8,9 cm
Privatbesitz, Schweiz

1.16*
Le Corbusier
Pavillon der neuen Zeiten (mit der von Asger Jorn übertragenen Kinderzeichnung, siehe S. 194)
Pavillon des Temps Nouveaux
1937
Abb. in: »L'architecture d'aujourd'hui«, 8. September 1937, und in: »Le Corbusier: Œuvre plastique, peintures et dessins, architectures«, Paris 1938, Abb. 36
Die Bildunterschrift lautet: »Le Corbusier & P. Jeanneret, Pavillon des Temps Nouveaux à l'Exposition de 1937. – Les Moissons, ›dessin d'enfant‹.«

2 Rußlands Kindheit – Die Kunst von Michail Larionow

2.1
Kasimir Malewitsch
Badender
Bader
1911
Gouache auf Papier
104x68,5 cm
Stedelijk Museum, Amsterdam

2.2*
Natalia Gontscharowa
Mystische Schrecken des Krieges: Die Engel und die Flugzeuge
Images Mystiques de la Guerre: Les Anges et les Aéroplanes
Moskau 1914 (M.R.L.)
Lithographie
33x25 cm
The New York Public Library, New York

2.3*
Michail Larionow
Zigeunerin (Zigeunerin in Tiraspol)
Femme tsigane (Tzigane à Tiraspol)
1909
Öl auf Leinwand
95x81 cm
Signiert u. l.: »M.L.«
Staatliche Tretjakow-Galerie, Moskau
Ehemals Sammlung Tomalina-Larionowa

2.4*
Michail Larionow
Das blaue Schwein
Le Cochon bleu
1909
Öl auf Leinwand
65x75 cm
Musée national d'art moderne, Centre Georges Pompidou, Paris
Sammlung E. Rubin

2.5*
Michail Larionow
Offiziersfriseur
Coiffeur d'officiers
1909–1910
Öl auf Leinwand
117x89 cm
Staatliche Tretjakow-Galerie, Moskau
Ehemals Sammlung Tomalina-Larionowa

2.6
Michail Larionow
Soldat zu Pferd
Soldat à cheval
Um 1911
Öl auf Leinwand
87x99,1 cm
Tate Gallery, London

2.7*
Michail Larionow
Venus
Vénus
1912
Öl auf Leinwand
68x85,5 cm
Staatliches Russisches Museum, St. Petersburg

2.8
Georg Kerschensteiner
Abb. 60 aus: »Die Entwicklung der zeichnerischen Begabung«
München 1905

2.9*
Michail Larionow
Frühling
Printemps
1912
Öl auf Leinwand
142x118 cm
Staatliche Tretjakow-Galerie, Moskau

2.10*
Michail Larionow
Herbst
Automne
1912
Öl auf Leinwand
136x115 cm
Musée national d'art moderne, Centre Georges Pompidou, Paris

2.11*
Michail Larionow
Schöner Herbst
Le bel automne
1912
Öl auf Leinwand
53,5x44,5 cm
Staatliches Russisches Museum, St. Petersburg

2.12*
Michail Larionow
Winter
Hiver
1912
Öl auf Leinwand
100x122,3 cm
Staatliche Tretjakow-Galerie, Moskau

2.13*
Michail Larionow
Cover für das futuristische Buch »Pomada« (Lippenstift) von Krutschonych
1913
Lithographie
15,2x10,9 cm
Ex-Libris, New York

2.14*
Diagramm, das die Umwandlung des Initials von Larionows Familiennamen, des kyrillischen L, in einen schematischen Kopf zeigt

3 Auf der Suche nach dem Universellen: Wassily Kandinsky und Gabriele Münter

(Die in der Gabriele Münter- und Johannes Eichner-Stiftung, München, aufbewahrten Kinderzeichnungen sind unter KIZ-Nummern dokumentiert. Vs = Vorderseite, Rs = Rückseite.)

3.1
Kinderzeichnung (Paulot Seddeler)
1910–1912
Bleistift auf Papier
20,7x15,3 cm
Gabriele Münter- und Johannes Eichner-Stiftung, München
KIZ 89

3.2
Kinderzeichnung (Kätchen Busse)
Bleistift auf Papier
21,2x16,7 cm
Gabriele Münter- und Johannes Eichner-Stiftung, München
KIZ 27 (Vs)

3.3
Kinderzeichnung (Joseph Wechsler)
Bleistift auf Papier
20,2x23,9 cm

Gabriele Münter- und Johannes Eichner-Stiftung, München
KIZ 114 (Vs)

3.4
Kinderzeichnung (anonym)
Bleistift auf weißem Karton
9,2x24,1 cm
Gabriele Münter- und Johannes Eichner-Stiftung, München
KIZ 79

3.5
Kinderzeichnung (Robert Böhm)
Bleistift auf beigem Aquarellpapier
20x23,9 cm
Gabriele Münter- und Johannes Eichner-Stiftung, München
KIZ 118

3.6
Kinderzeichnung (Lilja Kenda, kyrillische Schreibweise)
Bleistift und Farbstift auf liniertem Papier
18x22,3 cm
Gabriele Münter- und Johannes Eichner-Stiftung, München
KIZ 226 (Rs)

3.7
Kinderzeichnung (anonym)
Farbstift und Pastellkreide auf hellgrauem Papier
26,1x29,8 cm
Gabriele Münter- und Johannes Eichner-Stiftung, München
KIZ 175

3.8
Kinderzeichnung (Lilja Kenda, kyrillische Schreibweise)
Bleistift und Farbstift auf liniertem Papier (Schulheft)
9,5x13 cm
Gabriele Münter- und Johannes Eichner-Stiftung, München
KIZ 92

3.9*
Wassily Kandinsky
Der Elefant
1908
Öl auf Pappe
46x68,5 cm
Signiert u. r.: »KANDINSKY«
Privatbesitz
Courtesy Galerie Thomas, München

3.10
Kinderzeichnung (Ella Reiß)
Bleistift auf beigem Zeichenhalbkarton
20x24 cm
Gabriele Münter- und Johannes Eichner-Stiftung, München
KIZ 138 (Vs)

3.11
Kinderzeichnung (Joseph Wechsler)
Bleistift und Farbkreiden auf Zeichenhalbkarton
17,5x21,1 cm
Gabriele Münter- und Johannes Eichner-Stiftung, München
KIZ 154 (Rs)

3.12*
Wassily Kandinsky
Landschaft bei Murnau mit Lokomotive
1909
Öl auf Pappe
50,4x65 cm
Signiert und datiert u. l.: »KANDINSKY 1909«
Solomon R. Guggenheim Museum, New York

3.13
Wassily Kandinsky
Murnau mit Lokomotive
1911
Öl auf Pappe
95,5x102,5 cm
Signiert und datiert u. r.: »KANDINSKY 1911«
The Saint Louis Art Museum, St. Louis
Bequest of Morton D. May

3.14
Kinderzeichnung (Annemarie Münter)
Nach dem 27. August 1913
Buntstift und Bleistift auf Papier
21,2x16,7 cm
Gabriele Münter- und Johannes Eichner-Stiftung, München
KIZ 168

3.15*
Wassily Kandinsky
Schwarzer Fleck I
1912
Öl auf Leinwand
100x130 cm
Signiert und datiert u. l.: »KANDINSKY 1912«
Staatliches Russisches Museum, St. Petersburg

3.16
Wassily Kandinsky
Bild mit Troika
1911
Öl auf Pappe
70x100 cm
Signiert u. l.: »KANDINSKY«
The Art Institute of Chicago, Chicago
Arthur Jerome Eddy Memorial Collection

3.17
Wassily Kandinsky
Entwurf zu »Schwarzer Fleck«
1912
Feder in Schwarz und Rotstift, graues Untersatzblatt
10,5x16,4 cm
Auf dem Untersatzblatt eigenhändig bezeichnet: »Zu Schwarzer Fleck«
Städtische Galerie im Lenbachhaus, München
GMS 430

3.18
Wassily Kandinsky
Pferde
1909
Öl auf Leinwand
97,3x107,3 cm
Signiert und datiert u. l.: »KANDINSKY 1909«, bezeichnet verso: »KANDINSKY-Pferde (1909)«
Städtische Galerie im Lenbachhaus, München
GMS 53

3.19*
Wassily Kandinsky
Skizze für Komposition II
1910
Öl auf Leinwand
97,5x131,2 cm
Signiert und datiert u. r.: »KANDINSKY/1910«
Solomon R. Guggenheim Museum, New York

3.20
Kinderzeichnung (Maschura)
Wasserfarben über Bleistift auf Papier
13,5x19,6 cm
Gabriele Münter- und Johannes Eichner-Stiftung, München
KIZ 171 (Vs)

3.21
Kinderzeichnung (Sohn von Albert Bloch)
10. November 1913
Buntstift auf Papier
16,2x25,6 cm
Gabriele Münter- und Johannes Eichner-Stiftung, München
KIZ 49 (Vs)

3.22
Wassily Kandinsky
Impression VI (Sonntag)
11. März 1911
Öl und Kreide auf Leinwand
107,8x95,2 cm
Bezeichnet verso: »KANDINSKY Impression (Sonntag)«
Städtische Galerie im Lenbachhaus, München
GMS 57

3.23
Kinderzeichnung (anonym)
Wasserfarbe über Bleistift auf Aquarellpapier
17,8x24,4 cm
Gabriele Münter- und Johannes Eichner-Stiftung, München
KIZ 33

3.24
Kinderzeichnung (Annemarie Münter)
1. Mai 1911
Bleistift auf Papier
22x14,2 cm

Gabriele Münter- und Johannes Eichner-Stiftung, München
KIZ 21 (Vs)

3.25
Kinderzeichnung (Lilja Kenda Dekabr)
Dezember 1910
Bleistift auf Papier
9,1 x 16,6 cm
Gabriele Münter- und Johannes Eichner-Stiftung, München
KIZ 15

3.26
Kinderzeichnung (Annemarie Münter)
August 1910
Bleistift auf Papier, dreimal quergefaltet
21,6 x 12,1 cm
Gabriele Münter- und Johannes Eichner-Stiftung, München
KIZ 86 (Rs)

3.27
Kinderzeichnung (Annemarie Münter)
11. Dezember 1910
Verschiedene Farbstifte auf Leinenpapier
18,8 x 14,4 cm
Gabriele Münter- und Johannes Eichner-Stiftung, München
KIZ 42 (Vs)

3.28
Kinderzeichnung (Annemarie Münter)
28. August 1913
Wasserfarbe über Bleistift auf Papier
21,2 x 16,7 cm
Gabriele Münter- und Johannes Eichner-Stiftung, München
KIZ 113 (Vs)

3.29
Kinderzeichnung (anonym)
Wasserfarbe auf hellgrauem Leinenbriefpapier
12,8 x 16,9 cm
Gabriele Münter- und Johannes Eichner-Stiftung, München
KIZ 107 (Vs)

3.30*
Wassily Kandinsky
Improvisation 30 (Kanonen)
1913
Öl auf Leinwand
110 x 110 cm
Signiert und datiert u. l.: »KANDINSKY 1913«, bezeichnet verso: »KANDINSKY – Improvisation Nr. 30/Bild Nr. 161«
The Art Institute of Chicago, Chicago
Arthur Jerome Eddy Memorial Collection

3.31
Wassily Kandinsky
Improvisation 21 a (Studie zu »Kleine Freuden«)
1911
Öl auf Leinwand
96 x 105 cm
Signiert und datiert u. l. »KANDINSKY 1911«, bezeichnet verso: »Kandinsky-Improvisation Nr. 21 a«
Städtische Galerie im Lenbachhaus, München
GMS 82

3.32
Wassily Kandinsky
Mit Sonne
1911
Hinterglasbild
30,6 x 40,3 cm
Bezeichnet verso von der Hand Münters: »Kandinsky. Glasbild mit Sonne«, Rahmen von Kandinsky bemalt
Städtische Galerie im Lenbachhaus, München
GMS 120

3.33
Kinderzeichnung (Elisabeth Busse)
August 1913
Zwei verschiedene Bleistifte auf Papier
21,1 x 16,7 cm
Gabriele Münter- und Johannes Eichner-Stiftung, München
KIZ 24

3.34
Kinderzeichnung (Elisabeth Busse)
Um 1912/13
Bleistift auf Papier
21,1 x 16,7 cm
Gabriele Münter- und Johannes Eichner-Stiftung, München
KIZ 7 (Vs)

3.35
Kinderzeichnung (Friedel)
Bleistift auf grün-schwarzmarmoriertem Zeichenheft
16,3 x 10,4 cm
Gabriele Münter- und Johannes Eichner-Stiftung, München
KIZ 167

3.36
Kinderzeichnung (Thomas Hermann)
Bleistift auf beigem Zeichenkarton
20 x 23,5 cm
Gabriele Münter- und Johannes Eichner-Stiftung, München
KIZ 116 (Vs)

3.37
Kinderzeichnung (Wanitschku)
Wasserfarben, Bleistift und verschiedene Farbstifte auf kariertem Papier
22,2 x 18 cm
Gabriele Münter- und Johannes Eichner-Stiftung, München
KIZ 34 (Vs)

3.38
Wassily Kandinsky
Murnau – Landschaft mit Regenbogen
Sommer 1909
Öl auf Pappe
32,9 x 42,8 cm
Signiert u. l.: »KANDINSKY«
Städtische Galerie im Lenbachhaus, München
GMS 41

3.39
Kinderzeichnung (Kätchen Busse)
Wasserfarbe und Bleistift auf Papier
19 x 13,1 cm
Gabriele Münter- und Johannes Eichner-Stiftung, München
KIZ 70 (Vs)

3.40
Kinderzeichnung (Annemarie Münter)
29. August 1913
Wasserfarben über Bleistift auf Papier
21,1 x 16,6 cm
Gabriele Münter- und Johannes Eichner-Stiftung, München
KIZ 26 (Vs)

3.41
Kinderzeichnung (Anna Böhm)
Bleistift und Farbkreide auf Karton
23,9 x 19,2 cm
Gabriele Münter- und Johannes Eichner-Stiftung, München
KIZ 125 (Vs)

3.42 o. Abb.
Kinderzeichnung (Kätchen Busse)
Wasserfarbe auf Zeichenpapier
21 x 32,9 cm
Gabriele Münter- und Johannes Eichner-Stiftung, München
KIZ 29

3.43
Kinderzeichnung (Otto Paskegg)
Wasserfarben über Bleistift auf Papier
17,3 x 11,4 cm
Gabriele Münter- und Johannes Eichner-Stiftung, München
KIZ 192 (Vs)

3.44
Gabriele Münter
Der blaue Giebel
1911
Öl auf Leinwand, 101,6 x 113,3 cm
Krannert Art Museum and Kinkead Pavillon, University of Illinois, Champaign

3.45
Gabriele Münter
Dorfstraße im Winter
1911
Öl auf Pappe, auf Holz aufgezogen

52,4x69 cm
Signiert und datiert u. l.: »Münter 1911«
Städtische Galerie im Lenbachhaus, München
GMS 664

3.46
Gabriele Münter
Haus
23. März 1914
Öl auf Pappe
37x32,5 cm
Signiert und datiert u. l.: »M 14«, datiert
verso o. l.: »23 III 14«
Gabriele Münter- und Johannes Eichner-Stiftung,
München

3.47
Gabriele Münter
Ohne Titel
23. März 1914
Öl auf Pappe
37x32,5 cm
Signiert und datiert u. l.: »Mü 14«, datiert
verso: o. l.: »23 III 14«
Gabriele Münter- und Johannes Eichner-Stiftung,
München
Mü 3

3.48
Gabriele Münter
Ohne Titel
1914
Öl auf Pappe
37x32,5 cm
Datiert verso o. l.: »23 III 14«, beschriftet o. r.:
»Mü 1914 nach Kindermalerei«
Gabriele Münter- und Johannes Eichner-Stiftung,
München
Mü 4

3.49
Kinderzeichnung (Rudi Schindler)
Farbkreiden über Bleistift auf beigem Zeichen-
und Aquarellpapier
23,9x19,9 cm
Gabriele Münter- und Johannes Eichner-Stiftung,
München
KIZ 121

3.50
Kinderzeichnung (Martin Mosner)
Bleistift auf beigem Zeichenkarton
23,9x20 cm
Gabriele Münter- und Johannes Eichner-Stiftung,
München
KIZ 117

3.51
Kinderzeichnung (Robert)
Bleistift und Farbkreiden auf Zeichenhalbkarton
24x19,9 cm
Gabriele Münter- und Johannes Eichner-Stiftung,
München
KIZ 144

3.52
Gabriele Münter
Im Zimmer (Frau im weißen Kleid)
1913
Öl auf Leinwand
88x100 cm
Privatsammlung Südschwarzwald

3.53
Kinderzeichnung (Friedel)
Öl auf Pappe
35,5x33,4 cm
Gabriele Münter- und Johannes Eichner-Stiftung,
München
KIZ 185 (Vs)

3.54
Kinderzeichnung (Friedel)
Öl auf Pappe
47,5x32,8 cm
Gabriele Münter- und Johannes Eichner-Stiftung,
München
KIZ 180 (Vs)

3.55
Kinderzeichnung (Friedel)
Öl auf Pappe
25x29,6 cm
Gabriele Münter- und Johannes Eichner-Stiftung,
München
KIZ 181 (Vs)

3.56
Kinderzeichnung (Friedel)
Oktober 1913
Öl auf Pappe
33,4x35,9 cm
Gabriele Münter- und Johannes Eichner-Stiftung,
München
KIZ 186 (Vs)

Ferner werden folgende Kinderzeichnungen aus dem Bestand der Gabriele Münter- und Johannes Eichner-Stiftung, München, ausgestellt, die unter KIZ Nummern dokumentiert sind: KIZ 1–8, 10 (Rs), 11 (Rs), 15–16, 21–24, 26–30, 33–34, 36, 38–39, 42–46, 48–52, 63–65, 67–71, 74, 77–78, 79 (Rs), 80, 82–84, 85 (Rs), 86, 89–92, 94 (Rs), 101, 104, 107–108, 110 (Rs), 113–114, 116–118, 120–121, 125, 127–128, 129 (Rs), 131–132, 134–135, 137–138, 143–144, 146, 149–150, 151 (Rs), 154, 159, 162–166, 167 (S. 7), 168 (S. 13), 169, 171, 174–181, 183–186, 192–193, 216–218, 226, 230, 233, 234 (1–4), 243–249, 250

3.57
Gabriele Münter
Zuhören (Bildnis Jawlensky)
1909
Öl auf Pappe
49,7x66,2 cm
Signiert o. l.: »Münter«, bezeichnet verso:
»G. Münter Zuhören 1909«
Städtische Galerie im Lenbachhaus, München
GMS 657

3.58
Lyonel Feininger
Stadt mit Sonne
1921
Aquarell
20,3x28,6 cm
Galleria d'Arte »Il Castello«, Trient

3.59
Lyonel Feininger
Liebespaar
Les Amoureux
1916
Öl auf Leinwand
44,2x40,2 cm
Signiert und datiert u. l.: »Feininger 1916«, von
fremder Hand auf dem Rahmen bezeichnet:
»Liebespaar, 1916«
Musée national d'art moderne, Centre Georges
Pompidou, Paris

3.60
Lyonel Feininger
Lokomotive mit großem Rad
1915
Öl auf Leinwand, 56,8x125 cm
Signiert und datiert u. r.: »Feininger 15«
Achim Moeller Fine Art, New York

3.61 o. Abb.
Wassily Kandinsky
Eisenbahn bei Murnau
1909
Öl auf Pappe
36x49 cm
Städtische Galerie im Lenbachhaus, München
GMS 49

3.62
Andreas Jawlensky
Lokomotive
Um 1909
Öl auf Papier
27x36,5 cm
Long Beach Museum of Art, Long Beach
The Milton Wichner Collection

3.63 o. Abb.
Andreas Jawlensky
Rote Blumen auf rosa Tisch
1910
Öl auf Pappe
49,5x53,5 cm
Städtische Galerie im Lenbachhaus, München
GMS 682

3.64
Alexej Jawlensky
Murnauer Landschaft
1909
Öl auf Pappe

50,4x54,5 cm
Signiert und datiert u. r.: »A. Jawlensky/09«
Städtische Galerie im Lenbachhaus, München
GMS 678

3.65
Lyonel Feininger
Die Mole von Swinemünde
1921
Aquarell auf Federzeichnung in Tusche
19,4x28,8 cm
Sammlung E. W. K., Bern

3.66
Lyonel Feininger
Häuser und Figuren
Ohne Datierung
Holz geschnitzt und bemalt, 15teilig
Zwischen 3,7 und 9,7 cm
Collection Achim Moeller, New York

4 Paul Klee und die Rückkehr zu den »Uranfängen«

4.1
Paul Klee
Dame mit Sonnenschirm
1883–1885, 15 (A)
Bleistift auf liniertem Schreibpapier aus einem Kassabuch, auf Karton zusammen mit Abb. 4.5
11,2x8,2/6,4 cm
Signiert u. r. mit Tusche: »Klee«, beschriftet mit Tusche u. l.: »Kindheit 15 (1883–85)«
Kunstmuseum Bern, Paul-Klee-Stiftung

4.2*
Paul Klee
Mädchen mit Puppe
1905, 17 (A)
Aquarellfarbenzeichnung hinter Glas
17,7x12,9 cm
Kunstmuseum Bern, Paul-Klee-Stiftung

4.3
Paul Klee
Auguren im Gespräch
1906, 33
Bleistift, Feder und Tusche auf leicht vergilbtem Zeichenpapier auf Karton
21,3x17,1 cm
Signiert mit Tusche Mitte r.: »Klee«, datiert mit Bleistift: »1906«, bezeichnet mit Tusche u. Mitte: »1906/33 Auguren im Gespräch«
Kunstmuseum Bern, Paul-Klee-Stiftung

4.4
Paul Klee
Ohne Titel (Familienspazierfahrt: Eltern mit drei Kindern, mit Schlittschuhen auf dem Eis)
1883, N
Bleistift auf Papier
28,2x18,4 cm
Privatbesitz, Schweiz

4.5
Paul Klee
Droschkengespann
1883–1885, 14 (A)
Bleistift und farbige Fettkreiden auf liniertem Schreibpapier aus einem Kassabuch, auf Karton zusammen mit Abb. 4.1, 10,6x14,7 cm
Signiert mit Tusche u. r.: »Klee«, beschriftet u. l.: »Kindheit 14 (1883–85)«
Kunstmuseum Bern, Paul-Klee-Stiftung

4.6
Paul Klee
Galoppierende Pferde II
1912, 87 (A)
Feder und Tusche auf Briefpapier mit Leinenprägung auf Karton, 7,6x22,7 cm
Signiert u. r. mit Tusche: »Klee«, bezeichnet mit Tusche u. l.: »Galoppierende Pferde II 1912 87«, verso: Notizen zum Artikel »Die Ausstellung des Modernen Bundes im Kunsthaus Zürich«
Kunstmuseum Bern, Paul-Klee-Stiftung

4.7
Paul Klee
Reiter und Vorreiter, Illustrationsentwurf (ursprünglich zu Candide)
1911, 99
Tusche und Caput mortuum hinter Glas
13x18 cm
Privatbesitz, Schweiz

4.8
Paul Klee
Die Gewärtigen
1912, 124 (A)
Feder und Tusche, teilweise mit Radiergummi überarbeitet, auf Briefpapier mit Leinenprägung auf Karton
6,8x14,9 cm
Signiert mit Tusche o. r.: »Klee«, bezeichnet mit Tusche u. l.: »die Gewärtigen 1912 124«
Kunstmuseum Bern, Paul-Klee-Stiftung

4.9 o. Abb.
Georg Kerschensteiner
Abb. 95 aus: »Die Entwicklung der zeichnerischen Begabung«
München 1905

4.10
Georg Kerschensteiner
Abb. 37 aus: »Die Entwicklung der zeichnerischen Begabung«
München 1905

4.11
Georg Kerschensteiner
Abb. 4 aus: »Die Entwicklung der zeichnerischen Begabung«
München 1905

4.12 o. Abb.
Georg Kerschensteiner
Abb. 5 aus: »Die Entwicklung der zeichnerischen Begabung«
München 1905

4.13
Georg Kerschensteiner
Abb. 61 aus: »Die Entwicklung der zeichnerischen Begabung«
München 1905

4.14
Georg Kerschensteiner
Abb. 101 aus: »Die Entwicklung der zeichnerischen Begabung«
München 1905

4.15
Paul Klee
Menschliche Ohnmacht
1913, 35 (A)
Feder und Tusche auf italienischem Ingrespapier auf Karton
17,8x9,9 cm
Signiert mit Tusche o. l.: »Klee«, bezeichnet mit Tusche u. l.: »menschl. Ohnmacht«, datiert mit Tusche u. Mitte: »1913 35«
Kunstmuseum Bern, Paul-Klee-Stiftung

4.16*
Paul Klee
Tor im Garten
1926, 81 (R 1)
Öl auf Pappe auf Keilrahmen, mit schwarzer Holzleiste eingefaßt, originale Rahmenleisten, bemalt
54,7x44 cm
Signiert und datiert u. l., eingekratzt: »Klee 1926/R 1«, bezeichnet verso auf dem Keilrahmen: »1926 ›R 1‹ Tor im Garten/Klee«
Kunstmuseum Bern, Max-Huggler-Stiftung

4.17*
Paul Klee
Kosmische Composition
1919, 165
Öl auf Holz
48x41 cm
Signiert und datiert: »Klee 1919.165«, bezeichnet verso auf dem Klebezettel: »Kosmische Composition Klee«
Kunstsammlung Nordrhein-Westfalen, Düsseldorf

4.18*
Paul Klee
Schreck eines Mädchens
1922, 131
Ölfarbenzeichnung und Aquarell auf Ingrespapier
29,9x22,2 cm
Signiert u. r.: »Klee«, datiert u. l.: »1922/131«, bezeichnet u. r.: »Schreck eines Mädchens«
Solomon R. Guggenheim Museum, New York

4.19 *
Paul Klee
⟨mit dem ❢⟩
1916, 57
Tusche auf Papier
12,4 x 14,6 cm
The Cleveland Museum of Art, Cleveland

4.20
Kinderzeichnung (Kätchen Busse)
Bleistift auf Papier
21,2 x 16,7 cm
Gabriele Münter und Johannes Eichner-Stiftung, München
KIZ 52 (Vs)

4.21
Paul Klee
Pastorale (Rhythmen)
1927, 20 (K 10)
Ölfarben, Leinwand auf Karton geklebt
69 x 52 cm
The Museum of Modern Art, New York
Abby Aldrich Rockefeller Fund and Exchange

4.22
Paul Klee
Ohne Titel (Mit Haus und Treppe)
1890
Buntstift auf Papier
14,9 x 18,3 cm
Privatbesitz, Schweiz

4.23
Paul Klee
Revier eines Katers
1919, 49
Aquarell, Gouache und Öl auf zwei kreidegrundierten Stücken Leinen, auf Karton aufgezogen
22,5 x 14,5 cm
Unterer Teil: 8,8 x 14,3 cm
Oberer Teil: 12,4 x 14 cm
Signiert o. r. auf dem unteren Teil mit schwarzer Tinte: »Klee«, datiert u. l. auf dem Karton mit schwarzer Tinte: »1919.49«
The Metropolitan Museum of Art, New York
The Berggruen Klee Collection

4.24
Paul Klee
Wintertag kurz vor Mittag
1922, 6
Öl auf Papier auf Karton
29,8 x 45,9 cm
Signiert und datiert o. r.: »Klee/1922«, bezeichnet unten: »1922/6 Wintertag kurz vor Mittag«
Kunsthalle Bremen, Bremen

4.25
Paul Klee
Kirche, die Uhr mit erfundenen Zahlen
1883, 17
Bleistift und Fettkreiden auf Schreibpapier auf Karton
22,5 x 18,1 cm
Signiert mit Tusche o. l.: »Klee«, beschriftet o. l. mit Tusche: »Kinderzeichnung 17«
Kunstmuseum Bern, Paul-Klee-Stiftung

4.26
Paul Klee
Pferd, Schlitten und zwei Damen
1884, 9 (A)
Bleistift und Fettkreiden auf Schreibpapier auf Karton
7 x 17,3 cm
Auf einem Karton mit »Dame im Segelschiff«, 1884, 8 (A)
12,5 x 17,9 cm
Datiert mit Tusche u. l.: »1884 9«, beschriftet verso mit Tusche: »frühere Kindheit 8.9«
Kunstmuseum Bern, Paul-Klee-Stiftung

4.27
Paul Klee
Tiergarten
1924, 273
Aquarell und Bleistift auf Briefpapier
Blatt: 7 x 21,8 cm; Karton: 13,4 x 27,5 cm
Kunst- und Museumsverein im Von der Heydt-Museum, Wuppertal
Sammlung Rudolf Ibach

4.28
Paul Klee
Überfall
1924, 202
Aquarell und Ölfarbenzeichnung
27,5 x 33,5 cm
Privatbesitz

4.29
Paul Klee
Spaziergänger
1925, 104 (A 4)
Tusche und Aquarell auf Papier
24 x 28 cm
Signiert u. r.: »Klee«, datiert und bezeichnet u. l.: »1925 A. 4 Spaziergänger«, Widmung u. r.: »Für Herrn und Frau Latzko in herzlicher Freundschaft zum 30. Juni 1925«
Mrs. Eleanore B. Saidenberg, New York

4.30
Paul Klee
Skizzenbuch (Seite 14)
1889, N/SB, Fisch
Bleistift auf Papier
20,2 x 16,9 cm
Privatbesitz, Schweiz

4.31 *
Paul Klee
Der Goldfisch (Der goldene Fisch)
1925, 86 (R 6)
Papier auf Pappe
49,6 x 69,2 cm
Hamburger Kunsthalle, Hamburg

4.32 *
Paul Klee
Fischzauber
1925, 85 (R 5)
Öl- und Wasserfarben auf Nesseltuch auf Karton, gefirnißt
77 x 89 cm
Philadelphia Museum of Art, Philadelphia
The Louise and Walter Arensberg Collection

4.33
Paul Klee
Drei Fische
1939, 621 (GG 1)
Bleistift auf Simili-Japanpapier, Marke Bambou Japon Leysse, mit Leimtupfen auf Karton
20,9 x 29,7 cm
Signiert mit Tusche u. r.: »Klee«, bezeichnet u. Mitte und mit Tinte unterstrichen: »1939 GG 1 drei Fische«, mit Bleistift u. l.: »GG 1 Drei Fische«
Kunstmuseum Bern, Paul-Klee-Stiftung

4.34
Felix Klee
Zeltstadt mit blauem Fluß und schwarzer Zick-Zack-Wolke
Februar 1919
Aquarell auf Papier
23,7 x 16,8 cm
Privatbesitz, Schweiz

4.35
Paul Klee
Ohne Titel (Zeltstadt im Gebirge)
1920, Verso gespalten
Öl auf Karton
19 x 26,5 cm
Privatbesitz, Schweiz

4.36
Paul Klee
Skizzenbuch (Seite 12): Kinderzeichnung (Boot)
1889 N/SB
Bleistift auf Papier
20,2 x 16,9 cm
Privatbesitz, Schweiz

4.37
Paul Klee
Der Weg von Unklaich nach China
1920, 153
Feder und Tusche auf Briefpapier mit Leinenprägung auf Karton
18,6 x 28,2 cm
Signiert mit Tusche u. l.: »Klee«, bezeichnet mit Tusche u. Mitte: »Unklaich«, mit Tusche o. r.: »China«, mit Tusche u. l.: »1920 153 Der Weg von Unklaich nach China«
Kunstmuseum Bern, Paul-Klee-Stiftung

4.38
Paul Klee
Erinnerung an Lugano
1921, 204

Tusche auf Papier
21,5x28,5 cm
Sammlung E. W. K., Bern

4.39
Paul Klee
Dampfer vor Lugano
Lugano 1922, 67
Lithographie
27,8x38,8 cm
Kunstmuseum Bern, Paul-Klee-Stiftung

4.40
Paul Klee
Boote, das sechste am Steg
1926, 200 (U null)
Ölkreiden auf Papier
22/22,5x38,4/35,4 cm
Datiert u. l.: »1926 U null«, bezeichnet und unterstrichen u. r.: »Boote, das sechste am Steg«
Privatbesitz, Schweiz

4.41
Paul Klee
Gelber Hafen
1921, 26
Aquarellierte Ölfarbenzeichnung auf Büttenpapier, auf Karton aufgezogen
31,8x48,3 cm
Signiert mit schwarzer Tinte o. r.: »Klee«, bezeichnet auf Karton mit brauner Tinte: »1921 126 Gelber Hafen«
The Metropolitan Museum of Art, New York
The Berggruen Klee Collection

4.42
Kinderzeichnung (aus der Sammlung Wassily Kandinsky)
Vermutlich aus den zwanziger Jahren
Bleistift und Wasserfarbe auf Papier
34,2x23 cm
Signiert u. l.: »U. W.«
Musée national d'art moderne, Centre Georges Pompidou, Paris
Archives du Fonds Kandinsky, Nachlaß Nina Kandinsky 1981

4.43
Kinderzeichnung (aus der Sammlung Wassily Kandinsky)
Vermutlich aus den zwanziger Jahren
Bleistift und Buntstift auf Papier
32,8x23,8 cm
Musée national d'art moderne, Centre Georges Pompidou, Paris
Archives du Fonds Kandinsky, Nachlaß Nina Kandinsky 1981

4.44
Paul Klee
Schauspieler-Maske
1924, 252
Öl auf Leinwand
36,7x33,8 cm
The Museum of Modern Art, New York
The Sidney and Harriet Janis Collection

4.45
Bauhaus (Deckblatt)
Nummer 3, 3. Jahrgang, Juli–September 1929
Documentation du Musée national d'art moderne, Centre Georges Pompidou, Paris
Archives du Fonds Kandinsky, Nachlaß Nina Kandinsky 1981

4.46
Kinderzeichnung (aus der Sammlung Paul Klee)
Um 1930
Aquarell und Kreide
Ca. 31,5x35/35,5 cm
Privatbesitz, Schweiz

4.47
Kinderzeichnung (aus der Sammlung Paul Klee)
Um 1930
Aquarell und Bleistift
Ca. 34x39,8 cm
Privatbesitz, Schweiz

4.48
Kinderzeichnung (aus der Sammlung Paul Klee)
Um 1930
Aquarell und Bleistift
Ca. 29,7x33,3 cm
Privatbesitz, Schweiz

4.49
Paul Klee
Eisenbahn-Zug
1939, 609 (FF9)
Bleistift auf Konzeptpapier, Marke Biber, mit Leimtupfen auf Karton
27x43 cm
Signiert mit Tinte o. r.: »Klee«, bezeichnet mit Tinte und unterstrichen u. l.: »1939, FF 9. Eisenbahnzug«
Kunstmuseum Bern, Paul-Klee-Stiftung

4.50
Felix Klee
Ohne Titel (Eisenbahn)
1913
Bleistift, Text: Feder und Tusche
4,2x16,5 cm
Privatbesitz, Schweiz

4.51
Paul Klee
Zwang dem Berg
1939, 613 (FF 13)
Öl auf Baumwolle
95x70 cm
Privatbesitz

4.52
Paul Klee
Bergbahn
1939, 556 (CC 16)
Kohle, Aquarellfarben auf gipsgrundierter Jute
20,9x43,2 cm
Privatbesitz

4.53
Bauhaus (Seite 14)
Nummer 3, 3. Jahrgang, Juli–September 1929
Musée national d'art moderne, Centre Georges Pompidou, Paris
Archives du Fond Kandinsky, Nachlaß Nina Kandinsky 1981

4.54*
Paul Klee
Büste
1930, 265 (AE 5)
Öl auf Papier
35,5x54,5 cm
Privatbesitz, Schweiz
Leihgabe in der Städischen Kunsthalle Mannheim

4.55
Paul Klee
Lumpengespenst
1933, 465 (J 5)
Kleisterfarben, pastos mit dem Messer aufgetragen, über einer Aquarellskizze auf Zeichenpapier, Marke Fabriano, auf Karton, Randleiste unten mit Farbstift bemalt
48x33,1 cm
Signiert u. r. mit Farbstift: »Klee«, bezeichnet auf dem Karton unter der Randleiste u. Mitte und mit Tinte unterstrichen: »1933 J 5 Lumpengespenst«, mit Bleistift u. l.: »S cl/IX«
Kunstmuseum Bern, Paul-Klee-Stiftung

4.56
Paul Klee
Hungriges Mädchen
1939, 671 (JJ 11)
Kleisterfarben auf Biber-Konzeptpapier
26,9x21,3 cm
Privatbesitz, Schweiz

4.57
Paul Klee
Brand-Maske
1939, 274 (U 14)
Pastose Kleisterfarben, Bambon-Japon
20,6x29,6 cm
Privatbesitz, Schweiz

4.58
Paul Klee
Als ich noch jung war
1938, 56 (E 16)
Schwarze Kleisterfarbe auf Briefpapier mit Leinenprägung, Leimtupfen auf Karton
28x17,8 cm
Signiert mit Tinte o. l.: »Klee«, bezeichnet und unterstrichen auf Karton mit Tinte u. Mitte: »1938 E 16 als ich noch jung war«, mit Bleistift u. l.: »Das Couplet als ich jung war«
Kunstmuseum Bern, Paul-Klee-Stiftung

4.59
Paul Klee
Kindheit
1938, 358 (V 18)
Kleisterfarbe auf Konzeptpapier, Marke Biber
27x42,8 cm
Signiert mit Tinte o.l.: »Klee«, bezeichnet mit Tinte u. Mitte: »1938 V 18 Kindheit«, verso: Bleistiftzeichnung, mit Leimtupfen auf Karton
Kunstmuseum Bern, Paul-Klee-Stiftung

4.60
Paul Klee
Wieder kindisch
1939, 750 (NN 10)
Bleistift auf Konzeptpapier, Marke Biber, mit Leimtupfen auf Karton
27x21,5 cm
Signiert u.l. mit gelber Tusche: »Klee«, bezeichnet u. Mitte und mit Tinte unterstrichen: »1939 NN 10 wieder kindisch«, mit Bleistift u.l.: »wieder kindisch«
Kunstmuseum Bern, Paul-Klee-Stiftung

4.61
Paul Klee
Kinder spielen Tragödie
1939, 1207 (NO 7)
Schwarze Fettkreide, Marke Zulu auf Simili-Japanpapier, Marke Bambou Japon Leysse, mit Leimtupfen auf Karton
20,9x29,6 cm
Signiert mit Tinte o.l.: »Klee«, datiert u.l. und mit Tinte unterstrichen: »1939 NO 7«, bezeichnet und mit Tinte unterstrichen u.r.: »Kinder spielen Tragödie«, mit Bleistift u.l.: »Kinder spielen Tragödie«
Kunstmuseum Bern, Paul-Klee-Stiftung

4.62
Paul Klee
Wander-Artist (ein Plakat)
1940, 273 (L 13)
Kleisterfarben auf Papier auf Karton
31x29 cm
Privatbesitz, Schweiz

4.63
Paul Klee
Beim blauen Busch
1939, 801 (RR 1)
Kleisterfarben auf Biber-Konzeptpapier
27x21,5 cm
Wilhelm-Hack-Museum, Ludwigshafen

4.64 o.Abb.
Paul Klee
Ereignis am Spielplatz
1937, 186 T6
34,8x49,5 cm
Kohle auf Packpapier
Kunstmuseum Bern, Paul-Klee-Stiftung

5 Pablo Picasso: Das Spiel mit der Form

5.1
Paloma Picasso
Zeichnung mit Autos
Dessin avec voitures
1956
Gouache auf Papier
21x27 cm
Privatsammlung

5.2
Claude Picasso
Mensch und Tier
Personnage et animal
18. Februar 1953
Buntstift auf Papier
27x21 cm
Privatsammlung

5.3
Claude Picasso
Mensch, Grotte und Elefant
Personnage, grotte et éléphant
1953
Gouache auf Papier
21x27 cm
Privatsammlung

5.4
Paloma Picasso
Reitendes Mädchen
Fillette à cheval
Um 1956
Bleistift auf Papier
21x13,5 cm
Privatsammlung

5.5
Pablo Picasso
Notizen (Skizzenblatt mit verschiedenen Köpfen und einer weiblichen Halbfigur)
Apuntes
Barcelona 1899/1900
Feder, schwarze Kreide und Farbstifte auf Papier
22x31,8 cm
Museu Picasso, Barcelona, Schenkung Picasso

5.6*
Kinderzeichnung (anonym)
im »Carnet deux« von Pablo Picasso
1901
Kohle auf Papier
13x21 cm
Musée Picasso, Paris

5.7*
Kinderzeichnung (anonym)
im »Carnet deux« von Pablo Picasso
1901
Kohle auf Papier
13x21 cm
Musée Picasso, Paris

5.8*
Pablo Picasso
Les Demoiselles d'Avignon
Paris, Frühjahr 1907
Öl auf Leinwand
245x235 cm
The Museum of Modern Art, New York

5.9
Pablo Picasso
Maya mit Puppe
Maya à la poupée (La fille de l'artiste avec sur les bras une poupée coiffée d'un béret de marin)
16. Januar 1938
Öl auf Leinwand
73x60 cm
Musée Picasso, Paris

5.10
Pablo Picasso
Der zweijährige Claude und sein Holzpferd
Enfant avec cheval à roulettes
(Claude à deux ans)
9. Juni 1949
Öl auf Leinwand
130x97 cm
Sammlung Marina Picasso, Inv.-Nr. 13190
Courtesy Galerie Jan Krugier, Genf

5.11*
Pablo Picasso
Seilhüpfendes Mädchen
Petite fille sautant à la corde
Vallauris 1950
Bronze
152x65x66 cm
Gußstempel: »CIRE PERDUE C. VALSUANI«
Privatsammlung

5.12*
Pablo Picasso
Pavian mit Jungem
La Guenon et son petit
Vallauris, Oktober 1951
Bronze
53,2x33,2x61 cm
Datiert auf dem Sockel: »10.51«, Gußstempel: »CIRE PERDUE C. VALSUANI«
Privatsammlung

5.13*
Pablo Picasso
Liegender Akt
Nu couché
14. Juni 1967
Öl auf Leinwand
195x130 cm
Musée Picasso, Paris

5.14
Pablo Picasso
Las Meniñas
Les Ménines. Vue d'ensemble
19. September 1957

Öl auf Leinwand
162x130 cm
Museu Picasso, Barcelona

5.15*
Pablo Picasso
Das Frühstück im Freien
Le déjeuner sur l'herbe
27. Februar 1960
Öl auf Leinwand
114x146 cm
Privatsammlung

5.16*
Pablo Picasso
Nächtlicher Fischfang in Antibes
Pêche de nuit à Antibes
Antibes, August 1939
Öl auf Leinwand
213x345 cm
The Museum of Modern Art, New York
Mrs. Simon Guggenheim Fund

5.17
Pablo Picasso
Skizze III für »Guernica«
Étude pour Guernica III
Paris, 1. Mai 1937
Bleistift auf blauem Papier
21x27 cm
Museo del Prado, Madrid
En depósito en el Museo Nacional Centro de Arte Reina Sofía, Madrid

5.18
Pablo Picasso
Pferd, Skizze IV für »Guernica«
Étude pour Guernica IV
Paris, 1. Mai 1937
Bleistift auf blauem Papier
21x27 cm
Museo del Prado, Madrid
En depósito en el Museo Nacional Centro de Arte Reina Sofía, Madrid

5.19*
Pablo Picasso
Studie zu »Mann mit Lamm« III
L'homme au mouton
19. August 1942
Chinatinte auf Papier
33,3x21,3 cm
Privatsammlung

5.20*
Pablo Picasso
Mann mit Lamm
L'homme au mouton
Paris, Februar 1943
Bronze
222,5x78x78 cm
Exemplar Nr. 1
Philadelphia Museum of Art, Philadelphia

5.21*
Pablo Picasso
Studie (Seite des Skizzenbuches »Carnet bleu«)
Étude (Page de carnet)
3. Mai 1943
Gouache auf Papier, 37x31 cm
Privatsammlung
Ehemals Sammlung Marie-Thérèse Walter

5.22*
Alexander Liberman
Pablo Picasso in seinem Atelier in Vallauris
1953/54
Fotografie Courtesy Alexander Libermann

5.23
Pablo, Paloma und Claude Picasso
Zeichenstunde
Leçon de Dessin
1953
Buntstift und Bleistift auf Papier
66x49,5 cm
Privatbesitz

5.24
Edward Quinn
Leçon de Dessin (Serie mit sieben Schwarzweiß-fotografien, 20x25 bzw. 25x20 cm)
1953
Privatbesitz

6 Miró und die Reime der Kindheit

6.1*
Anonymer Fotograf
Joan Miró mit seiner Tochter Dolorès im Atelier
Um 1938

6.2
Dolorès Miró
Ohne Titel (El Torneo)
Dezember 1941
Bleistift und Buntstift auf Papier
21,3x27,1 cm
Sammlung Dolorès Miró

6.3
Dolorès Miró
Ohne Titel (Adanyeva Fuera del Parais)
Mai 1942
Bleistift und Buntstift auf Papier
14x25,4 cm
Sammlung Dolorès Miró

6.4
Dolorès Miró
Ohne Titel
Januar 1942
Bleistift und Buntstift auf Papier
14x21,3 cm
Sammlung Dolorès Miró

6.5
Dolorès Miró
Mutter
Februar 1938
Buntstift und Bleistift auf Papier
20,9x26,8 cm
Philadelphia Museum of Art, Philadelphia
A. E. Gallatin Collection

6.6
Dolorès Miró
Abfahrt der Mutter
Februar 1938
Bleistift und Wachsmalstifte auf Papier
20,9x26,8 cm
Philadelphia Museum of Art, Philadelphia
A. E. Gallatin Collection

6.7
Dolorès Miró
Ohne Titel
Bleistift auf Papier
21x27 cm
In einem Brief von Joan Miró, datiert: »31. 7. 1935«
Documentation du Musée national d'art moderne, Centre Georges Pompidou, Paris
Archives du Fond Kandinsky, Nachlaß Nina Kandinsky 1981

6.8*
Joan Miró
Blumentopf
Pot de fleurs
1901
Bleistift auf Papier
21,1x12 cm
Datiert u.: »J.M.F. 1901«, beschriftet verso: »Miró MMM«
Fundació Joan Miró, Barcelona

6.9*
Joan Miró
Der Regenschirm
Le Parapluie
1901
Bleistift auf Papier
18,5x11,6 cm
Beschriftet und datiert Mitte l.: »J. Miró Ferrá 1901«, u.: »J.M.F. 1901«
Property of the Fundació Joan Miró, Barcelona

6.10*
Joan Miró
Der Fußpfleger
Le Pédicure
1901
Bleistift, Aquarell und Tinte auf Papier
11,6x17,7 cm
Beschriftet und datiert u. r.: »Joan Miró Ferrá 1901«
Property of the Fundació Joan Miró, Barcelona

6.11 *
Joan Miró
Der Bauernhof
La Ferme
1921–1922
Öl auf Leinwand
132 x 147 cm
National Gallery of Art, Washington D.C.
Gift of Mary Hemingway

6.12 *
Joan Miró
Katalanische Landschaft (Der Jäger)
Paysage catalan (Le chasseur)
1923–1924
Öl auf Leinwand
64,8 x 100,3 cm
Signiert und datiert u. l.: »Miró 1923–24«
The Museum of Modern Art, New York
Acquired through the Lillie P. Bliss Bequest

6.13
Joan Miró
Person, einen Stein nach einem Vogel werfend
Personnage lançant une pierre à un oiseau
1926
Öl auf Leinwand
73,7 x 92,1 cm
The Museum of Modern Art, New York
Purchase

6.14 *
Joan Miró
Mittelmeerlandschaft
Peinture (Paysage méditerranéen)
1930
Öl auf Leinwand
235 x 155 cm
Galerie Gmurzynska, Köln

6.15
Joan Miró
Frauen und Vögel in der Nacht
Femmes et Oiseaux dans la Nuit
1945
Öl auf Leinwand
114,5 x 146,5 cm
Kunstsammlung Nordrhein-Westfalen, Düsseldorf

6.16 *
Joan Miró
Der Vogel mit dem ruhigen Blick, Die Flügel in Flammen
L'oiseau au regard calme, Les ailes en flammes
1952
Öl und Gips auf Leinwand
81 x 100 cm
Signiert u. r.: »Miró«, datiert verso: »1952«
Staatsgalerie Stuttgart, Stuttgart

6.17
Joan Miró
Der Flug der Libelle vor der Sonne
Le Vol de la Libellule devant le Soleil
26. Januar 1968
Öl auf Leinwand
173,9 x 243,8 cm
National Gallery of Art, Washington D.C.
Collection of Mr. and Mrs. Paul Mellon
1983.1.23

6.18
Joan Miró
Frau mit Krug
Femme à la cruche
1970
84,5 x 75 x 30 cm
Gießerei Paradellada, Barcelona
Property of the Fundació Joan Miró, Barcelona

6.19
Joan Miró
Frau
Femme
1970
Bronze
55,5 x 29 x 10,5 cm
Gießerei Paradellada, Barcelona
Property of the Fundació Joan Miró, Barcelona

6.20
Joan Miró
Figur
Personnage
1973
Bronze
44 x 33 x 33 cm
Property of the Fundació Joan Miró, Barcelona

6.21 o. Abb.
Joan Miró
Große Vase
Grand vase. Bac 2981
1956
Keramik
50 x 32 x 30 cm
Signiert u.: »Miró Artigas«
Galerie Adrien Maeght, Paris

6.22 *
Joan Miró
Ubus Kindheit
L'Enfance d'Ubu
Um 1970
Aquarell und Farbstifte
32,5 x 50 cm
Galerie Marwan Hoss, Paris

6.23 *
Joan Miró
Ubus Kindheit
L'Enfance d'Ubu
Um 1970
Farbstifte, laviert
32,5 x 49,5 cm
Galerie Marwan Hoss, Paris

7 Jean Dubuffet: Kindheit als Strategie

7.1 *
Jean Dubuffet
Bauer und sein Dorf
Paysan et son village
Februar 1943
Öl auf Leinwand
60 x 73 cm
Courtesy Donald Morris Gallery, Birmingham, Michigan
Privatbesitz Detroit

7.2
Kinderzeichnung (aus der Sammlung Jean Dubuffet)
Ohne Titel
Gouache auf Papier
Ca. 25,4 x 30,5 cm
Collection de l'Art Brut, Lausanne

7.3
Kinderzeichnung (aus der Sammlung Jean Dubuffet)
Ohne Titel
Gouache auf Papier
Ca. 25,4 x 30,5 cm
Collection de l'Art Brut, Lausanne

7.4
Kinderzeichnung (aus der Sammlung Jean Dubuffet)
Ohne Titel
Gouache auf Papier
Ca. 25,4 x 30,5 cm
Collection de l'Art Brut, Lausanne

7.5
Kinderzeichnung (aus der Sammlung Jean Dubuffet)
Ohne Titel
Gouache auf Papier
Ca. 25,4 x 30,5 cm
Collection de l'Art Brut, Lausanne

7.6
Kinderzeichnung (aus der Sammlung Jean Dubuffet)
Ohne Titel
Gouache auf Papier
Mai 1939
Ca. 25,4 x 30,5 cm
Collection de l'Art Brut, Lausanne

7.7 *
Jean Dubuffet
Glückliche Gegend
Campagne heureuse
August 1944
Öl auf Leinwand
130 x 97 cm
Musée national d'art moderne, Centre Georges Pompidou Paris

7.8 *
Jean Dubuffet
Ansicht von Paris, das Leben voller Vergnügungen
Vue de Paris, la vie de plaisir
Februar 1944
Öl auf Leinwand
88,5 x 116 cm
Privatsammlung New York

7.9
Kinderzeichnung (aus der Sammlung Jean Dubuffet)
Ohne Titel
Gouache auf Papier
Ca. 25,4 x 30,5 cm
Collection de l'Art Brut, Lausanne

7.10
Kinderzeichnung (aus der Sammlung Jean Dubuffet)
Ohne Titel
Gouache auf Papier
Ca. 25,4 x 30,5 cm
Collection de l'Art Brut, Lausanne

7.11
Kinderzeichnung (aus der Sammlung Jean Dubuffet)
Ohne Titel
Gouache auf Papier
Ca. 25,4 x 30,5 cm
Collection de l'Art Brut, Lausanne

7.12
Jean Dubuffet
Jazz Band (Black Chicago)
Dezember 1944
Öl auf Leinwand
100 x 120 cm
Kunstsammlung Nordrhein-Westfalen, Düsseldorf

7.13
Jean Dubuffet
Araber und Palmen
Arabe et palmiers
Januar 1948
Buntstift auf Papier
32 x 23,7 cm
Musée national d'art moderne, Centre Georges Pompidou, Paris
Donation Daniel Cordier

7.14 *
Jean Dubuffet
Kleiner Grinsender
Petit ricaneur
Öl auf Leinwand
März 1944
55 x 46 cm
The Art Institute of Chicago, Chicago
Cindy and Edwin Bergman Collection, 115. 1991

7.15
Kinderzeichnung (aus der Sammlung Jean Dubuffet)
Ohne Titel
Gouache auf Papier
Ca. 30,5 x 25,4 cm
Collection de l'Art Brut, Lausanne

7.16
Kinderzeichnung (aus der Sammlung Jean Dubuffet)
Ohne Titel
Gouache auf Papier
Ca. 30,5 x 25,4 cm
Collection de l'Art Brut, Lausanne

7.17
Kinderzeichnung (aus der Sammlung Jean Dubuffet)
Ohne Titel
Gouache auf Papier
Ca. 30,5 x 25,4 cm
Collection de l'Art Brut, Lausanne

7.18
Kinderzeichnung (aus der Sammlung Jean Dubuffet)
Ohne Titel
Gouache auf Papier
Ca. 30,5 x 25,4 cm
Collection de l'Art Brut, Lausanne

7.19
Kinderzeichnung (aus der Sammlung Jean Dubuffet)
Ohne Titel
Gouache auf Papier
Ca. 30,5 x 25,4 cm
Collection de l'Art Brut, Lausanne

7.20
Kinderzeichnung (aus der Sammlung Jean Dubuffet)
Ohne Titel
Gouache auf Papier
Ca. 30,5 x 25,4 cm
Collection de l'Art Brut, Lausanne

7.21
Kinderzeichnung (aus der Sammlung Jean Dubuffet)
Ohne Titel
Gouache auf Papier
Ca. 30,5 x 25,4 cm
Collection de l'Art Brut, Lausanne

7.22
Kinderzeichnung (aus der Sammlung Jean Dubuffet)
Ohne Titel
Gouache auf Papier
Ca. 30,5 x 25,4 cm
Collection de l'Art Brut, Lausanne

7.23
Kinderzeichnung (aus der Sammlung Jean Dubuffet)
Ohne Titel
Gouache auf Papier
Ca. 30,5 x 25,4 cm
Collection de l'Art Brut, Lausanne

7.24
Kinderzeichnung (aus der Sammlung Jean Dubuffet)
Ohne Titel
Gouache auf Papier
Ca. 30,5 x 25,4 cm
Collection de l'Art Brut, Lausanne

7.25
Kinderzeichnung (aus der Sammlung Jean Dubuffet)
Ohne Titel
Gouache auf Papier
Ca. 30,5 x 25,4 cm
Collection de l'Art Brut, Lausanne

7.26
Kinderzeichnung (aus der Sammlung Jean Dubuffet)
Ohne Titel
Gouache auf Papier
Ca. 30,5 x 25,4 cm
Collection de l'Art Brut, Lausanne

7.27 *
Jean Dubuffet
Porträt von Jean Paulhan
Portrait de Jean Paulhan
Juli 1945
Gouache und Chinatusche auf Papier
38 x 32 cm
Galerie Daniel Varenne, Genf

7.28 *
Jean Dubuffet
Francis Ponge (schwarz auf weißem Grund)
Francis Ponge (noir sur fond blanc)
Juni 1947
Öl und Gips
60 x 46 cm
Stedelijk Museum, Amsterdam

7.29
Jean Dubuffet
Porträt von Henri Michaux
Portrait de Henri Michaux
November 1946
Tusche auf Schiefertafel
50,2 x 31,7 cm
The Art Institute of Chicago, Chicago
Bequest of Grant J. Pick

7.30 *
Jean Dubuffet
Joë Bousquet im Bett
Joë Bousquet au lit

Januar 1947
Gouache und Tusche auf Gips, mit Feder auf Pappe eingeritzt
49,4x32,3 cm
The Museum of Modern Art, New York

7.31
Kinderzeichnung (aus der Sammlung Jean Dubuffet)
Zeichnung auf schwarzer Schiefertafel
20,3x15,2 cm
Collection de l'Art Brut, Lausanne

7.32
Jean Dubuffet
Villen und Gärten
Villas et jardins
17. September 1957
Öl auf Leinwand
89x116 cm
Dallas Museum of Art, Dallas
Gift of Mr. and Mrs. James H. Clark 1971./92

7.33
Kinderzeichnung (aus der Sammlung Jean Dubuffet)
Ohne Titel
Gouache auf Papier
Ca. 25,4x30,5 cm
Collection de l'Art Brut, Lausanne

7.34*
Jean Dubuffet
Landschaft mit Hund
Paysage avec chien
1958
Assemblage von Lithographien auf Leinwand
60x46 cm
Verbleib unbekannt, ehemals Sammlung Carl Djerassi Palo Alto, Kalifornien

7.35
Annie Chaissac (aus der Sammlung Jean Dubuffet)
Ohne Titel
Collage
Ca. 12x10 cm
Collection de l'Art Brut, Lausanne

7.36*
Jean Dubuffet
Andrang
Affluence
22.–23. März 1961
Öl auf Leinwand
89x116 cm
Fondation Jean Dubuffet, Paris

7.37
Gruppenbild von Pariser Schulkindern (aus der Sammlung Jean Dubuffet), unter Anleitung der Lehrer Frau Vigé und Herrn Lombard
Das Kino
Le cinéma
Um 1950
Malerei und Collage
173x294 cm
Collection de l'Art Brut, Lausanne

7.38*
Jean Dubuffet
Kochgeschirr-Bruch DG 173
Casse gamelle DG 173
7. Juni 1962
Gouache auf Papier
50x67 cm
Musée des Arts décoratifs, Paris

7.39*
Jean Dubuffet
Mire G 43 (Kowloon)
6. April 1983
Acryl auf Leinwand auf Papier
67x100 cm
Fondation Jean Dubuffet, Paris

7.40
Jean Dubuffet
Julie die Ernsthafte
Julie la Sérieuse
November 1950
Öl auf Bord
73x60,3 cm
Dallas Museum of Art, Dallas
Gift of Mr. and Mrs. James H. Clark 1971.93

7.41
Jean Dubuffet
Dreiecksbeziehung in Grau, Ultramarin und Karminrot
Ménage en gris, outremer et carmin
April 1945
Öl auf Leinwand
100x81 cm
Privatsammlung Schweiz

7.42 o. Abb.
Jean Dubuffet
Léautaud, der indianische Hexer
Léautaud sorcier peau-rouge
November 1946
Öl auf Leinwand mit Kieselsteinen
92,1x73 cm
The Museum of Modern Art, New York
William H. Weintraub Fund 1985

8 Cobra und das Kind in uns

8.1
Cobra 4
Amsterdam, November 1949
Seite 11 mit der Abb. »A nous la liberté« von Constant und eine unpaginierte Seite mit Kinderzeichnungen
Stedelijk Museum, Amsterdam

8.2
Cobra 4
Amsterdam, November 1949
Seite 19 mit der Abb. »Les rythmes joyeux de la ville« von Corneille und eine unpaginierte Seite
Stedelijk Museum, Amsterdam

8.3
Cobra 4
Amsterdam, November 1949
Seite 7 mit der Abb. »Chat« von Karel Appel und einer Kinderzeichnung
Stedelijk Museum, Amsterdam

8.4*
Asger Jorn
Kinderspiele
Pastorale voluptueuse oder Child's play
1960
130x130 cm
Privatsammlung Dänemark

8.5
Pierre Alechinsky zusammen mit Nicolas (11 Jahre)
Post Hieronymous
1969
Acryl auf Papier auf Leinwand, Predella in Zeichenkreide
151x151 cm
Sammlung N. A., Paris

8.6*
Asger Jorn
Ohne Titel
1939
Öl auf Leinwand
61x61,2 cm
Børge Venge Arhus

8.7
Asger Jorn
Ohne Titel
1943
Bleistift und Pastellkreide auf Papier
46,8x29,9 cm
Silkeborg Kunstmuseum, Silkeborg
The Asger Jorn Donation

8.8
Asger Jorn
Titelblatt von »Structure et Changement« (Pamphlet)
Paris 1956
Silkeborg Kunstmuseum, Silkeborg
The Asger Jorn Donation

8.9 o. Abb.
Asger Jorn
Ohne Titel
1944
Bleistift auf Papier
42x35,1 cm
Signiert und datiert u. r.: »Asger J. 1944«

Silkeborg Kunstmuseum, Silkeborg
The Asger Jorn Donation

8.10 o. Abb.
Echauren Matta, Asger Jorn und Asger Jorns Kinder
Ohne Titel
1955
Blaue Kreide, Ölkreide auf Papier
32x49,5 cm
Signiert Mitte: »Matta, Børn 1955«
Silkeborg Kunstmuseum, Silkeborg
The Asger Jorn Donation

8.11 *
Asger Jorn
Porträt Balzac
Portraet Balzac
1956
Öl auf Leinwand
65x50 cm
Privatsammlung Otto van de Loo, München

8.12 *
Asger Jorn
Brief an meinen Sohn
Lettre à mon fils
1956–1957
Öl auf Leinwand
130x195 cm
Tate Gallery, London

8.13 *
Asger Jorn
Die Hängung
L'Accrochage
1958
Öl auf Leinwand
97x130 cm
Stedelijk Van Abbemuseum, Eindhoven

8.14
Asger Jorn
Mauerblümchen
1958
Öl und Lack auf Leinwand
50x40 cm
Städtische Galerie im Lenbachhaus, München

8.15 *
Asger Jorn
Wiedersehen am Todesufer
1958
Öl auf Leinwand
100x80 cm
Privatsammlung Otto van de Loo, München

8.16
Asger Jorn
Das böse Jahr
1963
Öl auf Leinwand
146x114 cm
Städtische Galerie im Lenbachhaus, München

8.17
Asger Jorn
Man spricht so viel (Dort läuft einer)
1967–1968
Öl auf Leinwand
81x65 cm
Städtische Galerie im Lenbachhaus, München

8.18 o. Abb.
Asger Jorn
Ohne Titel
Untitled
1950
Aquarell und Tusche auf Papier
47x39 cm
Galerie Van de Loo, München

8.19 o. Abb.
Asger Jorn und Bodil Jorn
Ohne Titel
Untitled
20. Dezember 1959
Mischtechnik
15x23,5 cm
Signiert u. l.: »Asger Jorn«, signiert und datiert o. r.: »Bodil Jorn 1959 dicembre 20«
Galerie van de Loo, München

8.20 *
Corneille
Die fröhlichen Rhythmen der Stadt
Les rythmes joyeux de la ville
1949
Öl auf Leinwand
58,5x49 cm
Stedelijk Museum, Amsterdam

8.21
Corneille
Der kleine Elefant
Le petit éléphant
1950
Feder mit Tusche
Signiert und datiert u. r.: »Corneille 1950«
20,4x22,6 cm
Silkeborg Kunstmuseum, Silkeborg

8.22
Corneille
Ohne Titel
1950
Feder mit Tusche
23,7x28,3 cm
Signiert u. l.: »Corneille 50«
Silkeborg Kunstmuseum, Silkeborg

8.23
Corneille
Der Mensch, der die erste Blume auf dem Mond anpflanzte
L'homme qui plantait la première fleur sur la lune
1950
Tusche auf Papier
22,7x22,5 cm
Signiert und datiert u. r.: »Corneille 50«
Silkeborg Kunstmuseum, Silkeborg

8.24 *
Constant
Uns gehört die Freiheit
A nous la liberté
1949
Öl auf Leinwand
139,5x107 cm
Tate Gallery, London

8.25
Constant
Faun
1949
Öl auf Leinwand
70x85 cm
Privatsammlung, Schweiz

8.26
Constant
Festival der Traurigkeit
Fête de la tristesse
1949
Öl auf Leinwand
85x110 cm
Signiert und datiert u. l.: »Constant '49«
Museum Boymans-van Beuningen, Rotterdam

8.27 o. Abb.
Constant
Ohne Titel
1947
Gouache und Tusche auf Papier
25x35 cm
Galerie Van de Loo, München

8.28 o. Abb.
Constant
Ohne Titel
1949
Mischtechnik auf Papier
45x55 cm
Galerie Van de Loo, München

8.29
Karel Appel
Hölzerne Katze
Wooden Cat
1947
Gouache auf Holz
12x53x12 cm
Privatsammlung

8.30
Karel Appel
Totem-Pfahl
Totem Pole
1948
Gouache auf Holz
84x24x10 cm
Privatsammlung

8.31
Karel Appel
Fragende Kinder
Questioning Children
1949
Gouache auf Holz
104x67 cm
Stedelijk Museum, Amsterdam

8.32
Karel Appel
Fragende Kinder
Questioning Children
1949
Gouache auf Holz
106,7x58,7 cm
Signiert und datiert u. r.: »(CK Appel '49)«
Privatsammlung

8.33
Karel Appel
Fragendes Kind
Questioning Child
1950
Gouache auf Holz
46x15,3x5,7 cm
Privatsammlung

8.34
Karel Appel
Kind mit einem Esel
Child with a Donkey
1949
Öl auf Leinwand
70x155 cm
Privatsammlung

8.35
Karel Appel
Frau und Mann
Woman and Man
1952
Öl auf Leinwand
99,1x161,9 cm
Privatsammlung

8.36
Karel Appel
Frau und Pferd
Woman and Horse
1952
Öl auf Leinwand
113x170 cm
Privatsammlung

8.37
Karel Appel
Tiere der Nacht
Animals of the Night
1948
Öl und Tuch auf Pappe
59x55 cm
Privatsammlung

8.38
Karel Appel
Kind auf einem Spielzeugpferd
Child on Hobby Horse
1949
Öl auf Leinwand
75x65 cm
Privatsammlung

8.39
Kinderzeichnung (anonym)
11,2x17,3 cm
Sammlung Karel Appel

8.40
Kinderzeichnung (anonym)
8,9x11 cm
Sammlung Karel Appel

8.41 o. Abb.
Eugène Brands
Rasender Fisch
Razende vis
1951
Öl auf Leinwand
60x70 cm
Museum Van Bommel-Van Dam, Venlo

8.42 o. Abb.
Eugène Brands
Fallender Mond
Falling Moon
1951
Gouache
44,5x47 cm
Museum Van Bommel-Van Dam, Venlo

8.43
Eugénie Brands
Kinderzeichnung
Sammlung Eugène Brands

8.44
Eugénie Brands
Kinderzeichnung
Sammlung Eugène Brands

8.45
Eugénie Brands
Kinderzeichnung
Sammlung Eugène Brands

8.46 o. Abb.
Eugénie Brands
Kinderzeichnung
Sammlung Eugène Brands

8.47 o. Abb.
Eugénie Brands
Kinderzeichnung
Sammlung Eugène Brands

8.48 o. Abb.
Eugénie Brands
Kinderzeichnung
Sammlung Eugène Brands

8.49 o. Abb.
Eugénie Brands
Kinderzeichnung
Sammlung Eugène Brands

8.50
Eugène Brands
Zwei Vögel
Twee vogels
29. Juni 1954
Öl auf Papier
41x50 cm
Sammlung G. Hofland, Heemstede

8.51 o. Abb.
Eugène Brands
Frau, die Schmetterlinge fliegen hören kann
Vrouw, die vlinders kan horen vliegen
28. Januar 1952
Öl auf Papier
47x39,5 cm
Sammlung G. Hofland, Heemstede

8.52 o. Abb.
Eugène Brands
Heroischer Maler
Heroic painter
9. September 1958
Öl auf Papier
50x45 cm
Sammlung G. Hofland, Heemstede

8.53 o. Abb.
Eugène Brands
Kathedrale
Kathedraal
1951
Öl auf Papier
45x36 cm
Sammlung G. Hofland, Heemstede

8.54
Eugène Brands
Die gelbe Tafel 2
De gele tafel-2
Januar 1954
Öl auf Papier
25x30 cm
Sammlung G. Hofland, Heemstede

8.55 o. Abb.
Eugène Brands
Der violette Puppenwagen
De paarse poppewagen
6. August 1954
Öl auf Papier
25x32 cm
Sammlung G. Hofland, Heemstede

8.56 o. Abb.
Eugène Brands
Porträt eines jungen Malers
Portret of a young painter
August 1955
Öl auf Papier
32,5x24 cm
Sammlung G. Hofland, Heemstede

8.57*
Lucebert
In Ägypten
In Egypte
1962
Öl auf Leinwand
115x145 cm
Stedelijk Museum, Amsterdam

8.58 o. Abb.
Lucebert
Joker, der Raucher, mit Vogelkäfig
Yoker the smoker with yardbird
12. April 1952
Tusche und Buntstift, Aquarell und Deckweiß auf dünnem gelblichem Papier
33,5x21,5 cm
Signiert mit Tusche u. r.: »Lucebert '52/12 Apr«
Stedelijk Museum, Amsterdam

8.59 o. Abb.
Lucebert
Tante Fontamara erzählt
Tante Fontamara vertelt
12. Juni 1962
Aquarell und Tempera, schwarze und farbige Kreiden auf festem weißem Zeichenkarton
75x55 cm
Signiert mit Bleistift u. r.:
»Lucebert/2. Junio '62/vellereux«
Stedelijk Museum, Amsterdam

9 Von der Peripherie ins Zentrum: Das Kind in der Gegenwartskunst

9.1*
Francesco Clemente
Ohne Titel
Untitled
1985
Pastell auf Papier
66x48 cm
Sammlung Bruno Bischofberger, Zürich

9.2*
Elizabeth Murray
Joanne in den Cañons
Joanne in the Canyons
Herbst/Winter 1990/91
Öl auf Leinwand
198,1x213,4x16,5 cm
Sammlung S.I. Newhouse, New York

9.3*
Daisy Murray-Holman (im Alter von 4 Jahren)
Empire State Building
1990
Bleistift auf Papier
Ca. 25,4x17,8 cm
Sammlung Elizabeth Murray

9.4*
Donald Baechler
Balzac
1989
Acryl, Öl und Collage auf Leinen
281,9x281,9 cm
Sammlung Julian Schnabel

9.5*
Kinderzeichnung (anonym)
Ohne Titel
Bleistift auf Papier
60,9x45,7 cm
Sammlung Donald Baechler

9.6*
Elsie Dolliver
Ohne Titel
Untitled
Bleistift auf Papier
45,7x30,5 cm
Sammlung Donald Baechler

9.7*
Anonym
Ruchy Number Book (Einzelseite)
Veröffentlicht von Indian Book Depot Delhi
Sammlung Donald Baechler, New York

9.8*
Claes Oldenburg (im Alter von 11 Jahren)
Kindheitscollage von einem Flugzeug
Childhood collage of airplane
Privatsammlung des Künstlers

9.9*
Claes Oldenburg
Ray Gun Poster (Flugzeug)
Ray Gun Poster (Airplane)
1959
Monotypie mit Tusche
60,5x45,4 cm
Öffentliche Kunstsammlung, Basel
Kupferstichkabinett

9.10*
Terry Winters (im Alter von 8 Jahren)
Kinderzeichnung
1957
Graphit, Kreide, Holzkohle auf Papier
30,5x45,7 cm
Sammlung des Künstlers

9.11*
Terry Winters
Numeral
1985
Öl auf Leinen
147,3x101,6 cm
Courtesy Gallery Ilona Sonnabend, New York

9.12*
A. R. Penck
Ralf
1962
Öl auf Leinwand
123,5x134 cm
Galerie Michael Werner, Köln

9.13*
Julian Schnabel
Matador am Stock
Matador on a Stick
1983
Öl auf Plane
335x244 cm
Sammlung Bruno Bischofberger, Zürich

9.14*
Jacqueline Beaurang Schnabel
Ich betrachte einen Frosch
Je regarde une grenouille
29. Oktober 1962
Buntstift auf Papier
Sammlung Julian Schnabel

9.15*
Jonathan Borofsky
Mama, ich verlor die Wahlen bei 1,933,095
Mom, I lost the Election at 1,933,095
1972
Öl auf Pappe
40,6x101,6 cm
Gallery Paula Cooper, New York

9.16*
Keith Haring und Sean Kalish
(im Alter von 9 Jahren)
Ohne Titel
1989
Radierung
20,3x20,3 cm
Keith Haring Foundation, New York

9.17*
Jean-Michel Basquiat
Revidiertes Unentdecktes Genie vom Mississippi Delta
Revised Undiscovered Genius of the Mississippi Delta
1983
Acryl und Ölkreide auf Leinwand
198,1x397,5 cm
Privatbesitz

9.18*
Jean-Michel Basquiat
Empire
Um 1980
Ölkreide auf Leinen

147 x 42,5 cm
Andrea Caratsch, Zürich

9.19 *
Jean-Michel Basquiat zusammen mit
Cora Bischofberger
Ohne Titel
Untitled
1984
Acryl auf Leinwand
120 x 120 cm
Bruno Bischofberger, Zürich

9.20 *
David Hockney
Grausamer Elefant
Cruel elephant
1962
Öl auf Leinwand
122 x 153 cm
Privatsammlung

9.21
Jasper Johns
Ohne Titel
Untitled
1991 (AO 10043)
Öl auf Leinwand
152,4 x 101,6 cm
Signatur des Künstlers mit Schablone
Sammlung des Künstlers

9.22
Jasper Johns
Ohne Titel
Untitled
1991 (AO 11240)
Encaustic auf Leinwand
152,4 x 101,6 cm
Sammlung des Künstlers

9.23
Jasper Johns
Ohne Titel
Untitled
1991–1994 (AO 11042)
Öl auf Leinwand
153 x 101,5 cm
Mit Schablone beschriftet:
»LL: J: Johns LR 1991–92'9 (LL4)«
Sammlung des Künstlers

9.24 *
Fotografie von einer Kinderzeichnung aus einem
Aufsatz von Bruno Bettelheim

Bibliographie

Theodor W. Adorno, *Minima Moralia: Reflexionen aus dem beschädigten Leben,* Frankfurt am Main 1975.

Guillaume Apollinaire, *Chroniques d'Art (1902–1918),* hrsg. von L.-C. Breunig, Paris 1960.

Guillaume Apollinaire, *Die Maler des Kubismus: Ästhetische Betrachtungen,* mit einem Nachwort von Herbert Molderings, Frankfurt am Main 1989.

Dore Ashton, *About Rothko,* New York 1983.

Picasso on Art, hrsg. von Dore Ashton, New York 1972.

Hugo Ball, »Aufzeichnung vom 5. August 1916«, in: *Die Flucht aus der Zeit* (1927), hrsg. von Bernhard Echte, Zürich 1992, S. 108.

Alfred H. Barr, jr., *Matisse, His Art and Public,* New York 1951.

Roann Barris, *Chaos By Design: The Constructivist Stage and Its Reception,* Phil. Diss University of Illinois, Urbana-Champaign 1994.

Charles Baudelaire, »Correspondances«, in: *Les Fleurs du mal et autres poèmes,* Paris 1964, S. 39.

Charles Baudelaire, »Salon de 1864«, in: *Œuvres Complètes,* Bruges 1961, S. 914.

Charles Baudelaire, »Der Maler des modernen Lebens«, in: *Sämtliche Werke/Briefe,* Bd. 5, hrsg. von Friedhelm Kemp und Claude Pichois in Zusammenarbeit mit Wolfgang Drost, München 1989, S. 200f.

Charles Baudelaire, »Die Moral des Spielzeugs«, in: *Sämtliche Werke/Briefe,* Bd. 2, hrsg. von Friedhelm Kemp und Claude Pichois in Zusammenarbeit mit Wolfgang Drost, München/Wien 1983, S. 198.

Alexander Benois, »Wystawka Iskusstwo w schizne rebenka«, in: *Rech,* 26. November 1908.

John Berger, *Glanz und Elend des Malers Pablo Picasso,* 2. Aufl., Reinbek bei Hamburg 1988.

Late Picasso: Paintings, Sculpture, Drawings, Prints, hrsg. von Marie-Laure Bernadac, Isabelle Monod-Fontaine und David Sylvester, London 1988 (französische Parallelausgabe: Paris 1988).

Roberta Bernstein, *Jasper Johns,* New York 1992.

George Boas, *The Cult of Childhood,* Studies of the Warburg Institute, Bd. 29, London 1966.

Jean Sutherland Boggs, »Picasso and Things«, in: *Picasso and Things,* Ausst.-Kat. Cleveland Museum of Art, Cleveland 1992, S. 13.

John E. Bowlt, *Russian Art of the Avant-Garde. Theory and Criticism 1902–1934,* New York 1976.

John E. Bowlt, »Esoteric Culture and Russian Society«, in: *The Spiritual in Art: Abstract Painting 1890–1985,* hrsg. von Maurice Tuchman, Ausst.-Kat. Los Angeles County Museum of Art, New York 1986, S. 165–183.

Brassaï, *Gespräche mit Picasso,* Reinbek bei Hamburg 1966.

André Breton, *Génèse et perspective artistique du surréalisme* (1941); nachgedruckt in: *Le Surréalisme et la peinture,* New York 1945, S. 94.

Coosje van Bruggen, *John Baldessari,* New York 1990.

David Burljuk, »Die ›Wilden‹ Rußlands«, in: Wassily Kandinsky und Franz Marc (Hrsg.), *Der Blaue Reiter,* Dokumentarische Neuausgabe von Klaus Lankheit, 9. Aufl., München/Zürich 1994, S. 41–50.

David Burljuk, »Kubizm«, in: *Poschtschotschina obschtschestwennomu wkussu* (Eine Ohrfeige dem öffentlichen Geschmack), Moskau, Dezember 1912.

Charles Caffin, *How to Study the Modern Painters,* New York 1914.

Jules Castagnary, *Salons* (1857–1870), Bd. 1, Paris 1892, S. 146–148.

Welimir Chlebnikow, »Mirskonsa« (Weltrückwärts), in: ders., *Riav Perchatki 1908–1914,* St. Petersburg 1914.

Welimir Chlebnikow, *Sadok Sudei II* (Die Reuse der Richter II), St. Petersburg 1913.

Bonnie Clearwater, *Mark Rothko: Works on Paper,* New York 1984.

Samuel Taylor Coleridge, *Biographia Literaria,* Bd. 2, hrsg. von James Engell und W. J. Bate, Collected Works, Bd. 72, London u. a. 1983.

Susan P. Compton, *The World Backwards: The Russian Futurist Books 1912–16,* London 1978.

Camille Corot, *Corot raconté par lui-même et par ses amis,* Bd. 1, Vésenaz/Genf 1946.

Elizabeth Cowling und John Golding, *Picasso: Sculptor/Painter,* Ausst.-Kat. Tate Gallery, London 1994.

Pierre Daix, *Picasso créateur. La vie intime et l'œuvre*, Paris 1987.

Maurice Denis, »Aristide Maillol«, in: *Théories, 1890–1910, du symbolisme et de Gauguin vers un nouvel ordre classique*, 4. Aufl., Paris 1920, S. 242.

André Derain, *Lettres à Vlaminck*, Paris 1955.

Florens Deuchler, *Lyonel Feininger. Werke bis 1919 im Kontext ihrer Zeit*, Leipzig 1996.

Gaston Diehl, *Henri Matisse*, Paris 1954.

David Douglas Duncan, *The Private World of Pablo Picasso*, New York 1958.

Jacques Dupin, *Joan Miró: Leben und Werk*, aus dem Französischen von Lothar Klünner und Johannes Hübner, Köln 1961.

Die Flucht aus der Zeit (1927), hrsg. von Bernhard Echte, Zürich 1992.

John Elderfield, *Matisse in the Collection of Modern Art*, New York 1978.

Jonathan Fineberg, *Art since 1940: Strategies of Being*, London 1994/New York 1995.

Jonathan Fineberg (Hrsg.), *Les Tendances Nouvelles*, faksimilierte Neuausgabe, 4 Bde., New York 1980.

Jack Flam, *Matisse: The Man and His Art, 1869–1918*, Ithaca/London 1986.

Richard Francis, *Jasper Johns*, New York 1984.

Marcel Franciscono, *Paul Klee: His Work and Thought*, Chicago 1991.

Martin Friedmann, *Hockney Paints the Stage*, Ausst.-Kat. Walker Art Center Minneapolis, New York 1983.

Martin Friedmann, *Oldenburg: Six Themes*, Ausst.-Kat. Walker Art Center Minneapolis, Minneapolis 1975.

Caspar David Friedrich, »Äußerung bei Betrachtung einer Sammlung von Gemälden von größtenteils noch lebenden und unlängst verstorbenen Künstlern« (1830), in: *Caspar David Friedrich in Briefen und Bekenntnissen*, hrsg. von Sigrid Hinz, München 1968, S. 85–130.

Karlheinz Gabler, *E.L.Kirchner – Dokumente*, Aschaffenburg 1980.

Naum Gabo, *Of Divers Arts*, Princeton University Press, 1962.

Klaus Gallwitz, *Picasso laureatus: Die späten Jahre 1945–1973*, vom Autor ergänzte und verbesserte Neuausgabe, München u. a. 1985.

Paul Gauguin, *Noa Noa*, New York 1957.

Paul Gauguin, *Intimate Journals*, aus dem Französischen von Van Wyck Brooks, mit einem Vorwort von Emil Gauguin, New York 1936.

Théophile Gautier, »Du beau dans l'art«, in: *L'art moderne*, Paris 1856, S. 131 f.

Christian Geelhar, »Journal intime oder Autobiographie? Über Paul Klees Tagebücher«, in: *Paul Klee: Das Frühwerk 1883–1922*, Ausst.-Kat. Städtische Galerie im Lenbachhaus, München 1980, S. 251 f.

Waldemar George, *Larionow*, Luzern/Frankfurt am Main 1966.

Pierre Georgel, »L'Enfant au bonhomme«, in: *Malerei und Theorie: Das Courbet-Colloquium 1979*, hrsg. von Klaus Gallwitz und Klaus Herding, Frankfurt am Main 1980.

Jürgen Glaesemer, *Paul Klee, Handzeichnungen I*, Bern 1973.

Jürgen Glaesemer, *Paul Klee, Handzeichnungen II*, Bern 1984.

The Complete Letters of Vincent van Gogh, Bd. 3, Greenwich, Connecticut, 1958.

Robert Goldwater, *Primitivism in Modern Art*, 2., erweiterte Aufl., Cambridge, Mass., 1986.

Stephen Jay Gould, *Der vermessene Mensch*, aus dem Englischen von Günter Seib, Basel/Boston/Stuttgart 1983.

Camilla Gray, *Die russische Avant-Garde der modernen Kunst: 1863–1922*, Köln 1963.

E. L. Kirchners Davoser Tagebuch: Eine Darstellung des Malers und eine Sammlung seiner Schriften, hrsg. von Lothar Grisebach, Köln 1968.

Maler des Expressionismus im Briefwechsel mit Eberhard Grisebach, hrsg. von Lothar Grisebach, Hamburg 1962.

Will Grohmann, *E. L. Kirchner*, Stuttgart 1958.

Oviri, écrits d'un sauvage, hrsg. von Daniel Guérin, Paris 1974.

Jelena Guro, *Nebesnyje werbljuschata* (Himmlische Kamelfohlen), St. Petersburg 1914.

A. S. Hartrick, *A Painters Pilgrimage Through Fifty Years*, Cambridge 1939.

Josef Helfenstein, »Das Spätwerk als Vermächtnis«, in: *Paul Klee: Das Schaffen im Todesjahr*, hrsg. von Stefan Frey und Josef Helfenstein, Ausst.-Kat. Kunstmuseum Bern, Bern 1990, S. 61.

Robert L. Herbert, »Introduction«, in: *The Art Criticism of John Ruskin*, hrsg. von Robert L. Herbert. New York 1964, S. xii.

James Jefferson Hogg, *The Life of Percy Bysshe Shelley*, Bd. 1, London 1858, S. 239–241.

Jeremy Howard, *The Union of Youth: An artist's society of the Russian avant-garde*, Manchester/New York 1992.

Roman Jakobson, »Art and Poetry: The Cubo-Futurists«, Auszug aus einem Interview, in: *The Avant-Garde in Russia, 1910–1930: New Perspectives*, hrsg. von Stephanie Barron und Maurice Tuchman, Ausst.-Kat. Los Angeles County Museum of Art, Cambridge, Mass., 1980.

Kjeld Bjornager Jensen, *Russian Futurism. Urbanism and Elena Guro*, Kopenhagen 1977.

Wassili Kamenski, *Dewuschki bosikom* (Barfüßige Mädchen), Tiflis 1916.

Wassily Kandinsky, »Franz Marc«, in: *Cahiers d'Art*, 8–10, Paris 1936, wiederabgedruckt in: Wassily Kandinsky, *Essays über Kunst und Künstler*, hrsg. von Max Bill, Stuttgart 1955, S. 185–191.

Wassily Kandinsky: »Über die Formfrage«, in: Wassily Kandinsky und Franz Marc (Hrsg.), *Der Blaue Reiter*, Dokumentarische Neuausgabe von Klaus Lankheit, 9. Aufl., München/ Zürich 1994, S. 132–186.

Wassily Kandinsky, »Cours de Bauhaus«, in: ders., *Ecrits complets*, hrsg. von Philippe Sers, Bd. 3: *La Synthèse des Arts*, Paris 1975.

Wassily Kandinsky, »Soderžanie i forma«, in: *Salon Isdebsky 2, meždunarodnaja chudožestvennaja vystavka*, Odessa (1910–1911), S. 14–16.

Wassily Kandinsky, *Über das Geistige in der Kunst. Insbesondere in der Malerei*, München 1912.

Janet Kennedy, *The »Mir iskusstva« Group and Russian Art*, New York 1977.

Georg Kerschensteiner, *Die Entwicklung der zeichnerischen Begabung*, München 1905.

Felix Klee, *Paul Klee. Leben und Werk in Dokumenten, ausgewählt aus den nachgelassenen Aufzeichnungen und den unveröffentlichten Briefen*, Zürich 1962.

Paul Klee, *Beiträge zur bildnerischen Formenlehre*, faksimilierte Ausgabe des Originalmanuskripts von Paul Klees erstem Vortragszyklus am Staatlichen Bauhaus Weimar, 1921–1922, hrsg. von Jürgen Glaesemer, mit einer Einleitung und Transkription, Basel/Stuttgart 1979, Bd. 1, S. 14f.

Paul Klee, *Briefe an die Familie*, Bd. 1, 1893–1906, hrsg. von Felix Klee, Köln 1979.

Paul Klee. Im Zeichen der Teilung, Ausst.-Kat. Kunstsammlung Nordrhein-Westfalen, Düsseldorf, Staatsgalerie Stuttgart, 1995.

Paul Klee, *Tagebücher 1898–1918*, hrsg. von Wolfgang Kersten, Stuttgart 1988.

Paul Klee, »Schöpferische Konfession«, in: *Tribüne der Kunst und Zeit XIII*, hrsg. von Kasimir Edschmid, Berlin 1920, S. 28; Nachdruck: Nedeln/Liechtenstein, Kraus Reprint, 1973.

Sigrid Köllner, *Der Blaue Reiter und die »Vergleichende Kunstgeschichte«*, Phil Diss., Karlsruhe 1984.

Pamela Kort, *Jörg Immendorff: Early Works and Lidl*, Gallery Michael Werner, New York 1991.

Jewgeni Kowtun, »Mikhail Larionow i Zhivopisnaia Vyveska« (Michail Larionow und die Schildermalerei), in: Jochen Poetter und Eugenija A. Petrowa, *Avantgard i ego russkie istochniki* (Die Avantgarde und ihre russischen Quellen), St. Petersburg 1993, S. 39.

Alexei Krutschonych, »Nowye puti slowa« (Die neuen Wege des Wortes), in: *Troje* (Trio), September 1913.

Alexei Krutschonych, *Porosiata* (Die Ferkel), St. Petersburg 1914.

Alexei Krutschonych, *Sobstvennye Razskazy I Risunki Detei* (Tatsächliche Geschichten und Zeichnungen von Kindern), St. Petersburg 1914.

Alexei Krutschonych/Welimir Chlebnikow, *Mirskonsa* (Weltrückwärts), Moskau 1912.

Klaus Lankheit, »Die Geschichte des Almanachs«, in: Wassily Kandinsky und Franz Marc (Hrsg.), *Der Blaue Reiter*, Dokumentarische Neuausgabe von Klaus Lankheit, 9. Aufl. München/Zürich 1994, S. 253.

Michail Larionow, »Einleitung«, in: *Katalog Wystawki Kartin Gruppy Khudozhnikow Mischen* (Ausstellungskatalog der Gruppe Zielscheibe), Moskau 1913, S. 6.

Irving Lavin, »Picasso's Lithograph(s) ›The Bull(s)‹ and the History of Art in Reverse«, in: ders., *Past-Present: Essays on Historicism in Art from Donatello to Picasso*, Berkeley 1992, S. 309f.

Julien Levy, »Max Ernst«, in: Max Ernst, *Beyond Painting and other Writings by the Artist and His Friends*, New York 1948, S. 190.

Kenneth C. Lindsay und Peter Vergo (Hrsg.), *Kandinsky: Complete Writings on Art*, Boston 1982.

Christina Lodder, *Russian Constructivism*, New Haven/London 1983.

Cesare Lombroso, *L'homme criminel*, Paris 1887.

John MacGregor, *The Discovery of the Art of the Insane*, Princeton 1989.

August Macke, »Masken«, in: Wassily Kandinsky und Franz Marc (Hrsg.), *Der Blaue Reiter*, Dokumentarische Neuausgabe von Klaus Lankheit, 9. Aufl. München/Zürich 1994, S. 53.

Stéphane Mallarmé, »Crise de Vers« (1866), in: »Variations sur un sujet«, in: *Œuvres complètes de Stéphane Mallarmé*, Paris 1945, S. 368.

Valentine Marcadé, *Le Renouveau de l'art pictural russe 1863–1914*, Lausanne 1971.

Wladimir Markow, *Russian Futurism: A History*, Berkeley/Los Angeles 1968.

Wladimir Markow, »Die Prinzipien der neuen Kunst« (1912), in: John E. Bowlt, *Russian Art of the Avant-Garde, Theory and Criticism 1902–1934*, New York 1976.

Patricia Mathews, *Auriers Symbolist Art Criticism and Theory*, Ann Arbor 1986.

Wsewolod Meyerhold, *Meyerhold on Theatre*, New York 1969.

Tommaso Minardi, »On the Essential Quality of Italian Painting from its Renaissance to the Period of Its Perfection«, in: *Nineteenth-Century Theories of Art*, hrsg. von Joshua C. Taylor, Berkeley/Los Angeles/London 1987, S. 178f.

Miró: L'enfance d'Ubu, Ausst.-Kat. Galerie Marwan Hoss, Paris 1985.

Nicoletta Misler, »Pavel Filonov, Painter of Metamorphosis«, in: *Pavel Filonov: A Hero and His Fate*, hrsg. von Nicolette Misler und John E. Bowlt, Austin, Texas, 1983, S. 25–52.

Sasha M. Newman, »Nudes and Landscapes«, in: Colta Ives, Helen Giambruni und Sasha M. Newman, *Pierre Bonnard: The Graphic Art*, New York 1989, S. 153.

Friedrich Nietzsche, »Die Geburt der Tragödie«, in: *Sämtliche Werke: Kritische Studienausgabe in 15 Bänden*, hrsg. von Giorgio Colli und Mazzino Montinari, Bd. 1, München/Berlin/New York 1980, S. 9.

Emil Nolde, *Jahre der Kämpfe*, Berlin 1934.

Dorothy Norman, *Alfred Stieglitz, An American Seer*, New York 1960.

Claes Oldenburg: Sculpture and Drawings, Ausst.-Kat. Moderna Museet Stockholm, Stockholm 1966.

Tilman Osterwold, *Paul Klee, Die Ordnung der Dinge, Bilder und Zitate*, Ausst.-Kat. Stuttgart 1975.

William Paley, *Natural Theology; or Evidences of the Existence and Attributes of the Deity* (1802), hrsg. von Frederick Ferre, Indianapolis 1964.

Hélène Parmelin, *Picasso sagt...*, München 1966.

Anthony Parton, *Mikhail Larionov and the Russian Avant-Garde*, Princeton 1993.

J. S. Pierce, *Paul Klee and Primitive Art*, New York/London 1976 (Phil.Diss Harvard 1961).

Stefanie Poley, »Das Vorbild des Verrückten: Kunst in Deutschland zwischen 1910 und 1945«, in: Otto Benkert und Peter Gorsen (Hrsg.), *Von Chaos und Ordnung der Seele: Ein interdisziplinärer Dialog über Psychiatrie und moderne Kunst*, zit. nach Maurice Tuchman und Carol S. Eliel (Hrsg.), *Parallel Visions: Modern Artists and Outsider Art*, Los Angeles/ Princeton 1992, S. 83.

Alla Powelichina und Jewgeni Kowtun, *Russian Painted Shop Signs and Avant-Garde Artists*, Leningrad 1991.

Nicolai Prakhow, *Stranitsji proschlogo* (Blätter aus der Vergangenheit), Kiew 1958.

John Richardson, *Picasso: Leben und Werk*, Bd. 1, aus dem Englischen von Gerda Kurz und Siglinde Summerer, München 1991.

L. W. Rochanowski, *Die Wiener Jugendkunst: Franz Cižek und seine Pflegestätten*, Wien 1946.

Jean-Jacques Rousseau, *Emile oder Ueber die Erziehung*, aus dem Französischen von H. Denhardt, Bd. 1, Leipzig 1910.

Joan Miró: Selected Writings and Interviews, hrsg. von Margit Rowell, Boston 1986.

John Ruskin, *The Eagle's Nest*, in: *The Works of John Ruskin*, hrsg. von E. T. Cook und Alexander Wedderburn, Bd. 22, London 1903–1912, S. 194.

John Ruskin, *The Elements of Drawing* (1857), in: *The Works of John Ruskin*, hrsg. von E. T. Cook und Alexander Wedderburn, Bd. 15, London 1903–1912, S. 27.

John Ruskin, *The Seven Lamps of Architecture* (1849), in: *The Works of John Ruskin*, hrsg. von E. T. Cook und Alexander Wedderburn, Bd. 8, London 1903–1912, S. 194.

Jaime Sabartès, *Picasso et Antibes*, Paris 1948.

Dimitri Sarabjanow, *Russkaja zhivopis – kontsa 1900-kh do nachala 1910-kh godow* (Russische Malerei – vom Ende des Jahres 1900 bis Anfang 1910), Moskau 1971, S. 99–116.

Alexandr Schewtschenko, *Neoprimitivismus: Seine Theorie, seine Möglichkeiten, seine Leistungen*, Moskau 1913.

Gert Schiff, *Picasso: The Last Years: 1963–73*, New York 1983.

Friedrich Schiller, »Über naive und sentimentale Dichtung«, in: *Schillers Werke*, Bd. 1, Berlin/Weimar 1967, S. 249.

Werner Schmalenbach, »Zeichnungen aus den späten Jahren«, in: *Joan Miró*, Ausst.-Kat. Kunsthaus Zürich / Städtische Kunsthalle Düsseldorf, 1986.

Arthur Schopenhauer, *Die Welt als Wille und Vorstellung*, 2 Bde, hrsg. von Angelika Hübscher, Zürich 1977.

Lothar Schreyer, *Erinnerungen an Sturm und Bauhaus*, München 1956.

Société des Artistes Indépendants, *Catalogue de la 26me Exposition*, Paris 1910.

Revoliutsija, iskusstwa, deti (Revolution, Kunst, Kinder), hrsg. von N. Staroseltseva, Moskau 1966/67.

Gertrude Stein, *Picasso – Erinnerungen* (1938), aus dem Englischen von Ursula von Wiese, Zürich 1958.

Charles F. Stuckey, »Monet's art and the act of vision«, in: *Aspects of Monet: a symposium on the artist's life and times*, hrsg. von John Rewald and Frances Weitzenhoffer, New York 1984.

Dylan Thomas, *A Child's Christmas in Wales*, New York 1959.

Thomas Jefferson: Writings, hrsg. von Merrill Thomas, New York 1984.

Adolphe Tiers, »*On Naiveté in the Arts*«, in: *Nineteenth Century Theories of Art*, hrsg. von Joshua C. Taylor, Berkeley/Los Angeles/London 1987.

Rodolphe Töpffer, *Réflexions et menus propos d'un peintre génevois*, Genf 1848.

Dora Vallier, »Avec Miró«, in: *Cahiers d'Art*, Bd. 33–35, 1960, S. 174; nachgedruckt in: dies., *L'Intérieur de l'Art*, Paris 1982, S. 144.

Kirk Varnedoe, »Paul Gauguin«, in: *Primitivismus in der Kunst des 20. Jahrhunderts*, hrsg. von William S. Rubin, München 1984, S. 189.

Wilhelm Viola, *Child Art and Franz Cižek*, Wien 1936.

Maurice de Vlaminck, *Gefährliche Wende: Aufzeichnungen eines Malers* (1929), aus dem Französischen von Jürgen Eggebrecht, Stuttgart 1959.

Herwarth Walden, *Einblick in die Kunst: Expressionismus, Futurismus, Kubismus*, Berlin 1917.

Otto Karl Werckmeister, »Klees ›kindliche‹ Kunst«, in: ders., *Versuche über Paul Klee*, Frankfurt am Main 1981.

Otto Karl Werckmeister, »Die Portraitphotographien der Zürcher Agentur Photopress aus Anlass des sechzigsten Geburtstages von Paul Klee am 18. Dezember 1939«, in: *Paul Klee: Das Schaffen im Todesjahr*, hrsg. von Stefan Frey und Josef Helfenstein, Ausst.- Kat. Kunstmuseum Bern, Bern 1990, S. 45f.

William Wordsworth, »The Rainbow«, in: *William Wordsworth*, hrsg. von Stephen Gill, New York/London 1984, S. 246.

Fotonachweis

Kapitel 1

Art News: 1.1
Hamburger Kunsthalle, Hamburg: 1.8, 1.9
Museo di Castelvecchio, Verona (Umberto Tomba): 1.2
Musée d'Orsay, Paris: 1.4
Musée Picasso, Paris: 1.13
Statens Museum for Kunst, Kopenhagen (Hans Petersen): 1.12
Tate Gallery, London: 1.7
The Metropolitan Museum of Art, New York: 1.11
The Museum of Modern Art, New York: 1.10
The National Gallery, London: 1.6
The New York Historical Society, New York: 1.5
The Pierpont Morgan Library, New York: 1.3

Kapitel 2

Bayerische Staatsbibliothek, München: 2.8
Documentation du Musée national d'art moderne, Centre Georges Pompidou, Paris: 2.4, 2.10
Ex-Libris, New York: 2.13
Staatliches Russisches Museum, St. Petersburg: 2.7, 2.11
Staatliche Tretjakow-Galerie, Moskau: 2.3, 2.5, 2.9, 2.12
Stedelijk Museum, Amsterdam: 2.2
Tate Gallery, London: 2.6
The New York Public Library, Miriam and Ira D. Wallach Division of Art, Prints and Photographs, Astor, Lenox and Tilden Foundation: 2.1

Kapitel 3

Achim Moeller Collection, New York: 3.66
Achim Moeller Fine Art, New York: 3.60
E.W.K., Bern: 3.65
Gabriele Münter- und Johannes Eichner-Stiftung, München: 3.1–3.11, 3.14, 3.20, 3.21, 3.23–3.29, 3.33–3.37, 3.39–3.43, 3.46–3.51, 3.53–3.56
Galleria d'Arte ›Il Castello‹, Trient: 3.58
Krannert Art Museum and Kinkead Pavilion, University of Illinois, Champaign: 3.44
Long Beach Museum of Art, Long Beach: 3.62
Musée national d'art moderne, Centre Georges Pompidou, Paris: 3.59
Staatliches Russisches Museum, St. Petersburg: 3.15
Städtische Galerie im Lenbachhaus, München (Ernst Jank, Jörg Koopmann): 3.17, 3.18, 3.22, 3.31, 3.32, 3.38, 3.45, 3.57, 3.61, 3.63, 3.64
The Art Institute of Chicago, Chicago: 3.16, 3.30
The Saint Louis Art Museum, St. Louis: 3.13
The Solomon R. Guggenheim Foundation, New York (David Head): 3. 12, 3.19

Kapitel 4

Bayerische Staatsbibliothek, München: 4.9–4.14
Documentation du Musée national d'art moderne, Centre Georges Pompidou, Paris: 4.42, 4.43, 4.45, 4.53
E.W.K., Bern: 4.38
Gabriele Münter- und Johannes Eichner-Stiftung, München: 4.20
Hamburger Kunsthalle, Hamburg: 4.31
Kunsthalle Bremen, Bremen: 4.24
Kunsthalle Mannheim, Mannheim: 4.54
Kunstmuseum Bern, Max-Huggler-Stiftung: 4.16
Kunstmuseum Bern, Paul-Klee-Stiftung, Bern (Peter Lauri): 4.1–4.3, 4.5, 4.6, 4.8, 4.15, 4.25, 4.26, 4.33, 4.37, 4.39, 4.49, 4.55, 4.58, 4.59–4.61
Kunstsammlung Nordrhein-Westfalen, Düsseldorf: 4.17
Kunst- und Museumsverein im Von der Heydt-Museum, Wuppertal: 4.27
Nachlaß Felix Klee: 4.4, 4.7, 4.22, 4.30, 4.34–4.36, 4.40, 4.46–4.48, 4.50, 4.56, 4.57
Philadelphia Museum of Art, Philadelphia: 4.32
Mrs. Eleanore B. Saidenberg, New York: 4.29
The Cleveland Museum of Art, Cleveland: 4.19
The Metropolitan Museum of Art, The Berggruen Klee Collection, New York : 4.23, 4.41
The Museum of Modern Art, New York: 4.21, 4.44
The Solomon R. Guggenheim Foundation, New York: 4.18
Wilhelm-Hack-Museum, Ludwigshafen: 4.63

Kapitel 5

Archivo fotográfico Museo Nacional Centro de Arte Reina Sofía, Madrid: 5.17, 5.18
Galerie Jan Krugier, Genf: 5.10
Galerie Louise Leiris, Paris: 5.15
Alexander Liberman: 5.22
Museu Picasso, Barcelona (Arxiu Fotogràfic de Museus): 5.5
Philadelphia Museum of Art, Philadelphia: 5.20
Edward Quinn: 5.24
Réunion des Musées Nationaux, Paris: 5.1, 5.6, 5.7, 5.9, 5.13, 5.14
The Museum of Modern Art, New York: 5.8, 5.16

Kapitel 6

Documentation du Musée national d'art moderne, Centre Georges Pompidou Paris: 6.7
Fundacío Joan Miró, Barcelona (Catala-Roca): 6.8–6.10, 6.18–6.20
Galerie Gmurzynska, Köln: 6.14
Galerie Marwan Hoss, Paris: 6.22, 6.23
Kunstsammlung Nordrhein-Westfalen, Düsseldorf: 6.15
Dolorès Miró: 6.1–6.3

National Gallery of Art, Washington D.C. (Philip A. Charles): 6.11, 6.17
Staatsgalerie Stuttgart, Stuttgart: 6.16
The Museum of Modern Art, New York: 6.12, 6.13
The Philadelphia Museum of Art, Philadelphia: 6.5, 6.6

Kapitel 7

Collection de l'Art Brut, Lausanne (Claude Bornand): 7.2–7.6, 7.9–7.11, 7.15–7.26, 7.31, 7.33, 7.35, 7.37
Dallas Museum of Art, Dallas: 7.32, 7.40
Donald Morris Gallery, Birmingham, Michigan: 7.1
Fondation Jean Dubuffet, Paris: 7.36, 7.39
Galerie Daniel Varenne, Genf: 7.27
Kunstsammlung Nordrhein-Westfalen, Düsseldorf: 7.12
Baudoin Lebon, Paris: 7.41
Musée national d'art moderne, Centre Georges Pompidou, Paris: 7.7, 7.13
Réunion des Musées Nationaux, Paris (L. Sully-Janlumes): 7.38
Stedelijk Museum, Amsterdam: 7.28
The Art Institute of Chicago, Chicago: 7.14, 7.29
The Museum of Modern Art, New York: 7.30, 7.42

Kapitel 8

Børge Venge Arhus: 8.6
Galerie Van de Loo, München: 8.11, 8.15, 8.18, 8.19, 8.27, 8.28
John Parnell: 8.29, 8.30, 8.34–8.36
Marcel Loli: 8.30
Museum Boymans-van Beuningen, Rotterdam: 8.26
Sammlung N.A., Paris: 8.5
Sammlung Karel Appel: 8.39, 8.40
Sammlung Eugène Brands: 8.43–8.49
Sammlung G. Hofland, Heemstede: 8.50–8.53, 8.56, 8.57
Silkeborg Kunstmuseum, Silkeborg (Lars Bay): 8.7–8.10, 8.21–8.23
Städtische Galerie im Lenbachhaus, München (Jörg Koopmann): 8.14, 8.16, 8.17
Stedelijk Museum, Amsterdam: 8.1–8.3, 8.20, 8.31, 8.54, 8.55
Stedelijk Van Abbemuseum, Eindhoven: 8.13
Tate Gallery, London: 8.12, 8.24

Kapitel 9

Donald Baechler: 9.5–9.7
Andrea Caratsch, Zürich: 9.18
Collection S.I. Newhouse, New York: 9.2
Paula Cooper Gallery, New York: 9.15
Galerie Bischofberger, Zürich: 9.1, 9.13, 9.19
Galerie Michael Werner, Köln: 9.12
Keith Haring Foundation, New York: 9.16
David Hockney: 9.20
Elizabeth Murray: 9.3
Anthony d'Offay Gallery, London: 9.21–9.23
Öffentliche Kunstsammlung, Kupferstichkabinett Basel: 9.9
Claes Oldenburg: 9.8
Julian Schnabel: 9.4, 9.14
Courtesy Ilona Sonnabend Gallery, New York: 9.11
Tom Warren, New York: 9.18
Terry Winters: 9.10

Erschienen 1995 im Verlag Gerd Hatje, Stuttgart
ISBN 3-7757-0544-9

Printed in Germany

Gestaltung: Peter Steiner
Herstellung: Christine Müller
Lektorat: Ute Barba
Reproduktionen: C+S Repro, Filderstadt
Gesamtherstellung: Dr. Cantz'sche Druckerei, Ostfildern-Ruit bei Stuttgart

Umschlagabbildung: Pablo Picasso, »Pferd«, Studie für »Guernica«, Mai 1937, Museo del Prado, Madrid (5.18)
Frontispiz: Pablo Picasso, »Leçon de Dessin«, 1953, Fotografie von Edward Quinn, Privatbesitz (5.24)